海外ビジネスマネジメント

現地法人の戦略的撤退と次世代進出

株式会社フェアコンサルティング［編著］

一般社団法人 金融財政事情研究会

はじめに

岐路に立たされる日本企業の海外現地法人

　2020年、全世界を巻き込んで大混乱を起こした新型コロナウイルス感染症は、日本企業にも大きな影響をもたらしました。上場企業を含めて、事業継続に破綻をきたした企業もあり、特に海外に現地法人、支店、駐在員事務所を有し事業を営む企業にとっても、これまで当然と思われていた前提が突然覆り、経営戦略を見直さざるをえない状況に追い込まれました。

　新型コロナウイルス感染症が世界で拡大する前の2019年年末までは、弊社フェアコンサルティングに寄せられるお問合せの多くは、幅広い業種にわたっての海外進出や海外での買収（M&A）に関するものでしたが、2020年になり、新型コロナウイルス感染症の拡大、世界各国でのロックダウンやビジネスの停滞により、突如として海外進出のご相談は減り、かわりに海外からの撤退や現地法人の売却、帰国した日本人駐在員にかわっての業務の委託やコスト削減のためのご相談が増えました。加えて、日本でのご面談、ご提案に際しては、新型コロナウイルス感染症拡大前は「まずは本社に来てください」と依頼され全国を訪問していたのが、2020年以降は「社外の方は来社を遠慮いただいています」とのことで、Webミーティングでのご面談、打合せが一般的となりました。

　また、戦後70年余の後半において、半導体、電機といった世界を席巻した日本企業がグローバル競争で敗れていったなかでも、強固な産業ピラミッドを構築し、合計550万人ともいわれる日本国内の雇用の大きな割合を占める自動車産業においても大きな変化を迎えています。

　世界的な脱炭素の流れのなかで、100年に一度といわれる、急激な自動車のEV化の流れです。2022年6月には、2030年までにEU域内の温室効果ガスを1990年比で55％削減する目標の実現に向けて、2035年までにガソリン車などの内燃機関車の新車販売を事実上禁止する法案が、欧州議会で可決されました。

これまで、自動車メーカー、部品メーカーの要請により、アメリカ、中国、タイをはじめとする海外に現地法人を立ち上げてきた特に中小中堅企業にとっては、自動車産業のビジネスモデルが大きな曲がり角を迎えるなかで、現地法人を含めた海外事業のあり方の再構築に迫られています。

いま、徐々に新型コロナウイルス感染症を前提とした「ウィズコロナ」の生活様式、ビジネス形態が定着し、脱炭素の流れが急激に進むなか、海外において2万5,703社の現地法人、562万人の常時従業者[1]を抱える日本企業にとって、大きな転換点の真っ只中にあるといえます。

これらが意味するところは何なのでしょうか。

それは、新型コロナウイルス感染症前の前提や経営方針をそのまま踏襲した海外現地法人経営からの見直し、転換、場合によっては思い切った「戦略的撤退」も視野に入れ、そのうえで、今後の新たな「海外ビジネス」を練り直す時期に来ていることを意味していると考えています。

現象	流れ	今後のビジネスの前提・課題
ウィズコロナにおけるビジネスの「新様式」の定着	非接触・非移動	・Webミーティングの標準化 ・赴任者の削減 ・現地法人でのDX化
テスラの時価総額がトヨタ自動車の時価総額を上回る	脱炭素	・特に製造業現地法人のあり方
今後の海外ビジネス	世界での協業	自社完結型からの脱皮 ・「外注」的投資・進出 ・リスクをとりながらも、投下資本のリスク分散のための投資

フェアコンサルティンググループは、海外の18の国と地域に、フェアコンサルティンググループが自社で投資・設立した32の直営オフィスを展開しています。特に海外各国での会計、税務、M&A、会計システム導入に強みをもつコンサルティング会社として、執筆時点において1,500社を超える海外

に展開する日系企業を中心にサービスを提供させていただき、具体的には海外進出・撤退支援、現地法人の会計業務、税務申告支援、M&A、会計システムの導入支援を行っています。

18年にわたり、日本企業のお客様の海外進出・展開支援を中心にサービス展開をしてきた弊社からみて、新型コロナウイルスをきっかけとする非接触・非移動、気候変動対策としての脱炭素、世界での協業への転換は、これまでとは異なる、非連続な海外現地法人戦略に基づく経営方針が求められている、と考えています。

すなわち、これまでの延長線上での経営方針や運営では、ビジネスが成り立たない、キャッシュを生まない、もっと言い換えれば、日本的現地法人経営—具体的には、すべてを自社でまかなおうとする"自社完結型"海外進出や、撤退条件を明確に定めない進出計画、管理より製造・販売現場重視に偏重した性善説型運営等—からの脱却が必要な時期を迎えています。

本書では、海外戦略の変更を余儀なくされている企業の経営者、海外事業担当者、また、企業の血液たる資金を担う金融機関の方々に対して、海外ビジネスを前向きに進めるための「戦略的撤退」、次世代の海外ビジネスのあり方、収益モデル構築のための海外ビジネス投資の具体的事例に基づいてご案内いたします。

2023年2月

フェアコンサルティンググループ グループ代表

伴　仁

▶ 注

1   経済産業省実施の第51回海外事業活動基本調査（2021（令和 3 ）年 3 月末時点または
     3 月末以前で近い決算時点における年度末の実績）によれば、2021年 3 月末（2020年
     度 3 月期末）の日本企業の現地法人企業数は 2 万5,703社、常用従業者数は全世界で
     562万人（本書チャプター 1 で記述）。

〈本書の留意事項〉

①   わかりやすさを優先したために、一部省略・簡略化した表現を用いて
      います。

②   意見に当たる部分は筆者個人の見解であり、筆者が所属する組織を代
      表するものではありません。

③   一般的な知識を説明したものであり、特定の商品・サービスなどの勧
      誘を目的とするものではありません。

④   本書に掲載されている内容は執筆当時のものです。

【著者略歴】（執筆当時）

山田　治（やまだ　おさむ）

メガバンク、M&Aブティックファーム、ベンチャーキャピタル、事業会社、コンサルティング会社等を経て、2016年フェアコンサルティンググループに入社。フェアコンサルティンググループでは、国内・海外M&A、海外進出（合弁）、海外撤退、海外現地法人再生、金融機関営業等、幅広い業務に携わっている。

田中　健一（たなか　けんいち）

日本国公認会計士・日本国税理士
大手監査法人を経て2006年フェアコンサルティンググループに入社。
フェアコンサルティンググループでは、経営コンサルティングおよびIPOコンサルティングに従事。クライアントの直面する諸課題について財務会計、管理会計、税務およびコーポレートガバナンスの観点から最も適切なソリューションを提供している。また、海外展開する日系企業に対して、会計・税務的観点からのアドバイザリー業務や海外から撤退する日系企業の計画立案・実行に関するアドバイザリー業務を行っている。

【中国】

粟村　英資（あわむら　ひでし）

日本国公認会計士
大手監査法人、事業会社を経て、2010年フェアコンサルティンググループに入社。
フェアコンサルティンググループでは、国内外の企業の内部管理体制構築支援業務および中国支援業務を主に担当し、企業の抱える内部管理上の問題点の解決と中国進出企業への丁寧な進出支援業務に定評がある。2012年より上海オフィスに勤務。

上原　行雲（うえはら　いくも）

日本国公認会計士
大手監査法人、国際会計事務所を経て、2019年フェアコンサルティンググループに入社。
フェアコンサルティンググループでは、主に中国に進出する日系企業に対し、会計・税務面のアドバイスや、組織再編・M&A支援等の各種コンサルティングサービスを行っている。2019年より上海オフィスに勤務。

古矢　義和（ふるや　よしかず）

日本国公認会計士
大手監査法人、大手税理士法人、香港現系会計事務所を経て、2019年フェアコンサルティンググループに入社。
フェアコンサルティンググループでは、日系企業および香港企業に対して、日本側および香港側の事情も考慮した税務、会計および内部統制等に関する総合的なアドバイスを行い、中国ビジネスのサポートを行っている。2019年より深圳オフィスに勤務。

高橋　美保子（たかはし　みほこ）

日系の中国現地法人、会計・税務コンサルティング会社を経て、2014年フェアコンサルティンググループに入社。
フェアコンサルティンググループでは、日本語と流暢な北京語を駆使し、会計・税務・人事労務などの広い分野において業務を行っている。2014年より上海オフィスに勤務。

坂林　美紀（さかばやし　みき）

大手監査法人台湾オフィス、上海オフィスを経て、2015年フェアコンサルティンググループに入社。
フェアコンサルティンググループでは、日本語および北京語を駆使し、日本・中国の文化や商習慣への深い理解を活かして、会計・税務面から幅広いコンサルティング業務を行っている。2015年より上海オフィスに勤務。

【香港】

山口　和貴（やまぐち　かずたか）

日本国公認会計士
大手監査法人および中堅監査法人を経て、2015年フェアコンサルティンググループに入社。
フェアコンサルティンググループでは、香港および中国に進出する日系企業へのコンサルティング業務に従事し、会計・税務面のアドバイスや、組織再編・M&Aのサポートを行っている。2015年より香港オフィスに勤務。

宇和川　康太（うわがわ　こうた）

教育事業会社を経て、2018年フェアコンサルティンググループに入社。
フェアコンサルティンググループでは、香港の日系企業に対して、会計・税務から会社秘書役、労務まで幅広い範囲のコンサルティングに従事している。2018年より香港オフィスに勤務。

【タイ】

子田　俊之（こた　としゆき）

日本国公認会計士・日本証券アナリスト協会認定アナリスト
システムコンサルティング会社、大手監査法人を経て、2013年フェアコンサルティンググループに入社。
フェアコンサルティンググループでは、インドネシアにて4年間勤務後、2018年よりタイオフィスに勤務。新興国における幅広い知識と業務経験を活かし、クライアントの視点に立ったサービスを提供している。

【インドネシア】

加藤　寛（かとう　ひろし）

日本国公認会計士
大手監査法人、準大手税理士法人等を経て、2017年フェアコンサルティンググループに入社。
フェアコンサルティンググループでは、インドネシアにおいて法人設立、税務、監査や労務問題解決など、幅広いコンサルティングを行っている。2017年よりインドネシアオフィスに勤務。

【ドイツ】

小林　拓也（こばやし　たくや）

日本国税理士試験合格
大手税理士法人、フリーランスの会計・税務アドバイザーを経て、2017年フェアコンサルティンググループに入社。
フェアコンサルティンググループでは、M&A税務および国際税務についての深い知識および経験を有するほか、事業再生、内部統制や内部監査等の経験を有する。2017年よりミュンヘンオフィスに勤務。

【フェアコンサルティンググループのご紹介】

フェアコンサルティンググループは、2004年8月に開業した、独立系のコンサルティング会社。

自らの事業領域に制限を設けることなく、お客様のご要望に応じたサービスを提供することに徹した結果、現在では、「財務・会計・税務に関する高い専門性を活かしたサービスの提供」をコアな事業領域とし、財務・会計、税務のほか、人事労務、海外進出支援ならびに進出後の法人運営支援に関する各種サービス、M&A、PMI、現地法人へのクラウド会計システムの導入支援等、お客様のグローバル戦略のサポートを幅広く支援している。

お客様のご要望の高い国・地域に直営拠点を設けることで、お客様に対して、ワンストップで品質の高い迅速なサービスを、「適正」な価格で提供しており、2023年2月末現在、18の国と地域にグループ法人を展開し、計32のオフィスでサービス提供を行っている。

ホームページ	YouTubeチャンネル
https://www.faircongrp.com/	https://www.youtube.com/c/FairConsultingGroup
	YouTubeチャンネルでは、海外現地法人のあらゆるノウハウを動画で解説しています。ぜひともご視聴ください。 ※このチャンネルは予告なく配信を停止する場合があります。あらかじめご了承ください。

【フェアコンサルティンググループのプロフィール】

代表	伴仁（日本国会計士・日本国税理士）
設立	2004年
本社	〒530-0001　大阪府大阪市北区梅田2丁目5番25号 ハービスOSAKAオフィスタワー12F
グループ 法人	•株式会社フェアコンサルティング •Fair Consulting Hong Kong Co., Ltd. •Fair Consulting (Shanghai) Co., Ltd. •Fair Consulting Vietnam Joint Stock Company •Fair Consulting Singapore Pte. Ltd. •Fair Consulting India Pvt. Ltd. •Fair Consulting Taiwan Co., Ltd. •PT Fair Consulting Indonesia •Fair Consulting (Thailand) Co., Ltd. •Fair Consulting Malaysia Sdn. Bhd. •Fair Consulting Group Philippines, Inc. •Fair Consulting Mexico S.C. •Fair Consulting Australia Pty. Ltd. •Fair Consulting Deutschland GmbH •Fair Consulting USA Inc. •Fair Consulting Israel Ltd. •Fair Consulting New Zealand Ltd. •Fair Consulting Netherlands B.V. •株式会社フェアベンチャーサポート •株式会社フェアリクルートメント •税理士法人フェアコンサルティング •フェア税理士法人
オフィス	•日本（東京／大阪／名古屋／福岡） •香港（香港） •中国（上海／蘇州／深圳／北京／広州／成都） •ベトナム（ハノイ／ホーチミン） •シンガポール（シンガポール） •インド（グルガオン／チェンナイ／バンガロール） •台湾（台北）

	●インドネシア（ジャカルタ） ●タイ（バンコク） ●マレーシア（クアラルンプール） ●フィリピン（マニラ） ●メキシコ（レオン） ●オーストラリア（メルボルン） ●ドイツ（ミュンヘン／デュッセルドルフ） ●アメリカ（ニューヨーク／ロサンゼルス／ダラス） ●イスラエル（テルアビブ） ●ニュージーランド（オークランド） ●オランダ（アムステルダム）
従業員数	467名 内　会計士・税理士67名（2023年2月現在）

Contents

3 専門家とのチーム組成 …………………………………………… 168

Chapter **4**

次世代の海外ビジネス

日本企業の現地法人
現状と課題

1 新型コロナウイルス感染症で 変わる日本企業の現地法人

　経済産業省実施の第51回海外事業活動基本調査（2021（令和3）年3月末時点または3月末以前で近い決算時点における年度末の実績）[1]によると、2021年3月末（2020年度3月期末）の日本企業の現地法人企業数は2万5,703社で、2019年度末の2万5,693社と比べて10社の増加となりました。

　図表1－1のとおり、近年は全地域・アジア・中国（中国本土＋香港）で現地法人数は頭打ちの状況です。

　2020年春以降、全世界に感染拡大した新型コロナウイルス感染症により、現地法人を取り巻く環境は大きく変わりつつありますが、本章では経済産業

図表1－1　現地法人企業数の推移（地域別）

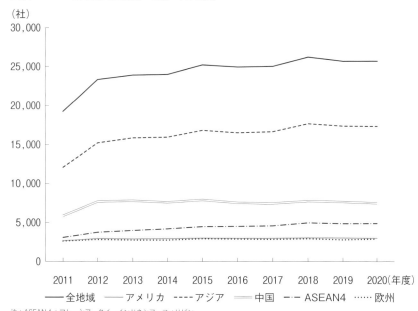

注：ASEAN 4：マレーシア、タイ、インドネシア、フィリピン
出典：経済産業省「第51回海外事業活動基本調査」よりフェアコンサルティング作成

図表 1 − 2　地域別でみた現地法人企業数の推移（2011〜2020年度）

（単位：社）

年度			2011	2012	2013	2014	2015	2016	2017	2018	2019	2020
全地域			19,250	23,351	23,927	24,011	25,233	24,959	25,034	26,233	25,693	25,703
北米			2,860	3,216	3,157	3,180	3,268	3,235	3,221	3,277	3,273	3,235
	アメリカ		2,649	2,974	2,924	2,955	3,020	2,998	2,992	3,053	3,038	3,008
中南米			948	1,205	1,251	1,243	1,310	1,395	1,409	1,457	1,390	1,387
アジア			12,089	15,234	15,874	15,964	16,831	16,512	16,655	17,672	17,372	17,342
	中国		5,878	7,700	7,807	7,604	7,900	7,526	7,463	7,754	7,639	7,486
		中国本土	4,908	6,479	6,595	6,432	6,670	6,363	6,297	6,534	6,430	6,303
		香港	970	1,221	1,212	1,172	1,230	1,163	1,166	1,220	1,209	1,183
	ASEAN4		3,111	3,776	4,009	4,210	4,493	4,521	4,587	4,973	4,866	4,894
	NIEs3		2,238	2,605	2,737	2,721	2,824	2,787	2,828	2,944	2,851	2,852
中東			106	122	130	131	139	152	159	154	147	155
欧州			2,614	2,834	2,768	2,767	2,942	2,900	2,859	2,937	2,803	2,913
	EU（注2）		2,433	2,623	2,541	2,518	2,686	2,631	2,593	2,659	2,540	2,047
オセアニア			487	569	579	550	576	587	562	565	537	506
アフリカ			146	171	168	176	167	178	169	171	171	165
BRICs			5,546	7,249	7,455	7,329	7,619	7,340	7,282	7,574	7,431	7,342

注1：北米：アメリカ、カナダ
　　ASEAN4：マレーシア、タイ、インドネシア、フィリピン
　　NIEs3：シンガポール、台湾、韓国
　　EU：ベルギー、ドイツ、フランス、イタリア、ルクセンブルク、オランダ、デンマーク、アイルランド、ギリシャ、スペイン、ポルトガル、フィンランド、オーストリア、スウェーデン、マルタ、キプロス、ポーランド、ハンガリー、チェコ、スロバキア、スロベニア、エストニア、ラトビア、リトアニア、ルーマニア、ブルガリア、クロアチア
　　BRICs：ブラジル、ロシア、インド、中国（香港を除く）
注2：イギリスのEU離脱に伴い、イギリスは2020年度実績からEU外の集計。2019年度以前にはEUにイギリスは含まれている。
出典：経済産業省「第51回海外事業活動基本調査」よりフェアコンサルティング作成

省実施の海外事業活動基本調査（以下「本調査」）に基づき、現地法人の現状についてみてみます（図表 1 − 2）。

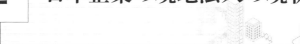

2 日本企業の現地法人の現状

 国・地域別でみた現地法人

　国・地域別の現地法人企業数は図表１－３のとおりです。2020年度末時点で、全地域では２万5,703社の日本企業の現地法人があります。

図表１－３　国・地域別でみた現地法人企業数（2018～2020年度）

(単位：社、％)

地域			2018年度		2019年度		2020年度		
			企業数	割合（注２）	企業数	割合（注２）	企業数	割合（注２）	2019年度からの増減
全地域			26,233	100.0	25,693	100.0	25,703	100.0	10
北米			3,277	12.5	3,273	12.7	3,235	12.6	−38
	アメリカ		3,053	11.6	3,038	11.8	3,008	11.7	−30
	カナダ		224	0.9	235	0.9	227	0.9	−8
中南米			1,457	5.6	1,390	5.4	1,387	5.4	−3
	ブラジル		316	1.2	293	1.1	294	1.1	1
	メキシコ		414	1.6	411	1.6	412	1.6	1
	アルゼンチン		35	0.1	32	0.1	35	0.1	3
アジア			17,672	67.4	17,372	67.6	17,342	67.5	−30
	中国		7,754	29.6	7,639	29.7	7,486	29.1	−153
		中国本土	6,534	24.9	6,430	25.0	6,303	24.5	−127
		香港	1,220	4.7	1,209	4.7	1,183	4.6	−26
	ASEAN10		7,441	28.4	7,312	28.5	7,414	28.8	102
		ベトナム	1,098	4.2	1,128	4.4	1,188	4.6	60
		シンガポール	1,164	4.4	1,109	4.3	1,117	4.3	8
		ASEAN4	4,973	19.0	4,866	18.9	4,894	19.0	28
			フィリピン	585	2.2	601	2.3	595	2.3	−6
			マレーシア	803	3.1	782	3.0	790	3.1	8
			タイ	2,445	9.3	2,350	9.1	2,362	9.2	12
			インドネシア	1,140	4.3	1,133	4.4	1,147	4.5	14
	NIEs3		2,944	11.2	2,851	11.1	2,852	11.1	1
		台湾	961	3.7	943	3.7	950	3.7	7
		韓国	819	3.1	799	3.1	785	3.1	−14

	シンガポール（再掲）	1,164	4.4	1,109	4.3	1,117	4.3	8
	インド	602	2.3	588	2.3	616	2.4	28
中東		154	0.6	147	0.6	155	0.6	8
欧州		2,937	11.2	2,803	10.9	2,913	11.3	110
	EU（注4）	2,054	7.8	1,978	7.7	2,047	8.0	69
	フランス	287	1.1	274	1.1	275	1.1	1
	ドイツ	590	2.2	590	2.3	586	2.3	−4
	イタリア	156	0.6	144	0.6	151	0.6	7
	オランダ	382	1.5	365	1.4	376	1.5	11
	ベルギー	101	0.4	103	0.4	105	0.4	2
	スペイン	108	0.4	97	0.4	104	0.4	7
	イギリス（注4）	605	2.3	562	2.2	573	2.2	11
	スイス	60	0.2	52	0.2	58	0.2	6
	ロシア	122	0.5	120	0.5	129	0.5	9
オセアニア		565	2.2	537	2.1	506	2.0	−31
	オーストラリア	428	1.6	412	1.6	395	1.5	−17
	ニュージーランド	72	0.3	69	0.3	66	0.3	−3
アフリカ		171	0.7	171	0.7	165	0.6	−6
BRICs		7,574	28.9	7,431	28.9	7,342	28.6	−89

注1：「操業中」と回答した企業を集計。
注2：割合は年度ごとに全企業数に対する地域・国別の企業数の割合を示したもの。
注3：北米：アメリカ、カナダ
　　　ASEAN4：マレーシア、タイ、インドネシア、フィリピン
　　　ASEAN10：マレーシア、タイ、インドネシア、フィリピン、シンガポール、ブルネイ、ベトナム、ラオス、ミャンマー、カンボジア
　　　NIEs3：シンガポール、台湾、韓国
　　　EU：ベルギー、ドイツ、フランス、イタリア、ルクセンブルク、オランダ、デンマーク、アイルランド、ギリシャ、スペイン、ポルトガル、フィンランド、オーストリア、スウェーデン、マルタ、キプロス、ポーランド、ハンガリー、チェコ、スロバキア、スロベニア、エストニア、ラトビア、リトアニア、ルーマニア、ブルガリア、クロアチア
　　　BRICs：ブラジル、ロシア、インド、中国（香港を除く）
注4：イギリスのEU離脱に伴い、イギリスは2020年度実績からEU外の集計のため、2018年度および2019年度のEU合計値からイギリスの数値を除いた。
出典：経済産業省「第51回海外事業活動基本調査」よりフェアコンサルティング作成

　地域別では、アジアに全地域の67.5%（1万7,342社）の現地法人があり、次いで北米に12.6%の3,235社、3位は11.3%の欧州2,913社となっています。

　現地法人企業数を国・地域別にみると、全地域の現地法人企業数の29.1%（7,486社）が中国本土・香港にあります。

　現地法人企業数の国・地域別の2位はアメリカの3,008社で、所在地の州別では1位がカリフォルニア州783社、2位はニューヨーク州241社、3位イリノイ州237社となっています（図表1-4）。

図表1－4　アメリカ（州別）の現地法人企業数（2020年度）

(単位：社)

順位	州名	企業数			順位	州名	企業数		
		合計	製造業	非製造業			合計	製造業	非製造業
1	カリフォルニア	783	171	612	25	ネバダ	17	4	13
2	ニューヨーク	241	28	213	26	ミネソタ	15	7	8
3	イリノイ	237	68	169	26	メリーランド	15	5	10
4	ミシガン	169	84	85	28	コネチカット	13	5	8
4	デラウエア	169	26	143	29	コロラド	11	3	8
6	オハイオ	152	90	62	30	カンザス	9	7	2
7	テキサス	143	50	93	31	ネブラスカ	8	5	3
8	ニュージャージー	123	28	95	31	ミズーリ	8	7	1
9	インディアナ	110	75	35	31	ニューハンプシャー	8	2	6
10	ケンタッキー	104	67	37	34	オクラホマ	6	4	2
11	ジョージア	87	51	36	34	アイオワ	6	5	1
12	ワシントン	75	26	49	36	ユタ	5	3	2
13	ノースカロライナ	71	41	30	37	ミシシッピ	4	4	＊＊＊
14	テネシー	65	45	20	38	ウエストバージニア	3	3	＊＊＊
15	ハワイ	60	5	55	38	メイン	3	2	1
16	マサチューセッツ	47	21	26	38	バーモント	3	＊＊＊	3
17	オレゴン	42	23	19	38	ロードアイランド	3	1	2
18	ペンシルバニア	32	14	18	42	アーカンソー	2	2	＊＊＊
19	バージニア	30	16	14	43	モンタナ	1	1	＊＊＊
20	サウスカロライナ	29	17	12	43	ノースダコタ	1	1	＊＊＊
21	アラバマ	26	17	9	43	ルイジアナ	1	1	＊＊＊
21	フロリダ	26	10	16	43	ワシントンD.C.	1	＊＊＊	1
23	アリゾナ	18	6	12					
23	ウィスコンシン	18	10	8					

注1：＊＊＊は該当数値なし。所在地不明が8社（うち製造業2社、非製造業6社）。
注2：アメリカ全体での企業数3,008社（うち製造業1,063社、非製造業1,945社）。
注3：アイダホ、ワイオミング、ニューメキシコ、サウスダコタは該当数値なし。
出典：経済産業省「第51回海外事業活動基本調査」よりフェアコンサルティング作成

　引き続き、国別でみると、3位はタイの2,362社（うち製造業は1,324社で56.1%）、4位はベトナムの1,188社（うち製造業が677社で57.0%）、5位はインドネシアの1,147社（うち製造業は666社で58.1%）、6位はシンガポールの1,117社（うち製造業は185社で16.6%）と続きます。

　アジアではシンガポールを除く国では製造業の現地法人が過半を占めており、中国、ASEAN地域には製造業で進出している日本企業が多いことが統計からもわかります（図表1－5）。

図表１－５　国別・地域別でみた製造業・非製造業の現地法人企業数（2020年度）

（単位：社、％）

地域		現地法人数	製造業			非製造業		
			企業数	割合①（注２）	割合②（注３）	企業数	割合①（注２）	割合②（注３）
全地域		25,703	11,070	43.1	43.1	14,633	56.9	56.9
北米		3,235	1,135	35.1	4.4	2,100	64.9	8.2
	アメリカ	3,008	1,063	35.3	4.1	1,945	64.7	7.6
	カナダ	227	72	31.7	0.3	155	68.3	0.6
中南米		1,387	393	28.3	1.5	994	71.7	3.9
	ブラジル	294	130	44.2	0.5	164	55.8	0.6
	メキシコ	412	210	51.0	0.8	202	49.0	0.8
	アルゼンチン	35	11	31.4	0.0	24	68.6	0.1
アジア		17,342	8,529	49.2	33.2	8,813	50.8	34.3
	中国	7,486	3,849	51.4	15.0	3,637	48.6	14.2
	中国本土	6,303	3,651	57.9	14.2	2,652	42.1	10.3
	香港	1,183	198	16.7	0.8	985	83.3	3.8
	ASEAN10	7,414	3,632	49.0	14.1	3,782	51.0	14.7
	ベトナム	1,188	677	57.0	2.6	511	43.0	2.0
	シンガポール	1,117	185	16.6	0.7	932	83.4	3.6
	ASEAN4	4,894	2,703	55.2	10.5	2,191	44.8	8.5
	フィリピン	595	312	52.4	1.2	283	47.6	1.1
	マレーシア	790	401	50.8	1.6	389	49.2	1.5
	タイ	2,362	1,324	56.1	5.2	1,038	43.9	4.0
	インドネシア	1,147	666	58.1	2.6	481	41.9	1.9
	NIEs3	2,852	886	31.1	3.4	1,966	68.9	7.6
	台湾	950	377	39.7	1.5	573	60.3	2.2
	韓国	785	324	41.3	1.3	461	58.7	1.8
	シンガポール（再掲）	1,117	185	16.6	0.7	932	83.4	3.6
	インド	616	302	49.0	1.2	314	51.0	1.2
中東		155	25	16.1	0.1	130	83.9	0.5
欧州		2,913	853	29.3	3.3	2,060	70.7	8.0
	EU（注５）	2,047	617	30.1	2.4	1,430	69.9	5.6
	フランス	275	98	35.6	0.4	177	64.4	0.7
	ドイツ	586	145	24.7	0.6	441	75.3	1.7
	イタリア	151	48	31.8	0.2	103	68.2	0.4
	オランダ	376	61	16.2	0.2	315	83.8	1.2
	ベルギー	105	32	30.5	0.1	73	69.5	0.3
	スペイン	104	40	38.5	0.2	64	61.5	0.2
	イギリス（注５）	573	159	27.7	0.6	414	72.3	1.6
	スイス	58	7	12.1	0.0	51	87.9	0.2
	ロシア	129	31	24.0	0.1	98	76.0	0.4
オセアニア		506	89	17.6	0.3	417	82.4	1.6

		395	65	16.5	0.3	330	83.5	1.3
	オーストラリア	395	65	16.5	0.3	330	83.5	1.3
	ニュージーランド	66	18	27.3	0.1	48	72.7	0.2
アフリカ		165	46	27.9	0.2	119	72.1	0.5
BRICs		7,342	4,114	56.0	16.0	3,228	44.0	12.6

注1：「操業中」と回答した企業を集計。
注2：割合①は国別・地域別の全企業数に対する製造業、非製造業企業数の割合を示したもの。
注3：割合②は全現地法人企業数に対する国別・地域別製造業、非製造業企業数の割合を示したもの。
注4：北米：アメリカ、カナダ
　　　ASEAN10：マレーシア、タイ、インドネシア、フィリピン、シンガポール、ブルネイ、ベトナム、ラオス、ミャンマー、カンボジア
　　　ASEAN4：マレーシア、タイ、インドネシア、フィリピン
　　　NIEs3：シンガポール、台湾、韓国
　　　EU：ベルギー、ドイツ、フランス、イタリア、ルクセンブルク、オランダ、デンマーク、アイルランド、ギリシャ、スペイン、ポル
　　　トガル、フィンランド、オーストリア、スウェーデン、マルタ、キプロス、ポーランド、ハンガリー、チェコ、スロバキア、ス
　　　ロベニア、エストニア、ラトビア、リトアニア、ルーマニア、ブルガリア、クロアチア
　　　BRICs：ブラジル、ロシア、インド、中国（香港を除く）
注5：イギリスのEU離脱に伴い、イギリスは2020年度実績からEU外の集計のため、2018年度および2019年度のEU合計値からイギリスの数
　　　値を除いた。
出典：経済産業省「第51回海外事業活動基本調査」よりフェアコンサルティング作成

② 中国本土・香港の現地法人

　ここで国別・地域別の現地法人企業数首位の、中国本土・香港についてみてみましょう。

　業種別では、全地域の製造業11,070社の34.7％（3,849社）、中国本土に限ると現地法人企業数の57.9％（3,651社）が製造業で、中国が「世界の工場」と呼ばれていることが統計からもわかります（図表1－5）。

　省別の首位は、中国本土・香港にある現地法人の29.2％が集中している上海市の2,265社、2位は香港で1,183社（15.3％）、3位は上海市に隣接する江蘇省で1,109社（14.3％）が続きます（図表1－6）。

　中国本土・香港の省別1位、2位の上海市、香港では非製造業が圧倒的に多く、上海市は販売・卸売業、香港は投資・統括会社が多いものと推測されます。

　一方、省別3位で、電子機器、輸送機械等の製造業が多い江蘇省では、製造業の現地法人企業数が932社と同省内の全現地法人企業数の8割を超えています。

　また、中国本土・香港合計では、2020年度は2019年度に比べて153社、2018年度と比べると268社の現地法人が減少しています（図表1－2）。

図表1−6　中国の省別現地法人企業数（現地法人数上位10位）の推移（2018〜2020年度）

順位	地域	企業数 合計	製造業	非製造業	割合（注2）
		2018年度			
1	上海市	2,342	756	1,586	30.2
2	香港	1,220	205	1,015	15.7
3	江蘇省	1,139	966	173	14.7
4	広東省	942	657	285	12.1
5	遼寧省	459	295	164	5.9
6	山東省	315	236	79	4.1
7	浙江省	294	245	49	3.8
8	北京市	286	65	221	3.7
9	天津市	264	203	61	3.4
10	福建省	81	68	13	1.0
中国計		7,754	4,004	3,750	100

順位	地域	企業数 合計	製造業	非製造業	割合（注2）
		2019年度			
1	上海市	2,308	744	1,564	29.8
2	香港	1,209	207	1,002	15.6
3	江蘇省	1,116	945	171	14.4
4	広東省	933	654	279	12.0
5	遼寧省	450	294	156	5.8
6	山東省	313	232	81	4.0
7	浙江省	312	258	54	4.0
8	北京市	266	61	205	3.4
9	天津市	258	197	61	3.3
10	湖北省	84	64	20	1.1
中国計		7,639	3,951	3,688	100

（単位：社、％）

順位	地域	企業数 合計	製造業	非製造業	割合（注2）
		2020年度			
1	上海市	2,265	715	1,550	29.2
2	香港	1,183	198	985	15.3
3	江蘇省	1,109	932	177	14.3
4	広東省	917	637	280	11.8
5	遼寧省	443	285	158	5.7
6	浙江省	303	253	50	3.9
7	山東省	297	222	75	3.8
8	天津市	255	201	54	3.3
9	北京市	254	58	196	3.3
10	福建省	82	68	14	1.1
中国計		7,486	3,849	3,637	100

注1：図表中の地域は、省・直轄市・特別行政地区別となっている。
注2：当該年度の中国本土・香港全現地法人企業数に対する割合。
出典：経済産業省「第49回海外事業活動基本調査」「第50回海外事業活動基本調査」および「第51回海外事業活動基本調査」よりフェアコンサルティング作成

3 業種別でみた現地法人

　次に業種別で現地法人企業数をみてみましょう。2020年度の全地域では、製造業が43.1%（1万1,070社）、非製造業が56.9%（1万4,633社）となっています（図表1－7）。

図表1－7　業種別でみた現地法人企業数（2018〜2020年度）
（単位：社、%）

		2018年度		2019年度			2020年度		
		全地域	割合 (注2)	全地域	割合 (注2)	増減	全地域	割合 (注2)	増減
製造業	食料品	546	2.1	528	2.1	−18	498	1.9	−30
	繊維	487	1.9	468	1.8	−19	462	1.8	−6
	木材紙パ	202	0.8	205	0.8	3	198	0.8	−7
	化学	1,120	4.3	1,085	4.2	−35	1,092	4.2	7
	石油・石炭	43	0.2	44	0.2	1	36	0.1	−8
	窯業・土石	262	1.0	251	1.0	−11	233	0.9	−18
	鉄鋼	355	1.4	327	1.3	−28	326	1.3	−1
	非鉄金属	371	1.4	353	1.4	−18	344	1.3	−9
	金属製品	632	2.4	646	2.5	14	628	2.4	−18
	はん用機械	449	1.7	449	1.7	0	473	1.8	24
	生産用機械	859	3.3	858	3.3	−1	859	3.3	1
	業務用機械	403	1.5	406	1.6	3	410	1.6	4
	電気機械	646	2.5	677	2.6	31	632	2.5	−45
	情報通信機械	1,024	3.9	972	3.8	−52	937	3.6	−35
	輸送機械	2,365	9.0	2,398	9.3	33	2,387	9.3	−11
	その他の 製造業	1,580	6.0	1,532	6.0	−48	1,555	6.0	23
	合計	11,344	43.2	11,199	43.6	−145	11,070	43.1	−129
非製造業	農林漁業	97	0.4	89	0.3	−8	99	0.4	10
	鉱業	190	0.7	165	0.6	−25	161	0.6	−4
	建設業	397	1.5	414	1.6	17	423	1.6	9
	情報通信業	880	3.4	827	3.2	−53	853	3.3	26
	運輸業	1,439	5.5	1,406	5.5	−33	1,421	5.5	15
	卸売業	7,409	28.2	7,279	28.3	−130	7,356	28.6	77
	小売業	737	2.8	705	2.7	−32	723	2.8	18
	サービス業	2,689	10.3	2,520	9.8	−169	2,554	9.9	34
	その他の 非製造業	1,051	4.0	1,089	4.2	38	1,043	4.1	−46
	合計	14,889	56.8	14,494	56.4	−395	14,633	56.9	139
総計		26,233	100.0	25,693	100.0	−540	25,703	100.0	10

注1：「操業中」と回答した企業を集計。
注2：当該年度の現地法人企業数総計に対する割合。
出典：経済産業省「第49回海外事業活動基本調査」「第50回海外事業活動基本調査」および「第51回海外事業活動基本調査」よりフェアコンサルティング作成

図表1－8　製造業における業種別トップ5（2020年度）

（単位：社、%）

業種名	現地法人 企業数	割合 （対全現地法人企業数）
輸送機械	2,387	9.3
その他の製造業	1,555	6.0
化学	1,092	4.2
情報通信機械	937	3.6
生産用機械	859	3.3

出典：経済産業省「第51回海外事業活動基本調査」よりフェアコンサルティング作成

図表1－9　非製造業における業種別トップ5（2020年度）

（単位：社、%）

業種名	現地法人 企業数	割合 （対全現地法人企業数）
卸売業	7,356	28.6
サービス業	2,554	9.9
運輸業	1,421	5.5
その他の非製造業	1,043	4.1
情報通信業	853	3.3

出典：経済産業省「第51回海外事業活動基本調査」よりフェアコンサルティング作成

　製造業での上位5業種は、次のようになっています（図表1－8）。

　また、非製造業での上位5業種をみると、トップの卸売業が全体の約3割となり、卸売業にサービス業とあわせると、全地域の現地法人企業数の4割弱に達します（図表1－9）。

　日本は製造業に強みがあり、企業の海外進出も製造業が多いイメージが強いかもしれませんが、現地法人企業数という切り口でみると、その実態は非製造業の現地法人企業数のほうが多いことがわかります。

 売上高規模別でみた現地法人

　次に、現地法人の売上高規模別に現地法人企業数をみてみましょう。全地域の現地法人2万5,703社のうち、12.5%（3,218社）が売上高1億円以下、40.7%（1万470社）が売上高10億円以下となっています。

売上高10億円以下に注目してみると、製造業では31.9%（3,526社）である一方、非製造業では47.5%（6,944社）に達し、非製造業の現地法人の約半数が売上高10億円以下であることがわかります（図表1−10）。

なお、売上高額を「不明」と回答した現地法人が全体の約2割を占めており、売上高が10億円以下の現地法人の割合は、この集計結果より多いのではないか、と予想されます（図表1−11）。

図表1−10　売上高規模別でみた現地法人企業数（2020年度）

（単位：社、％）

売上高規模		10億円以下		10億円超			不明	合計
		1億円以下	1億円超10億円以下	10億円超100億円以下	100億円超1,000億円以下	1,000億円超		
合計		3,218	7,252	7,580	2,657	337	4,659	25,703
	割合	12.5	28.2	29.5	10.3	1.3	18.1	100.0
	小計（10億円以下／超）	10,470		10,574			4,659	25,703
	割合（10億円以下／超）	40.7		41.1			18.1	−
製造業		642	2,884	3,999	1,555	152	1,838	11,070
	割合	5.8	26.1	36.1	14.0	1.4	16.6	100.0
	小計（10億円以下／超）	3,526		5,706			1,838	11,070
	割合（10億円以下／超）	31.9		51.5			16.6	−
非製造業		2,576	4,368	3,581	1,102	185	2,821	14,633
	割合	17.6	29.9	24.5	7.5	1.3	19.3	100.0
	小計（10億円以下／超）	6,944		4,868			2,821	14,633
	割合（10億円以下／超）	47.5		33.3			19.3	−

出典：経済産業省「第51回海外事業活動基本調査」よりフェアコンサルティング作成

図表1−11　売上高規模別でみた現地法人企業数の割合

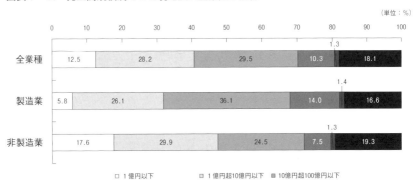

（単位：％）

出典：経済産業省「第51回海外事業活動基本調査」よりフェアコンサルティング作成

⑤ 日本本社の資本金規模別でみた現地法人

次に日本本社の資本金規模別の現地法人数をみてみましょう（図表1－12）。

集計現地法人企業数7,281社のうち、59.2％（4,309社）が、日本本社の資本金が1億円以下の現地法人です。

この調査から、全地域の現地法人の半数以上の日本本社は、資本金が1億

図表1－12　日本本社の資本金規模別でみた現地法人企業数（2020年度）

（単位：社、％）

日本本社の資本金規模	1億円以下		1億円超					合計
	5,000万円以下	5,000万円超1億円以下	1億円超3億円以下	3億円超10億円以下	10億円超100億円以下	100億円超1,000億円以下	1,000億円超	
合計	2,414	1,895	421	841	1,160	476	74	7,281
割合	33.2	26.0	5.8	11.6	15.9	6.5	1.0	100.0
小計（1億円以下／1億円超）	4,309		2,972					7,281
割合（1億円以下／1億円超）	59.2		40.8					－
製造業	1,450	1,183	239	446	692	300	38	4,348
割合	33.3	27.2	5.5	10.3	15.9	6.9	0.9	100.0
小計（1億円以下／1億円超）	2,633		1,715					4,348
割合（1億円以下／1億円超）	60.6		39.4					－
非製造業	964	712	182	395	468	176	36	2,933
割合	32.9	24.3	6.2	13.5	16.0	6.0	1.2	100.0
小計（1億円以下／1億円超）	1,676		1,257					2,933
割合（1億円以下／1億円超）	57.1		42.9					－

出典：経済産業省「第51回海外事業活動基本調査」よりフェアコンサルティング作成

図表1－13　日本本社の資本金規模別でみた現地法人企業数の割合

（単位：％）

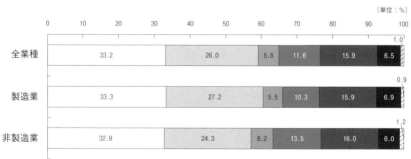

出典：経済産業省「第51回海外事業活動基本調査」よりフェアコンサルティング作成

円以下の企業と推定されます。

　現地法人の業績が悪化し海外から撤退、清算する場合、製造業では撤退にかかる費用は数千万〜１億円を超えることが一般的です。

　このため、現地法人を撤退、清算しようとした場合、特に中小企業[2]において日本本社の経営・財務に重大な影響を与える可能性が高いといえます（図表１–13）。

⑥ 資本金規模別でみた現地法人

　次に、現地法人を、現地法人の資本金規模別でみてみましょう。

　資本金が１億円以下の現地法人は全体で39.6%（１万168社）です。言い換えると６割弱の現地法人は資本金１億円超の法人です（図表１–14および図表１–15）。

　一方、図表１–12および図表１–13によれば、資本金が１億円以下の日本本社の現地法人は回答企業の59.2%でした。特に、製造業において、現地法人の約６割の日本本社の資本金が１億円以下なのに対して、資本金１億円以下の現地法人は21.8%にすぎません。

　ここから言えるのは、「資本金額が日本本社より小さい現地法人」よりも、「資本金額が日本本社より大きい現地法人」製造業のほうが多いということです。

　特に製造業の企業にとって、安価な人件費等の理由から日本の事業を現地法人に移管し、本社より現地法人の事業規模が大きくなったという事例もみられます。

　しかし、人件費を含めたコストが年々上昇し、為替の変動や政情不安のリスクもある海外での現地法人の経営にあたって、投下資本額を抑えようとするのが一般的です。

　後述する図表１–16の現地法人経常利益からも、①現地法人の業績がなかなか改善せず、②赤字が継続している現地法人では厳しい資金繰りが続く一方、各国の規制等により日本本社から現地法人への貸付（親子ローン）が制

図表 1 − 14　資本金規模別でみた現地法人企業数（2020年度）

(単位：社、％)

現地法人の資本金規模		1億円以下		1億円超					不明	合計
		5,000万円以下	5,000万円超1億円以下	1億円超3億円以下	3億円超10億円以下	10億円超100億円以下	100億円超1,000億円以下	1,000億円超		
合計		7,372	2,796	4,410	4,776	4,924	870	108	447	25,703
	割合	28.7	10.9	17.2	18.6	19.2	3.4	0.4	1.7	100.0
	小計（1億円以下／超）	10,168		15,088					−	−
	割合（1億円以下／超）	39.6		58.7					−	−
製造業		1,478	935	2,041	2,939	3,063	411	30	173	11,070
	割合	13.4	8.4	18.4	26.5	27.7	3.7	0.3	1.6	100.0
	小計（1億円以下／超）	2,413		8,484					−	−
	割合（1億円以下／超）	21.8		76.6					−	−
非製造業		5,894	1,861	2,369	1,837	1,861	459	78	274	14,633
	割合	40.3	12.7	16.2	12.6	12.7	3.1	0.5	1.9	100.0
	小計（1億円以下／超）	7,755		6,604					−	−
	割合（1億円以下／超）	53.0		45.1					−	−

出典：経済産業省「第51回海外事業活動基本調査」よりフェアコンサルティング作成

図表 1 − 15　資本金規模別でみた現地法人企業数の割合

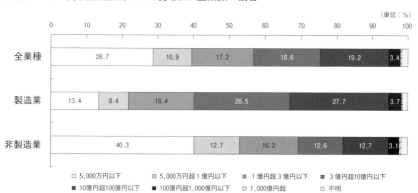

(単位：％)

出典：経済産業省「第51回海外事業活動基本調査」よりフェアコンサルティング作成

限される、または上限額に達してしまう、こうしたなか、③現地法人が現地銀行から直接借入れするのも保証や担保の点においてむずかしく、④事業存続のためやむなく日本本社が現地法人の増資引受けを重ね、⑤日本本社の資本金を超えてしまった現地法人が多数存在している、といった、現地法人が置かれている厳しい経営状況が推察されます。

⑦　日本本社の資本金規模別でみた現地法人の経常利益額

　ここで、日本本社の資本金規模別で現地法人の経常利益額をみてみましょう。

　現地法人集計企業数 1 万9,907社の経常利益の合計額は 9 兆8,722億円に達し、一現地法人当りの平均経常利益は、約 4 億9,600万円となります（図表1 –16）。

　図表 1 –17は、図表 1 –16を本社資本金が 1 億円以下と、 1 億円超に集計し直したものです。日本本社の資本金が 1 億円以下の現地法人は、図表 1 –12によれば現地法人集計企業数の59.2%を占めるにもかかわらず、現地法人集計企業の経常利益の合計額に占める割合はわずか2.0%です。

　すなわち、日本本社の資本金が 1 億円以下の現地法人の平均経常利益は3,900万円にとどまり、現地法人集計企業全体の平均経常利益約 4 億9,600万円のわずか7.9%にとどまります。

　現地法人の経常利益額と日本本社の資本金額には正の相関関係があり、「現地法人の経常利益額は、本社資本金に比例している」といえ、製造業、非製造業ともに、日本本社の資本金額が大きければ大きいほど、現地法人の経常利益が増大していることがわかります（図表 1 –18）。

　これは日本本社の資本金が 1 億円以下の現地法人において、特に製造業では大手企業の下請けが大半であると予測され、製品・商品の価格決定力・交渉力が強くないことが推測されます。

　非製造業では、資本金額が大きな大企業のほうが現地法人の事業拡大において有利な面があること等から、中小企業にとっては現地法人を設立し、事業展開することが、大企業と比べてハードルが高いことが考えられます。

　また、資本金がより大きな大手企業の現地法人に比べて、売上高、経常利益の拡大が劣る一方、進出のための投資や費用、管理部門等のコストセンター費用が一定程度必要なことも理由の一つとしてあげることができます。

　日本本社の資本金が 1 億円以下の企業にとっては、日本と異なる商習慣、ビジネス環境の現地法人経営は、経常利益額の比較からも、課題が多いこと

を表しているといえます。

 8 常時従業者数でみた現地法人

　ここでは、現地法人の常時従業者数についてみてみましょう。

　2020年度実績の地域・国別の、日本企業の現地法人常時従業者数は、全地域562万人で、2019年度実績の563万人から微減でした（図表1－19）。

　常時従業者数が多い順では中国本土・香港を筆頭に図表1－20のようになります。

　ここで、2020年度のアジアにおける常時従業者数の増減に注目してみましょう（図表1－21）。

　常時従業者数トップ5にランクインしている国で増加しているのはベトナムのみで、中国、タイ、インドネシアは減少していることがわかります。

　製造業・非製造業において地域別でみると、アジアが380万人で全地域の562万人の67.5％を占め、特に製造業では全地域の製造業現地法人で働く419万人の72.6％（304万人）を雇用しています。アジアが日本の製造企業にとっての大きな拠点になっていることがわかります（図表1－22）。

9 現地法人の解散・撤退

　現地法人の解散、撤退について地域、国別にまとめたものが図表1－23です。

　2020年度は、2018年度および2019年度に比べて、撤退企業数が25％以上増加し、新型コロナウイルス感染症拡大が現地法人の解散、撤退を加速させたことがうかがえます。

　また、いずれの年度も、製造業よりも非製造業の現地法人の解散、撤退数のほうが多く、また国別では、日本企業が最も多くの現地法人を構える中国本土・香港では、3年度続けて年間200社超の解散、撤退が続いています。

図表1－16 日本本社の資本金規模別でみた現地法人経常利益（2020年度）

① 資本金10億円以下

日本本社の資本金規模		5,000万円以下			5,000万円超1億円以下		
		集計企業数	経常利益	平均経常利益	集計企業数	経常利益	平均経常利益
合計		2,417	87,622	36	2,558	107,026	42
	割合	12.1	0.9	—	12.8	1.1	—
製造業		1,315	57,452	44	1,273	69,378	54
	割合	15.1	1.2	—	14.6	1.5	—
非製造業		1,102	30,170	27	1,285	37,648	29
	割合	9.8	0.6	—	11.5	0.7	—

② 資本金10億円超および全企業合計

日本本社の資本金規模		10億円超100億円以下			100億円超1,000億円以下		
		集計企業数	経常利益	平均経常利益	集計企業数	経常利益	平均経常利益
合計		4,791	1,001,558	209	5,217	4,646,459	891
	割合	24.1	10.1	—	26.2	47.1	—
製造業		2,022	642,389	318	2,267	2,481,720	1,095
	割合	23.2	14.0	—	26.1	53.9	—
非製造業		2,769	359,169	130	2,950	2,164,739	734
	割合	24.7	6.8	—	26.3	41.1	—

出典：経済産業省「第51回海外事業活動基本調査」よりフェアコンサルティング作成

図表1－17 日本本社の資本金規模別（資本金1億円以下／1億円超）でみた
現地法人経常利益（2020年度）

（単位：社、百万円、%）

日本本社の資本金規模		1億円以下			1億円超			合計		
		集計企業数	経常利益	平均経常利益	集計企業数	経常利益	平均経常利益	集計企業数	経常利益	平均経常利益
合計		4,975	194,648	39.1	14,932	9,677,630	648.1	19,907	9,872,278	495.9
	割合	25.0	2.0	—	75.0	98.0	—	100.0	100.0	—
製造業		2,588	126,830	49.0	6,111	4,473,532	732.0	8,699	4,600,362	528.8
	割合	29.8	2.8	—	70.2	97.2	—	100.0	100.0	—
非製造業		2,387	67,818	28.4	8,821	5,204,098	590.0	11,208	5,271,916	470.4
	割合	21.3	1.3	—	78.7	98.7	—	100.0	100.0	—

出典：経済産業省「第51回海外事業活動基本調査」よりフェアコンサルティング作成

（単位：社、百万円、％）

1億円超3億円以下			3億円超10億円以下		
集計企業数	経常利益	平均経常利益	集計企業数	経常利益	平均経常利益
742	64,107	86	1,960	307,022	157
3.7	0.6	—	9.8	3.1	—
294	42,892	146	816	235,816	289
3.4	0.9	—	9.4	5.1	—
448	21,215	47	1,144	71,206	62
4.0	0.4	—	10.2	1.4	—

（単位：社、百万円、％）

1,000億円超			合計		
集計企業数	経常利益	平均経常利益	集計企業数	経常利益	平均経常利益
2,222	3,658,484	1,646	19,907	9,872,278	496
11.2	37.1	—	100.0	100.0	—
712	1,070,715	1,504	8,699	4,600,362	529
8.2	23.3	—	100.0	100.0	—
1,510	2,587,769	1,714	11,208	5,271,916	470
13.5	49.1	—	100.0	100.0	—

図表1-18 日本本社の資本金規模別でみた現地法人経常利益合計額

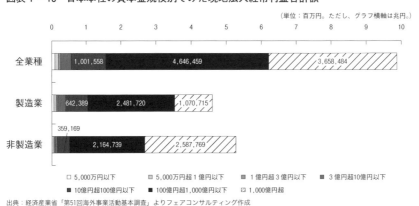

（単位：百万円。ただし、グラフ横軸は兆円。）

□ 5,000万円以下　　▨ 5,000万円超1億円以下　　▨ 1億円超3億円以下　　■ 3億円超10億円以下
■ 10億円超100億円以下　　■ 100億円超1,000億円以下　　▨ 1,000億円超

出典：経済産業省「第51回海外事業活動基本調査」よりフェアコンサルティング作成

図表1−19 地域・国別でみた現地法人の常時従業者数の推移（2018〜2020年度）

地域			合計					2018年度
			2018年度	2019年度	2020年度	2019年度からの増減		
						人数	増減率	
全地域			6,052,305	5,636,070	5,627,022	−9,048	−0.2	4,574,004
北米			808,910	787,568	765,294	−22,274	−2.8	522,133
	アメリカ		767,609	748,381	722,626	−25,755	−3.4	492,702
	カナダ		41,301	39,187	42,668	3,481	8.9	29,431
中南米			355,961	347,609	329,967	−17,642	−5.1	232,159
	ブラジル		108,993	103,831	95,631	−8,200	−7.9	91,255
	メキシコ		167,500	161,875	156,679	−5,196	−3.2	123,300
	アルゼンチン		10,785	10,052	9,879	−173	−1.7	8,549
アジア			4,134,526	3,789,939	3,800,174	10,235	0.3	3,357,810
	中国		1,442,051	1,300,408	1,287,536	−12,872	−1.0	1,198,678
		中国本土	1,381,634	1,252,899	1,239,910	−12,989	−1.0	1,168,543
		香港	60,417	47,509	47,626	117	0.2	30,135
	ASEAN10		2,206,607	2,026,158	2,023,043	−3,115	−0.2	1,787,854
	ASEAN4		1,602,689	1,473,790	1,437,557	−36,233	−2.5	1,342,620
		フィリピン	273,302	271,446	271,325	−121	0.0	214,406
		マレーシア	178,631	159,524	162,559	3,035	1.9	133,517
		タイ	707,686	640,995	620,240	−20,755	−3.2	624,299
		インドネシア	443,070	401,825	383,433	−18,392	−4.6	370,398
	NIEs3		319,083	311,732	311,809	77	0.0	158,697
		台湾	112,723	111,533	107,411	−4,122	−3.7	70,263
		韓国	80,508	75,152	81,640	6,488	8.6	55,954
		シンガポール	125,852	125,047	122,758	−2,289	−1.8	32,480
	インド		251,330	244,898	265,637	20,739	8.5	213,806
	ベトナム		435,404	389,758	418,982	29,224	7.5	383,372
中東			18,495	16,477	18,103	1,626	9.9	6,260
欧州			651,908	614,887	630,000	15,113	2.5	414,098
	EU（注2）		416,011	393,932	418,752	24,820	6.3	275,948
		フランス	45,498	47,260	48,886	1,626	3.4	21,209
		ドイツ	76,205	70,027	73,456	3,429	4.9	37,776
		イタリア	30,469	30,645	32,225	1,580	5.2	23,780
		オランダ	47,761	46,705	48,298	1,593	3.4	18,374
		ベルギー	57,590	57,394	65,171	7,777	13.6	47,171
		スペイン	34,761	36,797	41,368	4,571	12.4	24,599
	イギリス（注2）		180,421	167,572	154,948	−12,624	−7.5	104,806
	スイス		4,069	3,496	3,389	−107	−3.1	1,033
	ロシア		21,223	23,030	22,721	−309	−1.3	8,919
オセアニア			44,363	40,412	43,869	3,457	8.6	11,034
	オーストラリア		37,490	33,671	36,624	2,953	8.8	8,886
	ニュージーランド		4,697	4,690	5,274	584	12.5	1,714
アフリカ			38,142	39,178	39,615	437	1.1	30,510
BRICs			1,763,180	1,624,658	1,623,899	−759	0.0	1,482,523

注1：北米：アメリカ、カナダ
　　ASEAN10：マレーシア、タイ、インドネシア、フィリピン、シンガポール、ブルネイ、ベトナム、ラオス、ミャンマー、カンボジア
　　ASEAN4：マレーシア、タイ、インドネシア、フィリピン
　　NIEs3：シンガポール、台湾、韓国
　　EU：ベルギー、ドイツ、フランス、イタリア、ルクセンブルク、オランダ、デンマーク、アイルランド、ギリシャ、スペイン、ポル
　　　　トガル、フィンランド、オーストリア、スウェーデン、マルタ、キプロス、ポーランド、ハンガリー、チェコ、スロバキア、ス
　　　　ロベニア、エストニア、ラトビア、リトアニア、ルーマニア、ブルガリア、クロアチア
　　BRICs：ブラジル、ロシア、インド、中国（香港を除く）

（単位：人、%）

製造業				非製造業				
2019年度	2020年度	2019年度からの増減		2018年度	2019年度	2020年度	2019年度からの増減	
		人数	増減率				人数	増減率
4,200,599	4,194,127	−6,472	−0.2	1,478,301	1,435,471	1,432,895	−2,576	−0.2
513,807	501,620	−12,187	−2.4	286,777	273,761	263,674	−10,087	−3.7
485,844	470,571	−15,273	−3.1	274,907	262,537	252,055	−10,482	−4.0
27,963	31,049	3,086	11.0	11,870	11,224	11,619	395	3.5
222,408	214,080	−8,328	−3.7	123,802	125,201	115,887	−9,314	−7.4
87,228	79,334	−7,894	−9.0	17,738	16,603	16,297	−306	−1.8
118,406	118,076	−330	−0.3	44,200	43,469	38,603	−4,866	−11.2
7,897	8,284	387	4.9	2,236	2,155	1,595	−560	−26.0
3,045,480	3,044,259	−1,221	0.0	776,716	744,459	755,915	11,456	1.5
1,066,305	1,047,786	−18,519	−1.7	243,373	234,103	239,750	5,647	2.4
1,045,246	1,026,864	−18,382	−1.8	213,091	207,653	213,046	5,393	2.6
21,059	20,922	−137	−0.7	30,282	26,450	26,704	254	1.0
1,632,145	1,623,319	−8,826	−0.5	418,753	394,013	399,724	5,711	1.4
1,238,434	1,203,434	−35,000	−2.8	260,069	235,356	234,123	−1,233	−0.5
218,540	214,268	−4,272	−2.0	58,896	52,906	57,057	4,151	7.8
112,626	117,726	5,100	4.5	45,114	46,898	44,833	−2,065	−4.4
563,052	542,495	−20,557	−3.7	83,387	77,943	77,745	−198	−0.3
344,216	328,945	−15,271	−4.4	72,672	57,609	54,488	−3,121	−5.4
153,096	156,703	3,607	2.4	160,386	158,636	155,106	−3,530	−2.2
71,190	70,665	−525	−0.7	42,460	40,343	36,746	−3,597	−8.9
49,271	54,591	5,320	10.8	24,554	25,881	27,049	1,168	4.5
32,635	31,447	−1,188	−3.6	93,372	92,412	91,311	−1,101	−1.2
204,975	222,968	17,993	8.8	37,524	39,923	42,669	2,746	6.9
336,431	359,285	22,854	6.8	52,032	53,327	59,697	6,370	11.9
5,762	5,817	55	1.0	12,235	10,715	12,286	1,571	14.7
372,999	383,153	10,154	2.7	237,810	241,888	246,847	4,959	2.1
250,307	263,339	13,032	5.2	140,063	143,625	155,413	11,788	8.2
19,425	20,746	1,321	6.8	24,289	27,835	28,140	305	1.1
32,543	33,990	1,447	4.4	38,429	37,484	39,466	1,982	5.3
23,227	24,035	808	3.5	6,689	7,418	8,190	772	10.4
18,745	18,185	−560	−3.0	29,387	27,960	30,113	2,153	7.7
47,444	54,806	7,362	15.5	10,419	9,950	10,365	415	4.2
21,745	25,746	4,001	18.4	10,162	15,052	15,622	570	3.8
93,330	88,154	−5,176	−5.5	75,615	74,242	66,794	−7,448	−10.0
1,010	975	−35	−3.5	3,036	2,486	2,414	−72	−2.9
8,036	8,009	−27	−0.3	12,304	14,994	14,712	−282	−1.9
8,800	12,801	4,001	45.5	33,329	31,612	31,068	−544	−1.7
6,588	9,770	3,182	48.3	28,604	27,083	26,854	−229	−0.8
1,744	2,557	813	46.6	2,983	2,946	2,717	−229	−7.8
31,343	32,397	1,054	3.4	7,632	7,835	7,218	−617	−7.9
1,345,485	1,337,175	−8,310	−0.6	280,657	279,173	286,724	7,551	2.7

注2：イギリスは2020年度実績からEU外の集計。2018年度および2019年度のEU合計値からイギリスの数値を除いた。
出典：経済産業省「第49回海外事業活動基本調査」「第50回海外事業活動基本調査」および「第51回海外事業活動基本調査」よりフェアコンサルティング作成

図表 1−20　現地法人の常時従業者数トップ5（2020年度）　　　　　　（単位：万人）

順位	国・地域	人数
1	中国本土・香港	128
2	アメリカ	72
3	タイ	62
4	ベトナム（前年5位）	41
5	インドネシア（前年4位）	38

出典：経済産業省「第51回海外事業活動基本調査」よりフェアコンサルティング作成

図表 1−21　アジアにおける常時従業者数の増減数（2020年度）　　　　（単位：万人、%）

増加↗			減少↘		
地域	人数	増加率	地域	人数	減少率
ベトナム	2.9	7.5	タイ	2.0	3.2
インド	2.0	8.5	インドネシア	1.8	4.6
韓国	0.6	8.6	中国	1.2	1.0

注：増減数・増減率は2019年度末比。
出典：経済産業省「第51回海外事業活動基本調査」よりフェアコンサルティング作成

3 日本企業の現地法人の課題

　以上の経済産業省「海外事業活動基本調査」結果から、次のような日本企業の現地法人の傾向が読み取れます（図表1‐22、1‐23）。

・現地法人企業数

　→横ばいの状況が続いている。

・現地法人の売上高・経常利益

　→日本本社の資本金額と、現地法人の経常利益額には、正の相関関係があることが推測される。

・日本本社の資本金額と現地法人の資本金額

　→現地法人の約6割の日本本社の資本金額は1億円以下である一方、現地法人の約6割は資本金が1億円超となっている。

・解散・撤退現地法人数

　→2018年度、2019年度と比べて、2020年度は25％以上増加し、新型コロナウイルス感染症の拡大による影響がうかがえる。

　今回の調査対象の2020年度末は、2021年3月末時点または3月末以前で近い決算時点における年度末の実績であり、これをふまえると新型コロナウイルス感染症が拡大するなかでの、現地法人の経営状況を反映しているといえます。

　さらに解散、撤退した現地法人企業数が2018年度、2019年度と比べ25％以上増加しました。

　この点においても新型コロナウイルス感染症の拡大により、国・地域によってはロックダウンが行われ、物流網や消費が滞り、現地法人を取り巻く環境が従前より厳しくなりました。

　この結果により経営が厳しかった現地法人に対して解散、撤退を促したことが予想されます。

地域	合計							
	2018年度	2019年度	2020年度		2019年度からの増減		2018年度	2019年度
			人数	割合	人数	増減率		
全地域	6,052,305	5,636,070	5,627,022	100.0	−9,048	−0.2	4,574,004	4,200,599
北米	808,910	787,568	765,294	13.6	−22,274	−2.8	522,133	513,807
中南米	355,961	347,609	329,967	5.9	−17,642	−5.1	232,159	222,408
アジア	4,134,526	3,789,939	3,800,174	67.5	10,235	0.3	3,357,810	3,045,480
中東	18,495	16,477	18,103	0.3	1,626	9.9	6,260	5,762
欧州	651,908	614,887	630,000	11.2	15,113	2.5	414,098	372,999
オセアニア	44,363	40,412	43,869	0.8	3,457	8.6	11,034	8,800
アフリカ	38,142	39,178	39,615	0.7	437	1.1	30,510	31,343

注：北米：アメリカ、カナダ
出典：経済産業省「第49回海外事業活動基本調査」「第50回海外事業活動基本調査」および「第51回海外事業活動基本調査」よりフェアコンサルティング作成

図表1-23　解散・撤退した現地法人企業数（2018～2020年度）

地域			2018年度					
			合計	製造業		非製造業		合計
				企業数	割合	企業数	割合	
全地域			612	228	37.3	384	62.7	603
北米			61	21	34.4	40	65.6	76
	アメリカ		57	20	35.1	37	64.9	69
中南米			41	7	17.1	34	82.9	44
アジア			402	178	44.3	224	55.7	385
	中国		232	111	47.8	121	52.2	219
		中国本土	200	109	54.5	91	45.5	182
		香港	32	2	6.3	30	93.8	37
	ASEAN10		117	47	40.2	70	59.8	123
	ASEAN4		79	39	49.4	40	50.6	74
		フィリピン	9	4	44.4	5	55.6	6
		マレーシア	19	11	57.9	8	42.1	19
		タイ	27	12	44.4	15	55.6	34
		インドネシア	24	12	50.0	12	50.0	15
	NIEs3		69	18	26.1	51	73.9	63
		台湾	18	6	33.3	12	66.7	17
		韓国	25	9	36.0	16	64.0	14
		シンガポール	26	3	11.5	23	88.5	32
中東			3	1	33.3	2	66.7	＊＊＊
欧州			80	15	18.8	65	81.3	76
	EU（注3）		68	13	19.1	55	80.9	68
オセアニア			22	6	27.3	16	72.7	20
アフリカ			3	−	−	3	100.0	2
BRICs			218	119	54.6	99	45.4	204

注1：「＊＊＊」該当数値なし。
注2：北米：アメリカ、カナダ
　　　ASEAN10：マレーシア、タイ、インドネシア、フィリピン、シンガポール、ブルネイ、ベトナム、ラオス、ミャンマー、カンボジア
　　　ASEAN4：マレーシア、タイ、インドネシア、フィリピン
　　　NIEs3：シンガポール、台湾、韓国
　　　EU：ベルギー、ドイツ、フランス、イタリア、ルクセンブルク、オランダ、デンマーク、アイルランド、ギリシャ、スペイン、ポルトガル、フィンランド、オーストリア、スウェーデン、マルタ、キプロス、ポーランド、ハンガリー、チェコ、スロバキア、スロベニア、エストニア、ラトビア、リトアニア、ルーマニア、ブルガリア、クロアチア

製造業				非製造業					
2020年度		2019年度からの増減		2018年度	2019年度	2020年度		2019年度からの増減	
人数	割合	人数	増減率			人数	割合	人数	増減率
4,194,127	100.0	−6,472	−0.2	1,478,301	1,435,471	1,432,895	100.0	−2,576	−0.2
501,620	12.0	−12,187	−2.4	286,777	273,761	263,674	18.4	−10,087	−3.7
214,080	5.1	−8,328	−3.7	123,802	125,201	115,887	8.1	−9,314	−7.4
3,044,259	72.6	−1,221	0.0	776,716	744,459	755,915	52.8	11,456	1.5
5,817	0.1	55	1.0	12,235	10,715	12,286	0.9	1,571	14.7
383,153	9.1	10,154	2.7	237,810	241,888	246,847	17.2	4,959	2.1
12,801	0.3	4,001	45.5	33,329	31,612	31,068	2.2	−544	−1.7
32,397	0.8	1,054	3.4	7,632	7,835	7,218	0.5	−617	−7.9

（単位：社、%）

2019年度				合計	2020年度			
製造業		非製造業			製造業		非製造業	
企業数	割合	企業数	割合		企業数	割合	企業数	割合
216	35.8	387	64.2	770	305	39.6	465	60.4
24	31.6	52	68.4	104	26	25.0	78	75.0
23	33.3	46	66.7	98	25	25.5	73	74.5
7	15.9	37	84.1	45	10	22.2	35	77.8
166	43.1	219	56.9	530	247	46.6	283	53.4
101	46.1	118	53.9	277	146	52.7	131	47.3
94	51.6	88	48.4	241	140	58.1	101	41.9
7	18.9	30	81.1	36	6	16.7	30	83.3
52	42.3	71	57.7	190	71	37.4	119	62.6
36	48.6	38	51.4	126	59	46.8	67	53.2
3	50.0	3	50.0	14	4	28.6	10	71.4
8	42.1	11	57.9	22	10	45.5	12	54.5
15	44.1	19	55.9	68	35	51.5	33	48.5
10	66.7	5	33.3	22	10	45.5	12	54.5
16	25.4	47	74.6	89	25	28.1	64	71.9
5	29.4	12	70.6	23	9	39.1	14	60.9
4	28.6	10	71.4	26	13	50.0	13	50.0
7	21.9	25	78.1	40	3	7.5	37	92.5
＊＊＊	＊＊＊	＊＊＊	＊＊＊	3	＊＊＊	＊＊＊	3	＊＊＊
17	22.4	59	77.6	63	19	30.2	44	69.8
16	23.5	52	76.5	36	11	30.6	25	69.4
1	5.0	19	95.0	20	1	5.0	19	95.0
1	50.0	1	50.0	5	2	40.0	3	60.0
99	48.5	105	51.5	263	151	57.4	112	42.6

BRICs：ブラジル、ロシア、インド、中国（香港を除く）
注3：イギリスは2020年度実績からEU外の集計。2018年度および2019年度のEU合計値からイギリスの数値を除いた。
出典：経済産業省「第49回海外事業活動基本調査」「第50回海外事業活動基本調査」および「第51回海外事業活動基本調査」よりフェアコンサルティング作成

その後も変異して感染拡大した新型コロナウイルス感染症に加え、2022年2月に勃発したロシアによるウクライナ侵攻後の世界的な資源高、インフレ進行と、経済の回復による人材逼迫の環境下、現地法人の見直しを行わざるをえない日本企業は増加しているのではないでしょうか。

　また地球温暖化防止のためのカーボンニュートラル、SDGsの社会や企業経営への急速な浸透から、特に自動車産業は100年に一度とされる大変革の時代にあります。

　内燃機関エンジンを搭載する自動車に大きな強みをもつ日本の自動車産業、部品産業は、今後、世界的に進む自動車の電動化により、現地法人も含めた事業転換が必要になることが予想されます。

　このようななか、2万5,703社において562万人の雇用を世界各地の現地法人で担う日本企業は、戦略的な撤退を含めた、海外事業の大きな岐路に立っているといえます。

▶注

1　第51回海外事業活動基本調査結果（2020年度実績）https://www.meti.go.jp/statistics/tyo/kaigaizi/index.html
　　2021（令和3）年3月末現在で、海外に現地法人を有するわが国企業（金融業、保険業および不動産業を除く。以下「本社企業」）を対象。この調査における「現地法人」は、以下の条件を満たす海外子会社と海外孫会社の総称。海外子会社とは日本側出資比率が10%以上の外国法人、海外孫会社とは日本側出資比率が50%超の海外子会社が50%超の出資を行っている海外法人を指す。
2　経済産業省実施の海外事業活動基本調査における本社企業の企業規模に関する定義は、以下のとおり。
　　「大企業」：資本金10億円超
　　「中堅企業」：製造業、農林漁業、鉱業、建設業、その他は資本金3億円超10億円以下
　　　　　　　　卸売業は資本金1億円超10億円以下
　　　　　　　　小売業、サービス業は資本金5,000万円超10億円以下
　　「中小企業」：製造業、農林漁業、鉱業、建設業、その他は資本金3億円以下
　　　　　　　　卸売業は資本金1億円以下
　　　　　　　　小売業、サービス業は資本金5,000万円以下

撤退事例

　本Chapterでは、弊社が支援した撤退案件のなかから、相談が多い中国・香港・インドネシア・タイでの撤退事例を取り上げ再現しました。また、欧州のドイツの事例も1事例掲載しています。

　現地法人の撤退事例は、各国・地域での法的手続はもちろんですが、税務調査対応、解雇する現地従業員への対応が重要なポイントとなります。また、当局との折衝、先を見通せないスケジュールも撤退実務をむずかしくしています。撤退のプロセス、当事者とのやりとりを疑似体験できるよう、こうした点に配慮し、紙面上に再現しました。

　なお、各事例は案件の掲載順に、登場する企業名を、日本本社は「日本A株式会社」、現地法人は「A有限公司」のようにアルファベット順にし、スケジュールにおいても「20A1年」として、事例ごとにアルファベットを統一しています。

1 中国現地法人の撤退事例

A有限公司（製造業）
──新型コロナウイルス感染症のなかでのスピード清算

1 撤退の概要・まとめ

　新型コロナウイルス感染症で渡航制限があるなか、日本本社からの出張者が誰も来ないまま、従業員説明会、現地法人の銀行口座閉鎖まで完了した清算事例である。この案件は「簡易抹消」を利用（Chapter 3（5 - 1）Q 1 参照）し、日本本社が撤退を決定してから、現地法人の清算完了まで1年のスピード清算となった。

　この案件のポイントをまとめると図表 2 - 1 のとおりである。

2 A有限公司の概要・経緯

　A有限公司は、2000年代前半に設立された、主として汎用部品を製造する日本A株式会社の中国現地法人である。

　従業員は約20名で中国人従業員の平均勤続年数は10年超と長いものの、月額給与は4,000元に満たない従業員も多数おり、高くはなかった。売上高は600万元で、主要販売先は、日系の現地法人製造業。製品の輸出はない。

　設立当初は、日系企業のブランド力、高品質を背景に事業が順調に立ち上がったが、大きく規模拡大までには至らなかった。2010年以降は、部品という製品の性質上、販売単価も大きく引き上げられず、現地メーカーとの競争が激化した。

図表２－１　A有限公司の概要と案件のポイント

日本A株式会社

日本人総経理は
日本本社常勤

100%出資

A有限公司

中国人工場長

（日本人赴任者は、新型コロナ
ウイルス感染症により帰国）

案件のポイント

☑信頼できる中国人管理者がいれば、日本人駐在員が
　中国に来なくても清算業務は可能。
☑過去の労働条件は清算時に影響を与えるので常日頃
　から注意が必要。
☑経済補償金の予算は多めに取っておくことが必要か
　つ柔軟に対応が必要。

A有限公司（中国現地法人）

業　　　態	：	メーカー
業　　　種	：	汎用部品製造業
社　　　歴	：	20年弱
直近売上高	：	600万人民元
販　売　先	：	日本本社への輸出はない
		基本は中国での国内販売
撤 退 理 由	：	競争激化と損益の悪化

出典：フェアコンサルティング作成

　新型コロナウイルス感染症の前までは、日本人駐在員がA有限公司に赴任していたが、新型コロナウイルス感染症拡大のなか、日本に帰国していた。

 撤退までの経緯・撤退の意思決定

　A有限公司は、利益は計上できていたものの売上げが伸びない状況であり、日本A株式会社は、今後の事業の拡大が期待できないと判断して、A有限公司の清算を新型コロナウイルス感染症前から密かに検討していた。

　こうしたなかで、新型コロナウイルス感染症の拡大により先行きの不透明感が増し、日本A株式会社はA有限公司の撤退、清算を機関決定し、清算業務を委託するコンサルティング会社の選定を開始した。

　フェアコンサルティング中国オフィスの取引先の紹介で、日本A株式会社に対しA有限公司の清算業務・見積を清算委員会方式で提案した（図表２－２）。

　これを受けた日本A株式会社は検討のうえ、フェアコンサルティングに委

図表2-2　想定された清算案とスケジュール（清算委員会方式）

清算手続	1カ月	2カ月	3カ月	4カ月	5～9カ月	10～12カ月
1. 董事会の開催（清算決議）	▶					
2. 清算申請許可（商務委員会／市場監督管理局）	▶					
3. 清算委員会の設立（工商局）		▶				
4. 債権者保護手続（45日間の公告）		▬▬▶				
5. 債権者の登記および債務確定				▶		
6. 残余財産の整理		▬▬▬▬▶				
7. 清算税務報告書の作成				▬▶		
8. 税務調査、税務登記抹消					▬▬▶	
9. 税関調査、税関登記抹消					▶	
10. 工商登記の抹消					▶	
11. 余剰資金の国外送金（外貨管理局の許可後）					▬▶	
12. 清算監査報告書の作成						▶
13. 各種ライセンスの抹消						▶
14. 銀行口座閉鎖						▬▶

出典：フェアコンサルティング作成

託するとの連絡を受け、業務を開始した。

4　撤退のプロセス

　撤退のプロセスのスケジュールは図表2-3のとおりである。以下、順番に解説していく。

1　A有限公司の状況のヒアリング（20A1年6月上旬）

　A有限公司の親会社である日本A株式会社との間で、A有限公司の清算業務に関する契約書を締結し、このミーティングにおいて、日本A株式会社から以下をヒアリングした。

① 現在の状況
・日本人駐在員は帰国しており、A有限公司にはいない
・A有限公司の従業員は誰も本件清算を知らない。したがって、通常どおり

図表2－3　A有限公司の清算までのスケジュール

プロセス	20A1年									20A2年
	4月	5月	6月	7月	8月	9月	10月	11月	12月	3月
1. 日本本社での清算の決定、コンサルの探索	▶									
2. フェアコンサルティングへの委託の決定	▶									
3. フェアコンサルティングとの第1回打合せ		▶								
4. A有限公司の状況のヒアリング（解説①）			▶							
5. 中国人幹部への通知、打合せ（解説②）			▶							
6. 解雇条件の試算、条件確認（解説③）			▶							
7. 従業員説明会の開催（解説④）				▶						
8. 製品出荷の完了（解説⑤）					▶					
9. 従業員の解雇（解説⑤）						▶				
9. 清算のための準備、資産処分、債務整理				▶	▶	▶	▶	▶	▶	
10. 賃借工場の返却（解説⑥）									▶	
11. 剰余金の配当、清算手続（解説⑦）										▶

出典：フェアコンサルティング作成

の業務、製造を行っており、取引先も本件清算を知らない
・新型コロナウイルス感染症の拡大により、日本から中国への入国は非常に厳しく制限された。これにより事前打合せ、従業員説明会、清算実務、銀行口座の閉鎖において、A有限公司の法定代表者の日本からの中国へ渡航はむずかしい状況となった

② **日本A株式会社（日本本社）からの要望と対応**

・賃借工場の賃貸借契約の満了予定日は半年後の20A1年12月末。出荷完了、設備撤去のうえ、賃貸借契約を延長せずに賃借工場を返却したい
・フェアコンサルティング中国オフィスでは、今後のスケジュールを立案するとともに、A有限公司のキーマン数名に撤退、清算を告げ、準備を開始する必要があることをアドバイスする
・日本A株式会社でキーマンを選定し、工場が稼働しておらず、中国人従業員が工場、オフィスにいない土曜日、日曜日にキーマンを呼び、Webミーティングを開催することとなった
　フェアコンサルティング中国オフィスからは、現地法人の閉鎖申請まで

図表2－4　清算のための事前準備

項目	検討事項（注2）
スケジュールおよびコスト・資金繰りの検討	以下の項目を考慮したスケジュールおよびコスト・資金繰りの検討
労務（注1）	経済補償金の支給案作成 合意解除までのスケジュール作成 合意解除の面談（日時・一人あたり回数・時間。弁護士等の同席するタイミング） 雇用契約解除協議書の準備
取引先との契約の調整、在庫の確保	取引先との最終納入日の決定と生産終了時期の検討 製品保証期間の有無の確認
固定資産の譲渡の検討	適正な譲渡価格の検討、譲渡先、譲渡価格の決定
事務所の賃借契約解除	契約満了時期の確認 中途解約による追加負担の確認
債務の弁済方法の検討	債務免除の要否の検討および債務免除に関する協議書の策定 弁済の場合における弁済資金の確保
清算開始後の体制の検討	人員の選定 清算時における清算用仮住所の確保の検討
清算報告書作成事務所の事前確認	会計事務所の選定と事前相談
税務・税関に関する検討	税務・税関による調査における追加負担の有無の検討
その他契約の解除	保有するすべての契約書の事前確認とリスク分析

注1：労務DD、労働仲裁・訴訟及び経済補償金以外（未払残業代など）の支給に関する従業員との協議に関する対応等は含まれない。
注2：法人の状況により追加で検討すべき事項が生じるケースが多いため、個々の状況に応じた対応が必要。
出典：フェアコンサルティング作成

に、一般的に事前の検討、準備が必要な事項について説明し、その内容について日本A株式会社で確認、準備するよう依頼した（図表2－4）。

2 中国人幹部との打合せと準備（20A1年6月中旬の土曜日）

工場が稼働していない土曜日、A有限公司中国人幹部2名、A有限公司の総経理である日本A株式会社取締役、フェアコンサルティング中国オフィスとの間で打合せのWebミーティングを開催した。その場で、総経理である日本A株式会社取締役から、A有限公司の工場長、財務・税務責任者の中国人幹部2名に、A有限公司の清算決定を通知したところ、中国人幹部2名からは、次のような発言が出た。

「利益が出ているのに、なぜ清算するのか？」

「工場はうまく経営されていると考えていた！」

「給与が安いなか、みんな、我慢して長い間、仕事をしてきたのに……」

「通常業務以外の清算に関係する業務はいっさい行わない！」

「従業員説明会は絶対に大荒れになる、収まりがつかない！」

業績がかんばしくない現地法人であれば、現地ローカル従業員の間で、徐々に「現地法人の清算や売却がありうるかも」との推測が広がっていき、従業員に説明する際には「やっぱりそうなったか」という覚悟ができていることもあるが、Ａ有限公司は小規模とはいえ、業績が安定し、黒字だったことから、中国人幹部にとっても想定外だった。

新型コロナウイルス感染症による入国規制で、日本Ａ株式会社に常駐する総経理や日本本社役員が中国へ渡航できないなか、早急に開催する必要がある従業員説明会を乗り切り、全従業員から雇用契約解除協議書を入手することは難易度が高いことが想定された（図表2−5）。

これらを鑑み20A1年内の事業（製造、出荷、賃借工場の返却）の終了を目標とした結果、やや急な日程ながら、次のスケジュールを前提として、清算業務を進めていくこととした。

・来月7月初旬に従業員説明会を行う

・8月末に製造、出荷の完了

・9月末に全従業員の解雇

・12月末に賃借工場の返却、契約期限満了・中国人男性幹部2名から情報の提供

加えて、フェアコンサルティング中国オフィスで全従業員の経済補償金額の試算、今後のスケジュール表を作成することとなった（図表2−6）。

また、これ以後は、従業員説明会準備のため、工場が稼働していない土曜日、日曜日に、中国人幹部2名、日本Ａ株式会社、フェアコンサルティング中国オフィスとの間で打合せのWebミーティングを開催することとした。

3 解雇条件の確認（20A1年6月下旬）

日本Ａ株式会社とフェアコンサルティング中国オフィスとの間でWeb

図表 2 − 5　　使用者の意思による労働契約の解除（大規模な人員削減の場合）

契約解除・ 終了の内容	労働契約法の関連規定の 抜粋日本語参照訳	経済補償金 の支払額	備考・注意事項
使用者の意思による契約解除（大規模な人員削減の場合）	【労働契約法第41条】 下記の状況のいずれかがあり、20人以上または20人未満だが企業の従業員総数の10%以上の人員削減が必要な場合、使用者は30日前までに労働組合または全従業員に対し状況を説明して、労働組合または従業員の意見を聴取後に、人員削減方案を労働行政部門に報告して人員削減を行うことができる。 ①企業破産法の規定により再編を行う場合 ②生産、経営がきわめて困難な場合 ③企業の製品転換、重大な技術革新または経営方式に調整があり、労働契約変更後に、なおも人員削減が必要である場合 ④その他の労働契約の締結時に依拠した客観的な経済状況に重大な変化が起こり、労働契約を履行できない場合	必要： 法定×1倍	・人員削減時、下記の人員を優先的に継続して雇用しなければならない。 ①本使用者と比較的長期間の期限のある労働契約を締結している者 ②本使用者と期限のない労働契約を締結している者 ③家庭内に他に就業者がなく、老人または未成年者を扶養する必要がある者 ・人員削減後6カ月以内に再度新たに人を募集して雇用する場合、人員削減された人員に通知するとともに、かつ同等条件下においては人員削減された人員を優先的に募集、雇用しなければならない。

出典：フェアコンサルティング作成

　ミーティングを行う。フェアコンサルティング中国オフィスからは、Ａ有限公司の月額給与が地域平均額より低いこと、従業員説明会の日に全従業員から雇用契約解除協議書を得たいことから、経済補償に加えて「全従業員一律4カ月分の月額給与の上乗せ提示」を提案するも、日本Ａ株式会社経営陣からの了承を得ることはできなかった。引き続き協議した結果、次の条件で交渉することとした。

・まずは全員一律2カ月分の上乗せで提示
・従業員との交渉によっては、月額給与の3カ月分を上限とする

　従業員説明会には、日本Ａ株式会社の取締役でＡ有限公司の董事長が、新型コロナウイルス感染症により出張できないため、オンラインで参加予定である。日本人総経理、日本Ａ株式会社役員が従業員説明会会場に同席できな

図表2－6　経済補償金の計算方法

■経済補償金の計算方法（労働契約法第47条）

➤経済補償金は労働者が本使用者に勤務していた年数に照らし、1年ごとに賃金1カ月分を基準として労働者に支払われる。6カ月以上1年に満たない場合には1年として計算する。6カ月に満たない場合は、労働者に半月分の経済補償を支払う。

➤労働者の月賃金が使用者の所在直轄市、区を設ける市級人民政府の公布する本地区の年度従業員の平均賃金の3倍を上回る場合には、これに支払う経済補償の基準は労働者の月平均賃金（本地区）の3倍の金額を支払い、これに支払う経済補償の年数は最高で12年を超えない。

➤月賃金とは、労働者が労働契約を解除または終了する前12カ月の平均賃金を指す。勤務月が12カ月に満たない場合、実際の勤務月数で平均する。

（通常の賃金、手当、賞与は計算に含めるが、残業代は計算に含めない）（労働契約法実施条例第27条）

実務上のポイント

■経済補償金の計算例

Aさん：2015年1月1日入社、2020年1月31日に会社都合により契約解除。
　　　　直近12カ月の平均給与は7,000元。

→勤務年数は5年1カ月➡5.5カ月分。7,000元×5.5カ月分＝法定経済補償金3万8,500元

Bさん：2015年1月1日入社、2020年7月31日に会社都合により契約解除。
　　　　直近12カ月の平均給与は5万元、退社日における上海市の平均賃金の3倍は2万8,740元。

→勤務年数は5年7カ月➡6カ月分。2万8,740元×6カ月分＝法定経済補償17万2,440元

出典：フェアコンサルティング作成

いなか、日本人はフェアコンサルティング中国オフィスの女性1人であり、担当としては責任が重く胃が痛くなる思いだ。

4 大荒れの従業員説明会、難航する雇用契約解除協議書の取得（20A1年7月初旬）

フェアコンサルティング中国オフィスから日本人と中国人の女性スタッフ各1名がA有限公司に出張し、従業員説明会を開催した。

従業員説明会開催の告知は、中国人工場長に段取りしてもらう。どうしても従業員のうち1名のみ予定があわず欠席であったが、ほかの全従業員が参加できることとなった。

中国系法律事務所の律師（弁護士）同席のうえ、現地時間の午前10時、いよいよ従業員説明会を開始した。

日本人総経理、日本A株式会社役員は、日本A株式会社からWebミー

ティングの形式での参加である。

　冒頭、中国人工場長から、Ａ有限公司を清算することを日本Ａ株式会社が決定したこと、20A1年８月末に製造出荷終了、同年９月末の全員解雇する方針であること、の説明を行った。

　６月に中国人幹部に説明したときと同様に、中国人従業員はＡ有限公司の清算を初めて聞き激怒する。

　製造業であるＡ有限公司の従業員の７割は男性で、平均年齢が高い。このため、簡単に再就職先が見つからないと感じている従業員が多く、説明会場は騒然としたままであった。野太い怒号が飛び交い、従業員たちは腹立たしさを、説明する側に座る中国人幹部２名にぶつけている。

　女性従業員も、フェアコンサルティング中国オフィスの中国人女性スタッフに詰め寄っている。直接、面前で怒鳴られない日本Ａ株式会社の幹部は、何も対処できない。荒れた会場の雰囲気のなか、全従業員から、今日中に、雇用契約解除協議書をいただけるのか非常に不安になる。

　ここで、フェアコンサルティング中国オフィスのスタッフが引き継いで説明を行った。経済補償金は、法定で定められた各従業員の勤続年数に応じた金額に、Ａ有限公司の誠意として「全従業員一律、各自の月額給与の２カ月分の上乗せ」を発表する。しかし、従業員の不満は収まらず、罵声がいっそう大きくなる。中国人従業員からすれば、「そもそもの月額給与が低い」「経済補償金に月額給与の２カ月分を上乗せされても総支給額が大きくない」という思いがあるからだ。そうしたなか、律師（弁護士）、中国人幹部２名とともに「法定で定めた金額に上乗せしている！」との説明を繰り返す。

　従業員説明会開始から１時間経過したが中国人従業員の不満は収まらず、従業員説明会を午後１時に再開することを約束し中断した。中国人幹部には中断の間も従業員への説得を続けてもらった。

　この中断の間、日本Ａ株式会社、中国人幹部、中国人律師（弁護士）とともに、経済補償金の上乗せ月数の引上げ可否について検討する。従業員説明会会場におらず、Ｗｅｂミーティングで参加した日本人総経理、日本Ａ株式会社役員にも、さすがに会場の雰囲気が伝わったようで、顔が青ざめている。

中国人幹部から、経済補償金に上乗せする月額給与の月数の引上げを強く求められる。「上乗せが３カ月分ではとても収まらない！　カメラでみていてもわかるでしょ！」

　説得にあたっていた中国人幹部が戻ってくる。従業員は「もう業務に従事しない。製造、出荷に協力しない」「明日から再就職で忙しいから会社には来ない」といっているとのことであった。

　ここで日本Ａ株式会社と緊急に打合せをし、社長の了解も得、月額給与の4.5カ月分の上乗せの了承を得た。

　フェアコンサルティング中国オフィスからは、午後１時の再開時、２カ月分からの引上げを4.5カ月分とすることを提示して、一気に同意を得ることを提案し、こちらも了承を得る。4.5カ月分以上は絶対に上乗せせず、全従業員からの了承を得る覚悟を全員で確認する。

　また、中国人工場長から、社内にある食堂の厨房に電話してもらい、調理師に冷蔵庫内にある材料をふんだんに使って、急ぎ昼食のおかずを追加するよう、依頼していただいた。空腹では、従業員たちの怒りは鎮められない。普段は細かく材料代の管理をしているＡ有限公司だが、今日は特別だった。

　午後１時、従業員説明会が再開した。経済補償金の上乗せ月数を、一気に4.5カ月分とすることを説明する。あわせて、Ａ有限公司側ではこれ以上のいっさいの上乗せは不可であること、今日、従業員説明会開催中に従業員全員と雇用契約解除協議書を締結したい考えもハッキリと説明する。

　中国人従業員の間に動揺が走る。嬉しげな従業員もいるが、「会社側からはもっと引き出せる！」と踏んでいる従業員もいるようだ。「他の人に相談したいので、数日待ってほしい」と一部の従業員に懇願されるも、「今日、全員で、会社と同意しましょう！」と粘り強く説得を繰り返し、徐々に、雇用契約解除協議書へ署名する従業員が出てくる。

　それでも、一部の従業員は引き続き、強硬に4.5カ月分からの上乗せをいいつのっているが、中国人幹部２人がかりで説得を継続してもらう。

　午後３時になり、会場の雰囲気は大分落ち着いてきた。従業員側に疲れもみられる。会社側は4.5カ月以上の上乗せはない、という断固とした態度で

いるなか、「これ以上交渉してもむずかしそうだ」と従業員が感じ始めているようだ。午後4時、全従業員が口頭で雇用契約解除協議書への署名を了承した。午後5時には、全従業員から雇用契約解除協議書へ署名を得ることができた。ただ、一部の中国人従業員から「署名はするが、清算業務には協力できない」との発言も出た。

5 製品出荷の完了（20A1年8月末）、従業員の解雇（同年9月末）

7月の従業員説明会から約2カ月。取引先の要請に応えて、増産、出荷拡大に対応したが、大きな混乱なく、受注量を全出荷完了した。

これは、A有限公司の主要販売先が日系の現地法人製造業だったことに加え、A有限公司の扱う製品が汎用部品で、かつ事業規模も大きくなく供給責任を長期に求められることがなかったことも、出荷が予定どおりに終了した要因であった。

この日が最終出社日の従業員が多いなか、勤続年数が長い従業員も多かったため、中国人従業員の表情は全員寂しそうだった。9月は、未消化の有給休暇が残っている従業員は有給休暇の消化をしてもらい、9月末までに全員解雇。

ただし、中国人幹部2名は、11月末まで労働契約を継続し、残務対応にあたってもらう予定である。

6 賃借工場の返却（20A1年12月末）

賃借工場の返却期限が迫ってきた。製品出荷完了した8月末は雑然としていた工場内だが、大型の機械設備や危険物保管所を含めてすべて撤去され、12月末を待たずに返却された。中国人工場長が責任をもって売却や処分、清掃を行ってくれた。

この間、財務・税務責任者には9月以降も業務を行ってほしかったが、「清算業務は行わない」との一点張りで、やむをえず業務をフェアコンサルティング中国オフィスで引き継いだ。ただし、設立来、財務、税務（通関、保税での原材料の輸入のための手冊）が丁寧に処理されており、大きな問題な

く資産処分、債務整理を行うことができ、税務局からは数点質問が寄せられたが、回答に納得したようで税務局からの質問は終了。

11月までに、現地税務局、市場管理監督局に「簡易抹消」を選択して清算業務ができることを確認。12月中に、税務局の審査（1日で終了）、税関審査、税務登記の抹消を完了した。

7 　剰余金の配当、清算手続（20A2年3月）

その後は、手順に沿って、外貨管理局登記の抹消、市場監督管理局登記の抹消を完了する。日本本社への剰余金の送金を行うことが必要である。

A有限公司は、中国の大手銀行にのみ銀行口座をもつ。中国では、資本金を受け入れるための「資本金口座」、現金（紙幣）を唯一引き出せる「基本口座」が法人にとって重要な銀行口座であるが、銀行ごとに送金や銀行口座閉鎖に関する必要資料や手続が異なる。このため、口座開設している銀行数が多い場合は、それぞれの銀行で送金、銀行口座閉鎖手続が煩雑になり、時間がかかる。A有限公司では、同一銀行内での各種確認および資金移動処理だったため、一つの銀行内で完結でき、比較的、送金も円滑に完了した。送金後は、少額のみ留め置くことで十分のため、今回数千万円の送金を行った。

その後、社会保険、住宅積立金の会社登録を抹消した。

最後に銀行口座を閉鎖する必要があるが、これは、一つずつ順々に閉鎖していく必要があり、また地域により閉鎖する口座の銀行の順序も決まっている。一般的には邦銀が先で、基本口座が開設されている中国系銀行が最後となる。銀行口座の閉鎖には、法定代表者のパスポートの原本の提示が必要となる。新型コロナウイルス感染症の前までは、日本本社は「パスポート原本を預けることは不可」と判断することが多く、日本本社の社員に法定代理人のパスポートを中国の銀行の支店まで持参してもらい口座閉鎖をしていたが、いまは入国規制もありパスポートを郵送で預かり、法定代表者本人が銀行に来ないまま口座閉鎖を行う事例が増加している。

B有限公司
——新型コロナウイルス感染症のなかでの清算

1 撤退の概要・まとめ

　本件は新型コロナウイルス感染症のなかでの清算事例である。以前から経営状況等がわからず可視化されていなかったため、内部監査実施後、撤退を決定した。

　さらに労災の補償に関する労働仲裁中の従業員１名と産休中従業員１名がおり、それぞれ個別対応を実施。

　また、清算手続中に賃借工場を返却したため、新たな住所を確保する必要があった。加えて今回も「簡易抹消」（Chapter 3（5－1）Q1参照）を利用した。

　この案件のポイントをまとめるとは次のとおりである（図表2－7）。

　さらに、次のようなこともポイントとして押さえておく必要がある。

・運営の仕組み、経営実態を可視化できていなかった現地法人のため清算を決断。前もって内部監査を実施し、現地法人には大きな問題点等がないことがわかっていた

・現地法人の清算が認められない、労災の補償に関する労働仲裁申請者と産休中従業員にいたため、清算業務にかかる時間が長期化

・長期化する清算業務のなかで、賃借工場の返却と清算のための清算用仮住所の確保が課題

2 B有限公司の概要・経緯

　B有限公司は、数年前に製品開発拠点として買収された、直接の親会社である中国本社から遠隔地にある拠点。中国本社は日本B株式会社の100％子会社である。従業員は約30名、売上高は1,000万元弱で、売上げの大半は中

図表2−7　B有限公司の概要と案件のポイント

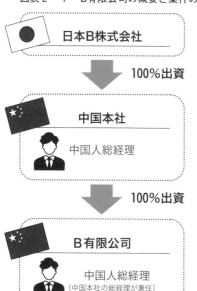

日本B株式会社

↓ 100%出資

中国本社
中国人総経理

↓ 100%出資

B有限公司
中国人総経理
（中国本社の総経理が兼任）

出典：フェアコンサルティング作成

案件のポイント

☑可視化できていない現地法人には注意が必要
☑清算が長期化する要素（本件の場合、労働仲裁）が
　ある場合は、清算用仮住所の確保をすることも臨機
　応変に検討が必要

B有限公司（中国現地法人）

業　　　態：メーカー
業　　　種：製品開発
社　　　歴：数年程度
直近売上高：1,000万人民元弱
従 業 員：約30名
販　売　先：中国本社の委託を受けて受託開発するた
　　　　　　め販売先は中国本社、対外仕入れはあり
撤 退 理 由：不透明経営と中国人総経理の退職

国本社との間で締結された契約に基づく製品開発、顧客サポート業務を行っていた。

　20B1年、日本B株式会社に、「B有限公司を含む中国法人で不正が行われている」との内部通報があり、フェアコンサルティング中国オフィスに、中国本社を含む全5拠点の中国現地法人の内部監査を委託した。

3　撤退までの経緯・撤退の意思決定

　フェアコンサルティング中国オフィスによる内部監査の結果、B有限公司では不正等は発見されなかった。

　一方で、内部監査実施前から、B有限公司の実態についての報告を求めても報告がおろそかで、経営状況について可視化・把握ができず、経営実態、リスクについて懸念が生じていた。

加えて内部監査実施後、Ｂ有限公司において、経営、オペレーションの引き継ぎがないまま幹部の退職が相次ぎ、通常業務に支障をきたしつつあったこと、Ｂ有限公司の業務は中国本社に統合することが可能で、Ｂ有限公司を別法人として存続させる理由が見出せなかったことも要因である。

　これらの経緯から、Ｂ有限公司の清算を決定し、日本Ｂ株式会社は、Ｂ有限公司の清算業務についても、内部監査を行ったフェアコンサルティング中国オフィスと契約、業務を開始した。

4　撤退のプロセス（簡易抹消）

1　Ｂ有限公司の現状（20B1年9月上旬）

　Ｂ有限公司の直接の親会社である中国本社との間で、Ｂ有限公司の清算業務に関する契約書を締結した。日本Ｂ株式会社、中国本社、フェアコンサルティング中国オフィスとの間で打合せのWebミーティングを開催した。

　この段階において、内部監査において全帳簿を確認ずみであり、大きな問題は存在しないものの、これまで報告を求めてもＢ有限公司から中国本社に対して、ほとんど報告が行われてこなかったため経営状況、過去の詳細はわからない。

　日本人駐在員は従来からＢ有限公司にはおらず、中国本社が管理、運営を行っていたが、幹部が相次いで退職しており、支障をきたしつつあった。こうしたなかでＢ有限公司の現場従業員は誰も本件清算を知らず、通常どおりの業務を行っていた。

　そして、追い打ちをかけるように新型コロナウイルス感染症が拡大し、日本から中国への入国は非常に厳しく制限され、事前打合せ、従業員説明会、清算実務、銀行口座の閉鎖において、Ｂ有限公司の法定代表者が在籍する日本Ｂ株式会社からの中国へ渡航はむずかしくなった。

　なお、Ｂ有限公司の本社、工場は賃借で20B1年12月に満期を迎え、Ｂ有限公司との間で労働仲裁中の従業員が1名、現在産休中の従業員が1名い

る、という状況であった。

　清算については、日本から出張できないこともあり、中国本社が中心となって清算実務を進めていくこと、労働仲裁中の従業員1名および産休中の従業員1名がいる状況では、法人清算できないが、B有限公司の経営、オペレーションの引き継ぎなく幹部が退職しているうえ、事業の引き継ぎは中国本社が可能であることから、労働仲裁中と産休中の従業員を除いた全従業員の解雇と事業の承継をできるだけ早く行い、法人清算は労働仲裁の取り下げ合意と産休中の従業員との交渉合意をにらんで手続を進めることを確認した。

　従業員説明会は10月上旬に開催、12月末に全業務の終了と全従業員の解雇を決定。B有限公司と中国本社は、高速鉄道を利用しても数時間かかる距離のため、中国本社でB有限公司の従業員を受け入れるのは現実的ではなかった。

　フェアコンサルティング中国オフィスでは、内部監査時に提出を受けた資料を中心として、全従業員の経済補償金額の試算、有給休暇の未消化日数の確認、資産をすべて売却・回収して現金化し、経済補償金、税金、社会保険を含めた債務をすべて返済した後の清算貸借対照表（BS）を試算した。今後のスケジュールをまとめると図表2−8のようになる。

2 　従業員説明会の打合せ（20B1年9月中旬）

　日本B株式会社、中国本社、弁護士事務所、フェアコンサルティング中国オフィスとの間で、従業員説明会に向けた打合せのWebミーティングを開催した。

　B有限公司は、業績に問題がないことから、清算、解雇に対して寝耳に水の従業員から強い反発、反対が寄せられることが予想された。経済補償金に加えて加算する上乗せ分について検討し、日本B株式会社は一律2.5カ月分の提示をした。これ以上の引上げには応じないことを確認した。

　B有限公司の月額給与は、地域内平均よりも相当高いことから従業員にとっては手にできる金額は比較的高く、納得を得られやすいのではないか。

図表 2 - 8　B有限公司の清算までのスケジュール

プロセス	20B1年				20B2年			
	9月	10月	11月	12月	1月	2月	3月	6月
1. フェアコンサルティングへの委託の決定	▶							
2. フェアコンサルティングとの第1回打合せ（解説①）	▶							
3. 解雇条件の試算、条件確認（解説②）	▶							
4. 従業員説明会の開催（解説③）		▶						
5. 労働仲裁中、産休中の従業員との交渉（解説④⑤）		▶						
6. 移転先の探索、確保（解説⑥）			▶	▶				
7. 中国本社への事業の移管（解説⑦）			▶	▶				
8. 従業員の解雇（解説⑦）				▶				
9. 賃借工場の返却（解説⑦）				▶				
10. 清算のための準備、資産処分、債務整理（解説⑧）		▶	▶	▶	▶	▶		
11. 税務当局との交渉（解説⑨）							▶	
12. 剰余金の配当、清算手続（解説⑩）								▶

出典：フェアコンサルティング作成

　従業員説明会当日に、労働仲裁中の従業員と産休中の従業員を除く全従業員から雇用契約解除協議書を入手することを絶対目標に、律師（弁護士）を中心に説明、交渉にあたることを確認した。

3　従業員説明会の開催（20B2年10月上旬）

　B有限公司の中国本社のスタッフ、中国系法律事務所の律師（弁護士）、がB有限公司に出張し、従業員説明会を開催した。従業員説明会開催の準備は、法律事務所の指導のもと、B有限公司の中国本社が行った。
　午前9時、従業員説明会を開始した。日本の日本B株式会社にいる総経理はWebミーティングの形式で参加した。
　冒頭、中国本社の総務部長から、次のことを説明した。
・B有限公司を清算することを日本本社の日本B株式会社が決定したこと
・20B1年11月末に業務終了、同年12月末の全員解雇する方針であること
・経済補償金は、法定で定められた各従業員の勤続年数に応じた金額に「全員一律、各自の月額給与の2.5カ月分の上乗せ」を発表すること

その後の詳細説明、質疑応答は律師（弁護士）が行った。

本件清算は、従業員説明会開催まで、Ｂ有限公司の幹部、従業員を交えず、日本Ｂ株式会社と中国本社で準備してきたため、中国人従業員はＢ有限公司の清算を初めて聞き、驚くとともに落胆、怒りのようすがみえる。

Ｂ有限公司は、地域内の平均給与を超える月額給与水準の現地法人であり、律師（弁護士）からの説明・説得もあり、従業員説明会開催日のうちに、労災の補償に関する労働仲裁中の従業員と産休中の従業員を除く全従業員から雇用契約解除協議書を得ることができた。

4 労働仲裁中の従業員との交渉（20B1年10月下旬）

律師（弁護士）から、労働仲裁中の従業員に対して、Ｂ有限公司の清算についての説明を行った。律師（弁護士）には事前に、全従業員がＢ有限公司の清算に同意し、雇用契約解除協議書への署名を終えていることを伝えたうえで、経済補償金の上乗せ月数は、月額給与の2.5カ月分が上限であることを条件として、労働仲裁の取下げ合意に至るよう依頼していた。

労働仲裁の原因は労災に対する補償であったが、労働仲裁中は清算申請が実施できないことを当該従業員は把握しており、意図的な交渉の引き延ばしでプレッシャーをかけることを前提に、当初、かなり強気な補償額の要求をしてきた。

しかし、Ｂ有限公司は賃借している工場返却後、別の移転先確保し時間をかけて交渉に臨む方針であることを知ると、交渉を引き延ばすことは諦めたようで、仲裁取下げを前提とした和解交渉が何度も継続された。

もともと若干無理がある仲裁申立てだったこともあり、何度かの交渉を経て、労働仲裁取下げの合意に達し、雇用契約解除協議書への署名を得るに至った。

5 産休中の従業員との交渉（20B1年10月下旬）

律師（弁護士）から、産休中の従業員に対して、Ｂ有限公司の清算についての説明を行った。労働仲裁中の従業員と異なり、律師（弁護士）からの説

明に対して真摯な対応をしてもらうことができ、本来の産休・育休期間に政府から受給できる産休手当を確認のうえ、会社が支給すべき差額部分を確認した。

産休中に会社清算に至る点の負担を考慮し、通常の従業員と比較して若干の追加補償を約束し、当該従業員に不利がない条件を提示することで、産休期間中に雇用契約解除協議書への署名を得た。

6 移転先の探索（20B1年11月）

B有限公司の賃借している本社・工場は、契約満了の20B1年12月末に返却するが、清算手続中も登記住所が必要なため、移転先を探索する。

清算手続中であっても、当局等からの連絡がつき、郵便物を受領できる登記住所が必要なためだ。登記住所については、返却した賃借工場の大家の厚意で、継続して利用できることになる。

一方、財務諸表や会社資料等の保管倉庫が必要になる。中国本社がB有限公司の近隣で探索し、比較的安価なオフィスを一部屋探してくることができた。

清算手続中に、賃借本社・工場の契約満了を迎えて契約延長しない場合、賃貸、住所貸し、1住所当りに登記できる企業数等、さまざまな制約がある中国において、時間としっかりとした準備が必要となる。

7 事業の移管、本社建物の返却（20B1年12月末）

11月初旬より、フェアコンサルティング中国オフィスのスタッフが、中国本社のスタッフとB有限公司への出張を重ね、清算に向けた業務、進捗状況の確認を開始した。

B有限公司では、従業員説明会以後、事業の終了に向けて、中国本社への事業、在庫、設備の移管を行い、11月に完了した。

B有限公司の事業であるサポート業務や在庫を中国本社に移管した。グループ外の取引債務が少なかったことも、スムーズな事業移管につながった。

12月は、未消化の有給休暇が残っている従業員には有給休暇の消化をしてもらい、12月末までに全員解雇。ただし、中国人従業員のうち、財務担当者には、20B2年1月末まで労働契約を継続し、残務対応にあたってもらう予定とした。なお、B有限公司の賃借の本社、工場も12月末の契約満了で返却した。

8 債権の回収、債務の支払（20B2年1月）

フェアコンサルティング中国オフィスのスタッフが主体となって、B有限公司の債権の回収、資産の売却、債務の支払を行っていくことになった。

1月末まで労働契約が残っている財務担当者が、これまで財務、税務業務で丁寧に処理、仕事をしてきてくれていたため、大きな問題もなく資産処分、債務整理を行うことができ、当初試算した清算貸借対照表にほぼ近い現金残高になった。

新型コロナウイルス感染症の経済下でもあり、さまざまな資産はなかなか売却できずに二束三文で売却、または廃棄することとなった。

中国税務当局は、新型コロナウイルス感染症対策として、通常は月末締め翌月15日申告の法人税等の申告の月次税務制度だが、コロナで業績悪化した企業に対し、申告・納税を3カ月延期してもよい、という制度を導入した。B有限公司もこの延納制度を利用したが、この制度を利用したために、税務当局に税務登記抹消申請を直ちに提出できない状態に陥ってしまった。

中国では、政府が導入した各種制度について、管轄地域で企業が積極的に採用しないと、地元税務当局に対する政府による評価点が下がってしまうケースがみられる。このせいか、「一度採用した以上、元の納税制度に戻せない」というのが税務当局の見解で、税務調査も3カ月待つことになってしまう。便利な制度には落とし穴があることも想定する必要がある。

9 税務当局との交渉（20B2年3月）

清算に向けた納税の交渉のため、B有限公司がある地域の税務当局を、B有限公司の親会社である中国本社のスタッフと訪問する。交渉の結果、一度

利用した3カ月の延納制度から変更することはできなかった。

10 剰余金の配当、清算手続（20B2年6月）

市場管理監督局に「簡易抹消」を選択して清算業務を行えることを確認した。また、納税も完了し、税務局の審査（1日で終了）、税関審査、税務登記の抹消を完了した。

その後、親会社である中国本社との間での債権を回収、債務を送金したうえで整理し、中国本社へ剰余金の送金を行った。

さらに、社会保険、住宅積立金の会社登録を抹消、銀行口座を閉鎖し、工商登記抹消のうえ、清算業務を完了した。

ケース 3 C有限公司
——新型コロナウイルス感染症前の現地法人売却による撤退1

1 撤退の概要・まとめ

本件は新型コロナウイルス感染症前の中国現地法人（製造業）の売却事例である。日本本社の取引金融機関が、業況不振の中国現地法人の経営状態を把握のうえでの撤退判断を強く求め、デューデリジェンス（以下「DD」）を行った。このDDの結果により、日本本社が中国現地法人の清算、中国撤退を決定したところ、中国現地法人の最大手の納入先の中国企業が買収に名乗りをあげ、売却した。

なお、売却交渉中に、中国現地法人に税務当局による移転価格に関する調査が入り、売却後、追加納税まで約1年半を要した。

本件のポイントをまとめると図表2-9のようになる。

図表 2 - 9　C有限公司の概要と案件のポイント

日本C株式会社

↓ 100％出資

香港中間持株会社

決算に問題あり

↓ 100％出資

C有限公司

過去の会計処理から貸借対照表
上の資産が大きくふくらんでいる

↑ 買収提案

X有限公司

C有限公司の納入先で最大手

出典：フェアコンサルティング作成

案件のポイント

☑ 日本本社の取引金融機関の要請によるDDの実施により、撤退のための現状把握ができた。
☑ 製品納入先の事業拡大と合致し、中国現地法人の清算から売却へ切替えができた。
☑ 移転価格調査で、税務局の調査下での現地法人売却となったが、粘り強く税務当局と交渉し追加納税。

C有限公司（中国現地法人）

業　　態：メーカー
業　　種：プラスチック加工
社　　歴：10年超
直近売上高：2,000万人民元弱
従　業　員：約45名
販　売　先：自動車部品メーカーのZ有限公司が売上
　　　　　　高の7割を占める。
撤退理由：業績悪化、取引金融機関による指導

---

② C有限公司の概要・経緯

　C有限公司は、日本C株式会社の中国現地法人として2000年代後半に設立されたプラスチック加工業で、その製品は自動車向け部品等に採用されていた。売上高は2,000万元、従業員は約45名である。また、C有限公司の直接の出資者は、日本C株式会社が100％出資する香港中間持株会社で、C有限公司の設立当初は香港中間持株会社を通じての来料加工等を行っていた（なお、来料加工とは、一般に海外法人が中国の現地法人に対して原材料や部品を無償支給して加工を委託する取引方式をいう）。

　C有限公司は、日本本社の中国進出の目的が明確でなく、漠然とした事業

計画に基づいて設立されたため、適切な経営人材の育成、供給もできない状況であった。さらに、現地企業との競争激化するなかで、日本式の品質管理体制が定着せず、不良率・歩留まりが改善しないまま、厳しい経営状況が続いていた。

③ 撤退までの経緯・撤退の意思決定

C有限公司の業況が改善しないことを、日本C株式会社の取引金融機関が問題視していた。そこで、取引金融機関は、C有限公司の実態把握と、債務超過であれば清算支援のため、日本C株式会社の社長に対してコンサルティング会社による実態把握のためのデューデリジェンス（DD）の受入れを説得した。

資本構成上、C有限公司の100％出資者は、日本C株式会社が100％出資する香港中間持株会社である。この香港中間持株会社の会計処理にも問題があり、正確な財務諸表が作成されていないため、何が問題なのか、も把握できずにいた。日本C株式会社は、取引金融機関の紹介でフェアコンサルティングと契約し、C有限公司の現状把握のための調査を委託した。

④ 撤退のプロセス

撤退のプロセスのスケジュールは図表2-10のとおりである。以下、順番に解説していく。

1 初めての面談（20C1年4月）

取引金融機関の紹介により、C有限公司の実質的な親会社である日本C株式会社を訪問し、C有限公司の董事長でもある日本C株式会社社長と面談をした。

日本C株式会社社長、役員からの質問は非常に厳しく、コンサルティング会社に対して不信感をもっているようすであった。

フェアコンサルティングからは、これまで開示を受けたC有限公司の財務諸表から、経営が厳しい状況と予想されること、今後の対応を判断するため、まずC有限公司の財務、税務DDを行い、現状把握に努めること、また、日本、中国、香港で一体となって支援できることを説明した。

2 デューデリジェンスの内諾（20C1年5月上旬）

日本C株式会社社長から、フェアコンサルティングとの間で、C有限公司を対象とするDDの内諾を得た。対象となるのは財務（貸借対照表と清算費用の試算、清算費用を取り込んだ清算貸借対照表の作成）および税務である。

また、法務DDも行いたいということで、日本語対応可能な中国法律事務所の紹介の依頼を受けた。

3 デューデリジェンスの実施（20C1年7月上旬）

フェアコンサルティング中国オフィスメンバー中心にDDを実施した。同じタイミングで、フェアコンサルティング中国オフィスが紹介した法律事務所も法務DDに入った。DDを受けることにいぶかしがるC有限公司の工場長には、「日本の金融機関が今後、C有限公司の支援検討をするのに必要な調査である。ぜひ、協力的に応援してほしい」と、同行した日本C株式会社社長から説得してもらった。

4 デューデリジェンス報告会（20C1年8月下旬）

C有限公司に対するDDの報告会を日本C株式会社で行った。法律事務所、フェアコンサルティング中国オフィスメンバーはWebミーティングで参加した。

法務DDでは大きな問題がなかったものの、財務状況は実質債務超過であり、清算費用を勘案すると、日本C株式会社は億円単位の費用負担総額になることが判明した。想像していた以上にC有限公司の状況が悪かったようで、社長の表情が厳しかった。

また、税務DDでは、DDに入る直前の月次税務申告において、異常にふ

図表2-10　売却、追加納税までのスケジュール

プロセス	20C1年					1月
	4月	5月	7月	8月	10月	
1. 取引金融機関の紹介による初面談（解説①）	▶					
2. デューデリジェンス（DD）の内諾（解説②）		▶				
3. デューデリジェンスの実施（解説③）			▶			
4. デューデリジェンス報告会（解説④）				▶		
5. 中国での税務調査への対応（解説⑤）					▶	
6. 清算・撤退の決定（解説⑥）						▶
7. 清算に向けての打合せ（解説⑦）						
8. 事業終了時期の決定（解説⑧）						
9. 最大手納入先X有限公司への申入れ（解説⑨）						
10. X有限公司からのC有限公司買収の提案（解説⑩）						
11. 税務当局への説明（解説⑪）						
12. X有限公司董事長との交渉、条件提示（解説⑫）						
13. 税務当局から移転価格の指摘（解説⑬）						
14. 移転価格問題への検討（解説⑭）						
15. X有限公司によるデューデリジェンス（解説⑮）						
16. X有限公司との最終交渉（解説⑯）						
17. 従業員説明会の開催（解説⑰）						
18. 製品出荷の完了・持分譲渡手続（解説⑱）						
19. 税務当局の追及（解説⑲）						
20. 譲渡対価の1回目の入金（解説⑳）						
21. 続く税務当局との交渉（解説㉑）						
22. 税務当局への調査結果の再提出（解説㉒）						
23. 譲渡対価の回収完了（解説㉓）						
24. 税務当局との合意と追加納税額の確定（解説㉔）						
25. X有限公司への追加納税への協力の依頼（解説㉕）						
26. 追加納税に向けての準備（解説㉖）						
27. 実務者との調整・協議（解説㉗）						
28. 間に合わないおそれ（解説㉘）						
29. 実務者との合意、海外送金（解説㉙）						
30. 海外送金の着金と追加納税の完了（解説㉚）						

出典：フェアコンサルティング作成

20C2年								20C3年					20C4年		
2月	3月	4月	5月	6月	7月	8月	9月	2月	3月	5月	8月	12月	1月	2月	3月
▶															
▶															
	▶														
	▶														
		▶													
			▶												
				▶											
				▶											
					▶										
						▶									
						▶									
							▶								
								▶							
									▶						
										▶					
											▶				
												▶			
													▶		
														▶	
															▶
															▶
															▶
															▶
															▶

くらんでいた在庫、仕掛品額を実態にあわせるため、減額して申告したところ、すぐに地元税務当局がＣ有限公司に来社し、調査が入ってしまった。

　在庫、仕掛品額がふくらんだ経緯は詳細不詳だが、地元の顧問会計事務所の指導を受けて減額処理、申告したと、Ｃ有限公司の財務担当者は話している。一方で、税務当局が調査に来た後、顧問会計事務所に問い合わせたが、いっさい返事がこなくなったとのこと。

　過去にＣ有限公司が香港中間持株会社との間で行っていた来料加工の際、無税で原材料を輸入・加工製品を輸出するのに記録管理する手冊と数値を一致させるため、不良品、試作を損失として計上できずに資産に計上し続けたのが背景にあったようだ。

　さらにＣ有限公司では、現地責任者の総経理が短期間で入れ替わり、引き継ぎもされてこなかったため、現工場長の在任前の取引、会計処理はほとんどわからなかった。

5　中国での税務調査への対応（20C1年10月）

　Ｃ有限公司に対する税務調査で、実態と乖離してふくらんでいた在庫、仕掛品額の圧縮について、税務当局は「過去に関税を免除されて輸入した原材料を中国国内で売却したのではないか。その売却分を帳簿から落とせなかったのではないか」と推測し「中国国内で売却した原材料代金とみなして、帳簿から落とした金額に増値税率をかけた金額を追加納税で支払え」と指導してきた。

　これに対してフェアコンサルティング中国オフィスは、過去の原材料額の推移調査、赤字が損益計算書でなく貸借対照表の在庫・仕掛品に蓄積されていたのではないか、という仮説のもとで在庫・仕掛品額の推移調査を提案し、調査実施の了承を得た。

6　清算・撤退の決定（20C2年１月中旬）

　Ｃ有限公司の12月決算の速報が送られてきた。日本Ｃ株式会社社長の期待を裏切り、従来想定したよりも悪い決算数値になってしまったようだ。ま

た、今年の秋に到来するC有限公司の賃借工場の期限と賃料引上げの連絡が内々に工場長にあったとのこと。

その後、日本C株式会社社長より連絡があり「C有限公司の撤退を決断した。撤退支援の提案をしてほしい」と依頼を受ける。

7 清算に向けての打合せ（20C2年2月上旬）

日本C株式会社社長、取引金融機関支店長、顧問税理士を交えてのミーティングを行った。フェアコンサルティング中国オフィススタッフはWebで参加した。

まず、フェアコンサルティング中国オフィスが、撤退・清算の基本的スケジュールを提示した。

C有限公司の撤退にあたっては、まずは取引各社と締結している取引基本契約書を確認して、撤退について定めている内容を確認する必要がある。特に、自動車に搭載される製品の金属部品を製造しているため、自動車メーカー、部品メーカーが定める4M（よんえむ）に基づく申請、手続が必要となることに加え、撤退の場合は一定量の在庫を製造して積み増し納入することで供給責任を果たす義務がある。

また、C有限公司にはすでに中国税務当局の税務調査が入っており、調査結果次第であるが、撤退費用がふくらみ、いっそう大きな負担となる可能性があることが懸念された（なお、4MとはMan（人）、Machine（機械）、Method（方法）、Material（材料）の四つを指し、この4要素に基づき実施される品質管理手法の一つである。製造業においてよく用いられ、製造業の取引基本契約書などでは4M変更点の事前通知などが盛り込まれていることが多い）。

8 事業終了時期の決定（20C2年2月下旬）

日本C株式会社社長、取引金融機関支店長、顧問税理士を交えてのミーティングを行った。フェアコンサルティング中国オフィススタッフはWebで参加した。

まず、日本C株式会社社長より、今年年内いっぱいでのC有限公司の事業

停止、出荷停止、その後の清算を決断した、との報告があった。日本Ｃ株式会社が主体となり、Ｃ有限公司の取引基本契約書の内容を精査したうえで、Ｃ有限公司の売上高の７割を占める納入先であるＸ有限公司に、年内での事業終了、撤退を申し入れることとなった。

Ｘ有限公司は、中国系自動車部品メーカーで、Ｃ有限公司にとっては最重要の納品先である。

⑨　最大手納入先Ｘ有限公司への申入れ（20C2年３月中旬）

前回のWebミーティングの後、納入先の最大手であるＸ有限公司に対し、Ｃ有限公司の年内いっぱいでの事業停止、出荷停止について申入れを行ったところ、Ｘ有限公司董事長から面談したいとの申入れを受け、日本Ｃ株式会社社長とともに中国に出張した。

Ｘ有限公司董事長からは、Ｃ有限公司の撤退について強い口調で非難を受けた。「製造業のわれわれには供給責任があるはずだ！」「スケジュールがタイトすぎる」「もし、Ｃ有限公司のかわりとなるメーカーが見つからなかったら、どうしてくれる⁉」。

日本Ｃ株式会社社長とともに、Ｃ有限公司の現状、年内いっぱいをメドとした撤退、清算スケジュールについて説明し、Ｃ有限公司で製造している製品の引き継ぎの検討を至急行っていただくよう申入れを行う。

⑩　Ｘ有限公司からの買収提案（20C2年３月下旬）

Ｘ有限公司董事長からあらためての面談申入れを受け、日本Ｃ株式会社社長とともに中国を再訪した。

冒頭、Ｘ有限公司董事長より「Ｘ有限公司が、撤退するＣ有限公司を買収したい」との申入れがされた。

その理由は、Ｃ有限公司が製造する部品が含まれるＸ有限公司の製品も４Ｍ申請の対象になる自動車部品であるため、Ｃ有限公司から後任工場への製造移管、Ｃ有限公司からの製造機械の移転が非常にわずらわしく、時間がかかることが予想されること、事業拡大するＸ有限公司にとって、Ｃ有限公

司のプラスチック加工はグループ内にはない事業で、進出を考えていた分野であったため、とのことであった。

　突然のＸ有限公司の提案に、日本Ｃ株式会社社長は驚いていたが、買収の提案の御礼とともに、日本Ｃ株式会社としては前向きに至急検討すること、Ｃ有限公司に税務調査が入っており、過去の保税輸入材料に対する増値税の追加納付を求められていること、を伝えた。これに対して、Ｘ有限公司董事長は、税務調査が入っていることに懸念を示す。

　本件交渉に関する秘密保持契約書をＸ有限公司と日本Ｃ株式会社の間で締結すること、次回は５月初旬にあらためて交渉を行うことを約束して終了した。

11　税務当局への説明（20C2年4月）

　フェアコンサルティング中国オフィスの調査により、Ｃ有限公司のふくらんでいた在庫、仕掛品額は、過去の免税で輸入した材料額ではなく、これまでの不良、試作、出荷不能品の蓄積に伴う損失を貸借対照表上に残していたことが証明でき、税務当局へ説明した、との報告を受ける。この説明で税務当局が了承してくれればよいのだが。

12　Ｘ有限公司董事長との交渉、条件提示（20C2年5月）

　Ｘ有限公司董事長との２回目の売却交渉を行った。

　日本Ｃ株式会社社長からは、次のことを説明した。

・Ｃ有限公司に対する税務調査の指摘事項について、独自調査を行い解明できた内容を税務当局に報告したこと

・Ｃ有限公司の全納入先に、20C2年９月いっぱいでの事業停止、その後の清算について説明を完了し、そのうちの１社の上場大手電機メーカーから「１年半分の在庫部品の積み増し、年内の出荷完了」の強い要請を受けたこと

・３月下旬の面談時のＸ有限公司董事長の提案を基本的に受け入れ、９月末にＣ有限公司の経営権を譲渡することに同意すること

これらに対して、X有限公司董事長からは次の条件提示がされた。

・C有限公司に対するDDは7月に行うこと、そのための資料開示に協力すること

・経営権の譲渡日である9月末までに発生した税務リスクについて、将来にわたり日本C株式会社が責任を負い、もしX有限公司が追加納税等を負担することになった場合、日本C株式会社が追加納税額を負担すること

・供給責任維持のため、安定的な事業の承継を行う必要があり、従業員説明会等を丁寧に行うこと

・全従業員について、9月末で解雇のうえ、10月1日にC有限公司があらためて採用する。9月末までの経済補償金、有給日数の精算、費用負担は日本C株式会社、旧C有限公司に負ってもらう

その後、日本C株式会社社長からは、日本に帰って取引金融機関とも検討、調整するが、基本的に合意する、との回答をし、7月のDDの日程案を決定して、面談は終了した。

13 税務当局から移転価格の指摘（20C2年6月上旬）

税務当局より連絡があった、との連絡をフェアコンサルティング中国オフィススタッフから受ける。

税務当局は、フェアコンサルティング中国オフィスの調査を了承し、ふくらんでいた在庫、仕掛品額への増値税課税は見送る一方で、「過去、本来はC有限公司が赤字であった」ことから、この赤字はC有限公司の親会社である香港中間持株会社へ出荷した製品の単価が適切でなかったためではないか、すなわち、本来、中国のC有限公司が得るべき利益が、日本C株式会社の操作により香港中間持株会社にとられたのではないか、という「移転価格」に関する指摘をしてきた。

C有限公司および香港中間持株会社は、ともにこの数年間は赤字で、国境をまたいだ親子企業間で商品の取引価格を操作したと疑われる「移転価格」問題は起こりえない企業グループであるが、香港中間持株会社は過去の財務諸表に問題があるため、財務諸表上では赤字を証明できない問題がある。

もし、税務当局がC有限公司に対して移転価格で立件すると、C有限公司に対して数千万円以上での追徴課税がありうる、とのフェアコンサルティング中国オフィスのスタッフからの見解があった。

14 移転価格問題への検討（20C2年6月上旬）

急きょ、日本C株式会社社長とWebミーティングを行った。このミーティングにはフェアコンサルティング中国オフィスのスタッフにもWebミーティングで参加してもらうこととした。

フェアコンサルティング中国オフィスのスタッフから、税務当局の前回調査に対する回答をした。そのうえでの香港中間持株会社との間での取引に関する指摘、移転価格案件としての立件の懸念、立件された場合の想定される追徴課税額について伝えた。

C有限公司の撤退、譲渡にかかる費用に加え、この移転価格案件で立件されてしまうと、日本C株式会社の負担は数億円に達する懸念があった。この報告金額にショックを受けた日本C株式会社社長の顔色が青くなり、言葉もない。

続いて、フェアコンサルティング中国オフィスから、中国の税務当局との交渉に精通した、中国ローカルの税務コンサルティング会社と新たに契約し、税務当局との交渉を行ってもらうことを提案した。

この提案を受け、日本C株式会社社長より、中国税務コンサルティング会社との契約について了承を得、至急見積を入手することにした。

15 X有限公司によるデューデリジェンス（20C2年7月中旬）

X有限公司による、C有限公司の財務、税務、労務、法務のDDが実施された。X有限公司から財務担当者、製造担当者がC有限公司に来社した。

試算表、帳簿確認、機械の実地実在確認、税務調査の内容・資料、契約書等を閲覧したが、大きな問題は発生せず、DDを終えた。

16 X有限公司との最終交渉（20C2年8月上旬）

X有限公司董事長との最終交渉を中国で行うため、日本C株式会社社長に同行して訪問した。

譲渡対価は、C有限公司の20C2年6月末の試算表の貸借対照表に基づき、X有限公司および日本C株式会社の両社で合意した資産の洗い替えを行い、9月末でいったん解雇する全従業員の経済補償金、有給未消化分の買取費用を計上した。また、日本C株式会社および香港中間持株会社が、C有限公司に対し有する売掛金（C有限公司の買掛金）全額を、債権放棄したうえで、日本C株式会社がC有限公司に対して追加増資をした。これによりC有限公司を資産超過にし、当面の運転資金を確保したうえで、純資産額での譲渡が可能となった。

また、譲渡対価は、20C2年12月末と、事業譲渡後1年経った20C3年9月末の2回に分けて、50％ずつ受領予定となった。

日本語、中国語で持分譲渡契約書を作成し、内容を相互確認のうえ、X有限公司董事長も来社するC有限公司の従業員説明会の前に署名、捺印を行うこととした。

17 従業員説明会の開催（20C2年8月中旬）

C有限公司の従業員説明会を行った。

日本C株式会社社長、X有限公司董事長、新工場長が同席。C有限公司が雇った律師（弁護士）が司会進行を務める。

まず、日本C株式会社社長からC有限公司の現状、本件譲渡に至った経緯、9月30日で全従業員をいったん解雇、経済補償金を支払い、有給未消化分を買取精算のうえ、10月1日にX有限公司の子会社となったC有限公司で全員新規採用となること、従業員は全員、10月1日にC有限公司に雇用されるため、経済補償金への上乗せ分はないことを説明した。

律師（弁護士）からの説明、説得もあり、全従業員から雇用契約解除協議書を得ることができた。中国人従業員にとっては、経営の先行きが怪しいと

感じていたＣ有限公司が清算されず、中国での事業規模がより大きいＸ有限公司のグループ会社として仕事ができることに安心したようすであった。一方で、日系企業のグループ会社から、中華系企業のグループ会社になることに、抵抗感がある従業員もいたようだ。

18　製品出荷の完了・持分譲渡手続 （20C2年９月末）

Ｃ有限公司の持分譲渡日となり、各種書類を用意し、出資者変更手続を行う。

Ｃ有限公司の取引先のうち、Ｘ有限公司以外の取引先への製品出荷を完了する。そのなかの１社の上場大手電機メーカーから「１年半分の在庫部品の積み増し、年内の出荷完了」を求められていた。

無事に求められた必要量の出荷を完了したものの、検収時期を理由に支払は今後９カ月間の分割払いとの厳しい支払条件である。あわせて、Ｃ有限公司の手冊も閉鎖完了。今後、手冊が必要になる場合は、Ｘ有限公司の経営下のＣ有限公司として発行、管理されることになる。

また、新たに契約していた中国税務コンサルティング会社に、Ｃ有限公司の持分が譲渡されたこと、税務問題は日本Ｃ株式会社の主導のもと、解決を目指すこと、今後も移転価格問題の解決への協力を求めた。

早速、税務当局と交渉を開始したところ、税務当局は、過去４年分にさかのぼり移転価格についてＣ有限公司自身による調査を行うよう指示をしてきた。

税務当局は、Ｃ有限公司の税務調査の最中に、Ｃ有限公司の持分がまったくの第三者であるＸ有限公司に売却されたことに困惑しているようすだった。また、持分譲渡の条件としてＣ有限公司が、香港中間持株会社、日本Ｃ株式会社に対する債務免除を受けたことで、免除益が発生し、検討事項がより複雑になった。この段階では、税務当局との合意時期はまだみえてこなかった。

19　厳しい税務当局の追及（20C3年 2 月下旬）

　中国税務コンサルティング会社から連絡が入った。それによると税務当局の依頼により、Ｃ有限公司自身による調査結果を提出したものの、税務当局は調査結果に納得しなかった。それだけではなく、より高額の追加納税額を提示してきたとのこと。また調査の期間もより古い期間までさかのぼることを要求する姿勢もみせているようすだった。一方で、Ｃ有限公司を管轄する地域の中国税務当局内での組織改正が行われる、とのことで、しばらく交渉が進まない見込みでもあった。

20　譲渡対価の 1 回目の入金（20C3年 3 月）

　Ｘ有限公司からのＣ有限公司出資持分譲渡対価の 1 回目分が 3 カ月遅れ入金される。日本Ｃ株式会社社長も安堵のようすだが、残金の 2 回目はいつ入金になるか心配になる。粘り強く交渉を続けるしかない。

21　続く税務当局との交渉（20C3年 5 月）

　中国税務コンサルティング会社に連絡が入った。ようやく税務当局との間で、税務調査の対象期間は当初のとおり過去 4 年分で合意できた、とのこと。これによりより古い期間まで税務調査対象期間をさかのぼることによる税務リスク、調査・交渉時間の長期化を回避することができた。

　また、あらためての税務当局の指示により、過去 4 年分のＣ有限公司の業績、移転価格の調査結果を見直し、税務当局に再提出することとなった。

22　税務当局への調査結果の再提出（20C3年 8 月）

　税務当局から求められたＣ有限公司自身による再度の調査結果を税務当局に提出した、と中国税務コンサルティング会社から連絡が入った。

　あわせて、中国税務コンサルティング会社の発案で、Ｃ有限公司側から、Ｘ有限公司への持分譲渡に伴う債務免除と繰越損失との相殺を調整した追加納税額案を税務当局に提案した。

本件は単なる移転価格案件ではなく、対象会社であるＣ有限公司が税務調査期間中に第三者であるＸ有限公司へ売却されたこと、売却に際して債務免除と、免除益課税と繰越損失額の相殺が複雑に絡み合っているため、より時間がかかっているようだった。

23 譲渡対価の回収完了（20C3年12月末）

３カ月遅れで、Ｘ有限公司からの２回目の譲渡対価が支払われる。

うわさには聞いていたが、海外の企業から債権回収することの大変さを実感する。一方で、税務当局による調査が続いているなかでも、譲渡対価が無事入金され、日本Ｃ株式会社社長も取引金融機関も安堵したようす。

後は税務調査だが、中国税務コンサルティング会社が継続的に税務当局と交渉を行ってくれているが、まだ先がみえない状況である。

24 税務当局との合意と追加納税額の確定（20C4年１月）

Ｃ有限公司の移転価格案件について、追加納税額が決定したと中国税務コンサルティング会社から連絡が入った。追加納税、延滞利息の納付は３月末が期限とのことである。

度重なる交渉の結果、追加納税額は当初想定していた金額よりも抑えられていた。中国税務コンサルティング会社とともに、さまざまな論点で交渉、説明を税務当局に対して行ったことが大きかったようだ。日本Ｃ式会社社長に電話で状況報告すると、追加納税額が抑えられたことに驚くとともに、日本本社での中国からの撤退にかかる借入金額も抑えることができる、と大変安心したようす。

25 Ｘ有限公司への追加納税への協力の依頼（20C4年２月）

日本Ｃ株式会社社長とともに中国へ赴く。

今回の目的はＸ有限公司董事長と面談を行い、税務当局との交渉が合意し、３月末にＣ有限公司により追加納税を行うことの申入れである。

Ｘ有限公司董事長からは、次のような質問、クレームをあげられるも、一

つひとつ説明した

・本当に税務当局と合意ができたのか

・今後も税務当局によるＣ有限公司への税務調査が続くのではないか

　最終的にＸ有限公司董事長からは、追加納税の支払期日前日までに追加納税額を日本Ｃ株式会社からＣ有限公司に送金してくれるなら、Ｃ有限公司に指示し追加納税を行わせるとの言質を得た。

26　追加納税に向けての準備（20C4年3月上旬）

　Ｘ有限公司の経理担当者との間で、追加納税についての説明のためのWebミーティングを行う。

　Ｘ有限公司の経理担当者から、次のような要求があり、至急対応する。

・税務当局との合意に関する資料の内容を確認したい

・追加納税にあたってＣ有限公司が税務当局に提出する資料案を確認したい

・Ｃ有限公司の追加納税に関するＸ有限公司と日本本社との間での覚書案（日本語）の作成

27　進まない実務者との調整・協議（20C4年3月中旬）

　Ｘ有限公司に、依頼された資料を送ったものの、検討結果の回答がない。一方で、税務当局からは3月末までの納付を求められている。

　追加納税の前日までに、日本本社から海外送金でＣ有限公司に追加納税・延滞税分の資金全額を送る必要があり、日本からの海外送金に日数がかかることを考えると、実務上、早急に書類上の合意が必要なのだが、連日Ｘ有限公司にメール、電話で問合せするも回答が得られない。

28　間に合わないおそれ（20C4年3月下旬）

・日本Ｃ株式会社社長から「海外送金の日数を考えると、もう3月末の納税は間に合わない」と電話がある。せっかく、税務当局と合意できたにもかかわらず、Ｘ有限公司側の準備が進まず、歯がゆい。

　税務当局では4月に人事異動があり、人事異動後は異動前に合意した内容

について、一から再交渉する必要がある、とのうわさがあり、現在の税務当局担当者が異動する前の3月末の期限までになんとか納税完了したい。

　ようやくX有限公司より連絡があり「送ってもらった覚書は中国語でないと検討できないといったでしょ？」と回答され、大急ぎで覚書の中国語版を作成して送る。

29　実務者との合意、海外送金（20C4年3月下旬）

　X有限公司との間で、税務当局との合意に関する資料、締結する覚書、追加納税時にC有限公司が提出する資料について内容確認、覚書の合意に至る。

　その後、X有限公司から、送金先銀行、口座番号等を入手し、日本C株式会社から至急海外送金を行った。

30　海外送金の着金と追加納税の完了（20C4年3月末）

　日本C株式会社から海外送金を行ったが、なかなか着金確認の連絡がX有限公司からない。今日が納税期限の日なのだが、不安が募る。昼過ぎ、着金確認できたとのメールをX有限公司の担当者から受信した。C有限公司の税務担当者に、税務登録印と必要書類等を持参し、中国税務コンサルティング会社の担当者と落ち合って、大至急、税務当局に向かってもらうよう依頼する。

　夕方、追加納税が無事完了した、との報告、納付証をメールで受け取り、日本C株式会社社長にも電話で報告した。

　約3年にわたるプロジェクトだったが、C有限公司の売却、税務調査対応が完了した。

4 D有限公司
—新型コロナウイルス感染症前の現地法人売却による撤退2

1 撤退の概要・まとめ

　本件は新型コロナウイルス感染症前の中国現地法人（製造業）の売却事例である。

　日本本社の取引金融機関が、業況不振の中国現地法人の経営状態を把握したうえでの撤退判断を強く求め、デューデリジェンス（以下「DD」）を行った。この結果により、日本本社が中国現地法人の清算、中国撤退を決定したところ、中国現地法人の中国人工場長が法人、事業の引き継ぎに名乗りをあげ売却した。

　今回のケースは、中国現地法人をDD実施から売却まで、6カ月という短期間で完了させたスピード撤退案件である。

　案件のポイントは図表2-11のとおりである。

2 D有限公司の概要・経緯

　D有限公司は、日本企業の中国現地法人として1990年代後半に設立された金属加工業で、売上高は1,500万元、従業員は約50名であった。

　D有限公司は、日本本社である日本D株式会社の大手取引先の依頼により中国進出したものの、D有限公司設立直後に大手取引先の中国ビジネスがなくなり、事業計画が大きく狂ってしまった。

　また、日本D株式会社（日本本社）の元役員が、D有限公司の設立来、董事長に就いていた。日本D株式会社の役員は全員、董事長の元部下であることから、董事長は日本D株式会社の指示・命令に応じず、日本D株式会社はD有限公司の実態がわからないまま、資金支援していた。

　こうしたなか、日本D株式会社は、D有限公司の新規取引先の要請に応え

図表 2 −11　D有限公司の概要と案件のポイント

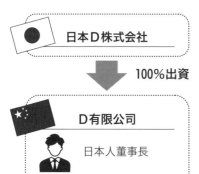

案件のポイント

☑日本本社の取引金融機関の要請によるDDの実施により、撤退の意思決定のための現状把握ができたこと。

☑日本本社が、清算、中国からの撤退へ強い覚悟をもっていたこと。

☑偶然ながら、中国現地法人の実務（製造・営業）、歴史に精通し、資産家の親族をもつ中国人工場長が迅速に買収の意思表明をしたこと。

D有限公司（中国現地法人）

業　　　態：メーカー
業　　　種：金属加工
社　　　歴：20年超
直近売上高：1,500万人民元弱
従 業 員：約50名
販 売 先：事務機器メーカー
撤 退 理 由：業績悪化、取引金融機関による指導

出典：フェアコンサルティング作成

るべく、D有限公司に対して追加増資を行い、設備投資、人員拡大によるD有限公司の業績立て直しを構想し、取引金融機関に増資資金の融資を依頼していた。

 撤退までの経緯・撤退の意思決定

　日本本社の取引金融機関は、従来、D有限公司の実態を把握するために財務諸表の開示を親会社の日本D株式会社に求めたが開示されず、「D有限公司によれば、試算表作成は年1回のみ」との説明に疑問を抱くも、中国の制度もわからず、実態把握ができずにいた。

　この状況で、日本D株式会社から、D有限公司への追加増資資金の融資依頼を受けた取引金融機関は、融資検討の条件として次の条件を日本D株式会社に提示し、フェアコンサルティングをデューデリジェンス（DD）実施可能なコンサルティングの1社として提案した。

・D有限公司に対するDD実施による実態把握

・D有限公司の実態、特に財務状況が非常に悪い場合、中国からの撤退を視野に入れた決断をすること

　日本D株式会社は、検討の結果、日本と中国での一体的なサービスを受けられること、清算、撤退する場合も支援を継続的受けられること等から、フェアコンサルティングを選定した。

4　撤退のプロセス

　撤退のプロセスのスケジュールは図表2－12のとおりである。以下、順番に解説していく。

1　日本D株式会社への提案（20D1年1月上旬）

　D有限公司に対するDDの提案のため、D有限公司の親会社である日本D株式会社を取引金融機関支店長、本店融資部員も伴い訪問した。提案の内容は次のとおりである。

図表2－12　D有限公司の譲渡までのスケジュール

プロセス	20D1年						
	1月	2月	3月	4月	5月	6月	7月
1. 日本D株式会社への提案（解説①）	▶						
2. 提案の内諾、DDの準備（解説②）	▶						
3. DDの日程決定（解説③）		▶					
4. DDの実施（解説④）		▶					
5. DD報告会（解説⑤）			▶				
6. 清算の決定（解説⑥）				▶			
7. 清算業務の受託（解説⑦）				▶			
8. 中国人工場長からの提案（解説⑧）					▶		
9. 工場長との条件合意（解説⑨）						▶	
10. 従業員説明会の開催（解説⑩）						▶	
11. 増資と登記（解説⑪）							▶

出典：フェアコンサルティング作成

・D有限公司の実態把握のための財務、税務DDを実施し、早急に報告会を行う
・D有限公司に追加投資を行った場合、黒字化、収益の増大を見込めるかの正常収益力を試算する
・D有限公司が実質債務超過だった場合、清算費用の試算を行う
・D有限公司が清算、撤退する場合、継続して清算支援業務を行う
・フェアコンサルティングの日本と中国オフィスで一体となって支援する

　日本D株式会社社長からは、今後のスケジュール、DDで想定されるポイント、DD後のありうる選択肢等、幅広い質問を受けた。日本D株式会社では、D有限公司の実態、中国の制度がまったくわからずにいるようだった。

2　提案の内諾、DDの準備（20D1年1月下旬）

　日本D株式会社社長から「フェアコンサルティングにD有限公司の財務、税務DDを依頼することとなった」との内諾の連絡をいただく。

　契約書締結後、DD実施のための資料開示、DD実施日の調整を進めることを確認。DDの基準期は直前の決算である20D0年12月期であることを確認した。

　日本D株式会社社長からは「D有限公司はわからないことばかり。今回はしっかり調査してほしい。ただ、資料がどれだけ提供できるかは不安だ」とのコメントがある。

3　DDの日程決定するも資料開示は進まず（20D1年2月上旬）

　DDの実施日は春節明けの2月後半に決まり、日本D株式会社社長もDDにあわせてD有限公司を訪問することになった。

　一方で、DDに必要な資料開示がなかなか進まない。日本D株式会社社長によれば、D有限公司から日本D株式会社にに対してこれまで、D有限公司の経営状況に関する資料がほとんど送られてこないうえ、日本D株式会社に保存されているのは設立当初の古い資料と監査報告書だけであって、「資金がなくなると親子ローンで貸してくれ」という連絡しかこないような状況で

あるとのこと。

　D有限公司の董事長は、日本D株式会社の元役員で、日本D株式会社社長にとっても昔の上司であり、経営資料の提出依頼、ヒアリング、指示命令ができないようであった。

4　DDの実施、みえてきた方向性（20D1年2月下旬）

　D有限公司の財務および税務DDを行うため、日本D株式会社社長がD有限公司に出張した。フェアコンサルティングは中国オフィスから日本人会計士1名、中国人会計士2名が訪問した。

　DDでは、D有限公司の会計担当者からは協力的に資料開示を受けることができた。また、毎月の税務当局への税務申告時に提出するため、月次試算表が作成されていることも確認できた。

　この調査により、D有限公司では、過去の出荷できなかった製品が大量に在庫として計上されており、これを勘案すると実質債務超過であること、現状の製品単価では、設備投資を行いフル稼働しても黒字化がむずかしいことが判明した。

　この初期調査結果を日本D株式会社社長に伝え、2日目のDDは清算費用の試算を中心に行った。

5　DD報告会（20D1年3月下旬）

　日本D株式会社で財務、税務DDの報告会が行われた。参加するのは日本D株式会社社長、D有限公司董事長、取引金融機関支店長、融資課長、本店融資部員。加えてフェアコンサルティング中国オフィススタッフはWebミーティングで参加した。

　まず、フェアコンサルティング中国オフィススタッフから財務、税務DDの報告が行われた。その内容は、次のようなものである。
・20D0年12月期において、D有限公司は、棚卸資産を時価評価すると数千万円の債務超過である
・追加投資を行い設備増強してフル稼働しても、現在の製品、単価、原価で

あれば黒字化はむずかしい

・税務DDでは大きなリスクは発見されなかった

・清算を行う場合、経済補償金、賃借工場の原状復帰等により数千万円の費
　用負担が追加で発生し、現在の日本Ｄ株式会社のＤ有限公司への貸付金を
　加味すると、日本Ｄ株式会社の清算に伴う総負担額は１億円を超える

　出席していたＤ有限公司董事長からは、「もう3,000万円の追加投資をすれ
ば大口受注につながり、単価向上して黒字化する」「棚卸資産の製品は、全
部さばける、売れるものばかりだ！」と説明されたが、大口受注はこれまで
取引がない新規の取引先からの打診の段階であり、また現地企業であること
から、確実性が疑問視された。

　DDの報告を終えて、日本Ｄ株式会社社長からは、次のような要請がなさ
れた。

・今回のDDの結果を受け止め、Ｄ有限公司の清算、中国からの撤退の方向
　で検討したい、ついては清算費用の調達では取引金融機関の支援を受けた
　い

・Ｄ有限公司董事長には、Ｄ有限公司の撤退実務を中国でしっかりと行い、
　フェアコンサルティング中国オフィス協力のもと、できるだけ早く、追加
　費用負担を抑えて清算するように取り計らってほしい

　取引金融機関支店長からも、「中国からの撤退は、費用を抑えて、早急に
行ってほしい」との発言があった。

6 清算の決定（20D1年4月中旬）

　日本Ｄ株式会社社長から電話があり「取引金融機関とも調整を進め、Ｄ有
限公司の清算を正式に決定した。ついては、清算業務をフェアコンサルティ
ングに依頼したいと考えており、見積、スケジュール案を提出してほしい」
との依頼があった。

　日本Ｄ株式会社社長は「DDにより、財務、税務リスクの額がわかったの
で清算を決めた。清算することは変わらない」また、「清算にあたり、日本
Ｄ株式会社からＤ有限公司に対する貸付金（親子ローン）、売掛金は全額放棄

し、清算に必要な経済補償金等を負担する覚悟もした」という意思表示もあり、清算業務の見積、スケジュール・タスク案を作成、提出することとなった。

7　清算業務の受託（20D1年4月下旬）

日本D株式会社に、清算業務の見積を提出し、清算業務の契約を取り交わし、日本D株式会社社長、フェアコンサルティング中国オフィススタッフを交えて、今後の進め方についてWebミーティングを行った。

日本D株式会社が清算において懸念する一番の点は現在製造している製品の供給責任だった。D有限公司の最大手の納入先は、日本において日本D株式会社にとっても最大手の納入先の中国法人であり、今回の清算により日本D株式会社のビジネス、業績に悪影響を及ぼすのは絶対に避ける必要があるということだ。

また、D有限公司は年内いっぱいでの出荷完了、事業停止を基本的な日程として進めていきたいという要望もあった。D有限公司はこれまで、キャッシュフロー改善のため、生産を抑えて在庫を最小限にすべく工場運営をしている。納入先に清算を通知すれば、当面の在庫分の納入を求められる可能性が高いが、そのためには在庫を積み増すべく生産量を大きく引き上げる必要があり、急な生産量拡大により従業員に清算を感づかれてしまう懸念がある。

D有限公司が納入先と取り交わしている取引基本契約書の内容確認を、至急、日本D株式会社で行うとともに、従業員説明会の開催時期を検討するため、D有限公司の中国人工場長に内々に清算の決定、今後のスケジュールを伝えることとなった。

8　中国人工場長からの提案（20D1年5月上旬）

日本D株式会社社長から電話連絡があった。

それによれば、「D有限公司の中国人工場長に、内々に年内の清算、中国撤退を伝えたところ、翌日になって、中国人工場長から、『親族の資産家か

ら支援の約束を得て、運転資金が調達できる見込みが立ったので、低廉な金額でＤ有限公司を譲ってくれるなら経営を引き継ぎたい。納入先への供給責任も果たし、引き継いだ後の経営は日本Ｄ株式会社に迷惑を掛けることはない』」との内容だった。

　工場長は、Ｄ有限公司の設立直後に入社した古参の中国人従業員で、製造現場に精通し、納入先からも信頼を得ている。従業員たちとの関係も良好である。

　日本Ｄ株式会社にとって、工場長に譲渡することで、最大の懸案であった納入責任を果たすことができ、さらに清算を決定し、費用も積んだなか、１年以上にわたると予想される清算手続にとられる時間、手間を節約でき、何より、Ｄ有限公司をまったく知らない第三者でなく最もよく知っている人物に引き継ぐことができ、事業継続の心配がないことから、Ｄ有限公司の清算から工場長への譲渡へ方針転換することとなった。

9　工場長との条件合意（20D1年6月上旬）

　工場長との間で、Ｄ有限公司の譲渡条件を詰めるため、日本Ｄ株式会社社長とともに中国へ出張する。譲渡にあたっての論点はあらかじめフェアコンサルティングでまとめ、日本Ｄ株式会社、工場長との間で調整を開始していた。

　日本Ｄ株式会社社長は、工場長へ次のような条件を提示した。
・日本Ｄ株式会社が有するＤ有限公司に対する債権（貸付金、売掛債権）を全額放棄する
・現状の譲渡基準日のメドである20D1年6月末時点までの中国人従業員の経済補償金を日本Ｄ株式会社が負担する
・上述の放棄、費用負担額を計上したうえで、日本Ｄ株式会社がＤ有限公司に対して増資を行い、Ｄ有限公司を債務超過から資産超過にする
・増資後の20D1年6月末時点のＤ有限公司の現預金残高で工場長に譲渡する
・事業承継後、1年半の間は現在の納入先への製品の供給責任を果たすこと

工場長は、日本D株式会社社長の条件を了承し、合意に至った。

10 従業員説明会の開催 （20D1年6月上旬）

工場長との間で条件合意できたことから、急きょ、D有限公司の持分譲渡について従業員に対して説明会を開催することとなった。

まず、日本D株式会社社長から、今回の譲渡に至った背景、長年にわたって業務に従事してもらったことに対する御礼があった。

工場長からは、「よりよい会社にしていく、引き続き協力してほしい」との挨拶があった。

従業員たちは、本件をまったく知らなかったようすで皆非常に驚いているが、D有限公司が清算にならずに、皆がよく知っている工場長に引き継がれることとなり、安堵したようだった。

11 増資と登記 （20D1年7月上旬）

出資持分譲渡契約書が作成され、国際郵便でやりとりし、締結が完了した。あわせて、日本D株式会社による増資と債権放棄手続も行われた。D有限公司には税務上の繰越損失があり、債務免除益が課税されることなく債権放棄手続を完了することができた。

その後、出資者変更登記手続が行われ、無事、D有限公司の出資持分譲渡を終えた。

ケース
5

E有限公司 （卸売業）
──グループ内組織再編による清算

1 撤退の概要・まとめ

グループ内組織再編の一環として、中国現地法人を清算した事例である。

また、清算委員会を立ち上げての清算となった（Chapter 3 （5－1）Q 1）。

案件のポイントは図表 2 －13のとおりである。

2 E有限公司の概要・経緯

E有限公司は、日本E株式会社の中国現地法人として2000年代前半に設立され、製造業向け消耗品、部品等の卸売業を行っており、従業員は 4 名、売上高は2,000万人民元である。日本E株式会社の中国での事業が順調に拡大

図表 2 －13　E有限公司の概要と案件のポイント

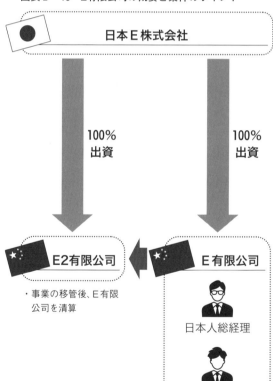

案件のポイント

☑日本からの赴任者が清算後も帰国しない清算において、ビザ、就労許可の更新に注意。

☑グループ内再編の場合、経済補償金の支給応否、再編後の雇用条件の合意、他従業員との雇用条件のすりあわせに注意。

☑E有限公司では、しっかりとした財務、労務、税務（通関）業務が行われていたが、工会（組合）名義銀行口座残高が帳簿と一致せず、処理に時間を要する。

☑設立時の誤った登録情報や、過去の監査報告書作成時のミスにより、配当金・資本金の送金時にトラブルとなるも、銀行に丁寧に説明することにより解決。

日本E株式会社

100%
出資

100%
出資

E2有限公司

・事業の移管後、E有限公司を清算

E有限公司

日本人総経理

中国人財務主任

E有限公司（中国現地法人）

業　　　態：卸売業
社　　　歴：15年超
直近売上高：2,000万人民元
従　業　員：4 名
販　売　先：日系、中華系企業
清 算 理 由：グループ内での中国現地法人の再編

出典：フェアコンサルティング作成

するなか、取扱品目や営業拠点に制約があったＥ有限公司は業績拡大に乗り遅れ、また、グループ内の別の中国現地法人との競業も発生しつつあった。

 ## 3 撤退までの経緯・撤退の意思決定

　設立から15年超が経過し、Ｅ有限公司の設立目的が達成されたこと、市場環境の変化から、日本Ｅ株式会社はグループ内組織再編の一環としてＥ有限公司の清算を決定した。清算開始前から、グループ内の事業整理の観点で、Ｅ有限公司の事業や人員をグループ内の別の中国法人に移管しつつあった。

　フェアコンサルティンググループは、Ｅ有限公司の親会社である日本Ｅ株式会社の海外展開支援を各国で行っており、中国でも現地法人の記帳業務、申告業務、コンサルティングを行ってきた。こうしたなかで、Ｅ有限公司の清算業務について、フェアコンサルティングに依頼することを日本Ｅ株式会社が決定、契約に至った。

図表 2 － 14　Ｅ有限公司清算までのスケジュール

プロセス	20E1年			
	8 月	9 月	10月	12月
1. 清算準備のための打合せ（解説①）	▶			
2. 総経理のビザの更新手続（解説②）		▶	▶	
3. 従業員説明会の開催（解説③）		▶		
4. 清算委員会の立ち上げ（解説④）				▶
5. 帳簿と一致しない預金残高（解説⑤）				
6. 剰余金の配当（解説⑥）				
7. 税務調査の終了と税務登記の抹消（解説⑦）				
8. 残余財産（資本金）の送金（解説⑧）				
9. 工商登記の抹消（解説⑨）				
10. 最後の銀行口座の閉鎖（解説⑩）				

出典：フェアコンサルティング作成

撤退のプロセス（清算委員会方式）

　撤退のプロセスのスケジュールは図表2−14のとおりである。以下、順番に解説していく。

1 　清算準備のための打合せ（20E1年8月）

　日本E株式会社より、E有限公司を清算のうえ、グループ内の別の中国法人であるE2有限公司に事業と従業員を統合したい、との相談を受け、E有限公司の親会社である日本E株式会社とフェアコンサルティング中国オフィススタッフとの面談を行った。

　日本E株式会社からの清算にあたっての要望は次のようなものであった。

・事業、取引先に支障、悪影響が出ないようにE有限公司を清算する

・清算手続は、時間はかかるものの、清算委員会を立ち上げた清算手続を採用する

・費用、時間がかかっても、瑕疵や後日の懸念がないよう、漏れなく清算手続を行う

　また、E有限公司の事業、従業員の大半は、すでにグループ内のE2有限

20E2年								20E3年	
1月	5月	6月	7月	8月	10月	11月	12月	2月	3月
▶									
	▶	▶	▶						
				▶					
					▶	▶	▶		
								▶	
									▶

公司に引き継ぎつつあるが、E有限公司とE2有限公司の給与水準・就業規則に差があり、一部の従業員とは交渉が続いていた。日本から出向している総経理のビザ、就労許可証はE有限公司で手続されて発行されたもののため、転籍先のE2有限公司での再申請手続が必要で、総経理の中国出張が迫っておりスケジュールがタイトであるといったことについて確認を行った。

２　総経理のビザの更新手続（20E1年9月上旬）

E有限公司の総経理が日本から中国へ出張し、ビザ、就労許可証の更新手続を急ぎ行った。

現在のビザ、就労許可証はE有限公司を通じて取得したものであるが、E有限公司が清算委員会を設立してしまうとビザ、就労許可証の取消し手続ができない。このため、清算委員会の設立前に新たなビザ、就労許可証の取得手続を行う必要がある。

この手続はE有限公司で総経理の就労許可取消しを申請し、1カ月の臨時ビザを取得、その後に事業を承継するグループ内のE2有限公司でビザと就労許可を申請する流れで行うこととなる。

３　従業員説明会の開催（20E1年9月中旬）

E有限公司の総経理とE2有限公司のスタッフから、E有限公司に残っていた従業員に対して、グループ内事業再編について説明をした。

従業員たちの一番の関心事は、

「経済補償金が支払われるかどうか」「転籍先のE2有限公司の雇用条件はどのような条件なのか」

であった。

今回はグループ内での中国現法の再編であり、E有限公司の事業を引き継ぐE2有限公司に雇用され、業務内容も変更はないものの、E有限公司を解雇されることは事実であり、経済補償金は発生する。

一方、企業によっては、グループ内再編の場合、新たな企業に再雇用され

ても勤続年数は以前の企業からの年数を承継する、ということもあるようだ（なお、将来、経済補償金が発生する事態になった場合、以前の企業からの勤続年数に、一般的には昇給をしてきた退職時の平均月給をかけて経済補償金が計算されるため、従業員にとっては金額面でのメリットがある）。

E有限公司側は、今回のグループ内再編にあたり全従業員に経済補償金を支払う方針であり、対象の従業員に伝えるが、「E2有限公司の雇用条件、就業規則がE有限公司より厳しい」の一点張りで、経済補償金の上乗せを求めてきた。粘り強く説得を重ね、転籍の同意、雇用契約解除協議書に署名を得た。

契約、取引のグループ内の別法人への移管も本格化してきた。従来から徐々に事業を移管していたこともあり、件数も多くなく特段の問題はなさそうである。

4 清算委員会の立ち上げ（20E1年12月中旬）

11月までに従業員、契約、取引の移管、回収がすべて完了し、債務もすべて支払い、現金のみの貸借対照表となり、このタイミングで清算委員会を立ち上げた。

直ちに清算公告を行うとともに、商務局に届出を提出した。以後、ビザ・就労許可に関する手続は行えない。

E2有限公司に移管したこれまでの取引先には、以後、発行してもらう発票は移管先の有限公司宛とするように依頼した。

その後、20E1年度監査報告書を早期に作成、完了するよう、E有限公司に依頼した。

5 帳簿と一致しない預金残高（20E2年1月中旬）

E有限公司よりすでに解散ずみである工会（日本の労働組合に当たるもの）の名義で銀行口座が残ったままであることが判明したという連絡を受けた。これは清算手続で、あらためて銀行口座を確認する過程で判明したものであった。

具体的には、Ｅ有限公司の工会費用積立金の預金残高があり、Ｅ有限公司が想定したよりも現預金残高が多くなってしまうため、この取扱い、処理・税務申告について日本Ｅ株式会社と協議することとなった。

　意見を求められ、工会がすでに解散しているため、Ｅ有限公司で受け入れ、営業外利益として計上し、追加納税が必要ではないかとアドバイスする。

　その後、20E2年1月末に帳簿と残高の不一致額の処理し、Ｅ有限公司と日本Ｅ株式会社で検討の結果、工会費用積立金口座の残額すべてを、Ｅ有限公司の営業外利益として税務申告することに決定した。

6 剰余金の配当（20E2年5月〜7月）

① 過年分の会計処理の誤りが判明（20E2年5月）

　20E1年度監査報告書が完成し、1回目の剰余金の配当を日本Ｅ株式会社へ送金した。当初は、10%の源泉税を差し引いた配当金全額と、Ｅ有限公司の資本金全額を、まとめて親会社である日本Ｅ株式会社へ送金したかったが、市場監督管理局の指導が入り、分けて送金することとなった。

　清算時の配当では、過去すべての監査報告書を送金銀行で確認される。しかし、この確認のなかで、過去のある年の会計処理に誤りがあり、そのまま監査報告書が作成、監査されてしまったことが判明した。この翌年、前年の会計処理の誤りに気づき監査報告書を正しい数値に訂正したものの、分配可能利益額が不連続な数値となってしまった。この不連続な分配可能利益の差について、誤りの処理の経緯を説明しても送金を受け付ける銀行が納得せず「配当は送金できない」と回答されてしまう。

　Ｅ有限公司の依頼により、フェアコンサルティング中国オフィスで、誤り・差額が発生した経緯、背景についての状況説明書を作成し、銀行に提出する。

② 剰余金の配当の送金（20E2年7月下旬）

　約2ヵ月かかったが、状況説明書について了承した銀行がようやく配当を送金処理した。また、Ｅ有限公司の分公司（支店）の抹消登記が完了した。

7 税務調査の終了と税務登記の抹消 （20E2年8月）

　税務調査は1日で終了した。E有限公司が丁寧に申告、管理業務を行って
きた賜である。税関登記抹消、社会保険および住宅積立金登記抹消も申請し
た。

8 残余財産 （資本金） の送金 （20E2年10月～12月）

① 設立時の日本本社名の誤登録 （20E2年10月）

　清算報告書が完成した。清算に伴うE有限公司の資本金の送金を日本E株
式会社に対して行うが、ここでも問題が発生してしまった。

　E有限公司の設立時（2000年代の前半）、出資者である日本本社の名称が、
正式社名である「日本E株式会社」とすべきところ、なぜか「大阪日本E株
式会社」と誤って登録されていたのである。

　送金を受け付ける銀行からは、今回の送金の受取人である「日本E株式会
社」と、設立時の出資者として記録されている「大阪日本E株式会社」とは
別会社であり、登録されている出資者とは異なる名義の相手に送金するのだ
から、資本金の送金ではなく商取引の送金なのではないかと、厳しく指摘を
受けた。

② 進まない残余財産の送金処理 （20E2年11月）

　依然として資本金の送金処理が進まない。まだ送金銀行に「送金先の日本
本社名が、設立時の出資者情報と異なる」と納得してもらえなかった。

　あらためて、フェアコンサルティング中国オフィスで、設立時の出資者情
報が正確に記載されなかった経緯、背景についての状況説明書を作成し、送
金銀行に提出する。

③ 送金の完了 （20E2年12月）

　状況説明書により、ようやく銀行が資本金の日本本社への送金を承諾し
た。剰余金の配当も同様だったが、配当実施時の銀行の手続は細かく厳し
い。想定以上に時間がかかってしまった。

9 　工商登記の抹消（20E3年2月）

工商登記抹消の申請を行う。

10 　最後の銀行口座の閉鎖（20E3年3月）

　日本人董事長が銀行の支店を訪問し、最後の銀行口座を閉鎖。清算業務を完了した。

2 香港現地法人の撤退事例

ケース 1

FA有限公司（中国）とFB Co., Ltd.（香港）
―新型コロナウイルス感染症のなかでの中国・香港からの撤退

1 撤退の概要・まとめ

　本件は、まず香港現地法人が持分を保有する中国現地法人を簡易抹消で清算し、その後、香港現地法人を任意清算した中国、香港それぞれでの撤退事例である。

　中国本土と香港の間では、税務上のメリット等から、中国現地法人の持分を香港現地法人が保有するというグループが多くみられるが、昨今の新型コロナウイルス感染症による事業環境の悪化により、中華圏での事業の見直しを行う日本企業が散見される。

　多数の国での事業拡大をねらっていた日本本社は、新型コロナウイルス感染症による事業環境の悪化により撤退を決定した。

　中国現地法人は、香港現地法人の子会社として運営されており、日本本社は中国現地法人、香港現地法人両方の清算を決定し、中国→香港の順で清算を行った。

　中国現地法人では、事業拡大のために採用した中国人総経理の労働契約を更新せず終了させ、事業縮小、閉店交渉に協力を得るも、店舗の賃貸借契約の解除交渉に時間を要した。また、「簡易抹消」を利用した（Chapter 3（5－1）Q1）。

　一方で香港現地法人では店舗閉鎖等は日本本社が実施し、中国現地法人の清算後、清算実務をフェアコンサルティング香港オフィスに依頼した。ここ

では任意清算（Chapter 3 （5 - 2） Q 1）により法人を清算することとなった。

案件のポイントは、図表 2 - 15のとおりである。

図表 2 - 15　FA有限公司およびFB Co., Ltd.の概要と案件のポイント

案件のポイント

FA有限公司（中国）
- ☑中国、香港ともに、フェアコンサルティングで連携しながら一体となって清算を推進。
- ☑業界に精通した中国人総経理の協力を得られた。
- ☑従業員数が非常に少ないビジネスモデル。
- ☑記帳代行、税務申告等の業務をコンサルティング会社に委託していたことで、書類がしっかり整備されていた。

FB Co., Ltd.（香港）
- ☑設立来、会計業務をコンサルティング会社に依頼しており、香港法人の清算時に課題となるタックスクリアランスレターを障害なく得た。
- ☑会計業務をフェアコンサルティンググループに委託しており、随時各国の手続の進捗状況を共有し、必要資料のやりとりが直接実施できたため、スピード感をもって業務にあたることが可能だった。

FA有限公司（中国現地法人）
業　　　種	：卸売業
社　　　歴	：数年程度
直近売上高	：400万人民元
従　業　員	：総経理以外は派遣社員
撤 退 理 由	：新型コロナウイルス感染症の拡大による業績悪化

FB Co., Ltd.（香港現地法人）
業　　　種	：卸売業
社　　　歴	：数年程度
直近売上高	：300万香港ドル
従　業　員	：全員派遣社員
撤 退 理 由	：新型コロナウイルス感染症の拡大による業績悪化

出典：フェアコンサルティング作成

2 FA有限公司（中国）とFB Co., Ltd.（香港）の概要・経緯

　FA有限公司は、雑貨を中心に展開する日本F株式会社の中国現地法人である。少子化の日本国内市場は大きな成長が望めないことから海外、特に市場が巨大な中国事業の拡大を目的として、中国の雑貨業界に精通した経営幹部を採用し、百貨店、ショッピングモールや路面店への出店拡大、加えてネット販売にも注力していた。従業員は置かず、店舗での販売員は請負社員が中心のビジネスモデルであった。なお、商品は全量、日本本社から輸入しており、売上高は400万元である。

　香港現地法人のFB Co., Ltd.は、従業員は置かず、店舗での販売員は派遣社員が中心のビジネスモデルである。FA有限公司と同様に商品は全量、日本本社から輸入しており、売上高は300万香港ドルである。

3 撤退までの経緯・撤退の意思決定

　フェアコンサルティンググループは、中国のFA有限公司、香港のFB Co., Ltd.両社の設立来、記帳代行、税務申告業務等を受託し、中国での事業拡大を支援してきた。

　しかし、新型コロナウイルス感染症が事業を直撃。国内外で業績が急激に悪化し、特に中国は月次黒字化のメドが立たなくなった。こうしたなか、日本F株式会社はすべての海外事業を縮小し、清算を検討することとなり、中国事業の縮小、香港現地法人の清算を決定した。

　これまでの業務受託の実績、FA有限公司およびFB Co., Ltd.の事業内容、事業変遷について精通していることから、中国現地法人と香港現地法人の清算支援業務をフェアコンサルティング中国オフィス、香港オフィスに委託する方針となった。

④ 　**撤退のプロセス**

　撤退のプロセスのスケジュールは図表2−16のとおりである。以下、順番に解説していく。

1 　FA有限公司の清算

①　新型コロナウイルス感染症発生前（20FX年）

　FA有限公司の親会社である日本F株式会社から取締役が中国に出張して面談を行った。この面談で、日系百貨店のほか、中華系百貨店にも出店を順次行い、中国で5年以内に100店舗の展開を目指すという。拡大意欲が旺盛だった。今回、中国雑貨業界で事業立ち上げの実績をもつ中国人の新総経理として採用する予定であった。

　この新総経理候補者とはご挨拶に来社の際に、名刺交換したが、幅広い百貨店の人脈があるようで事業の拡大に期待がもてそうだった。

②　事業縮小の方針（20F1年6月上旬）

　FA有限公司の親会社である日本F株式会社の依頼で、Webミーティングを開催した。ミーティングに中国人総経理は呼ばれていなかった。

　日本F株式会社の取締役から新型コロナウイルス感染症の拡大により全世界で事業が厳しい状況が続いており、苦渋の決断だが、日本以外の事業について清算、撤退も視野に検討せざるをえないため、まずは各国で事業を縮小し、店舗数が少ない香港法人は清算することにしたと発言があった。

　また、総経理には中国事業の拡大を目的としてFA有限公司に来てもらったが、縮小、場合によっては撤退方針のなか、20F2年4月に満了を迎える労働契約は延長しない方針であることから、フェアコンサルティング中国オフィスのスタッフには、総経理への通知、労働契約の終了の面談に同席して、通訳をしてほしいと要請を受けた。

　加えて、可能なら中国事業の売却を考えているが、売却できないならばFA有限公司の清算手続に入るという意思確認を行った。

　全世界に広がった新型コロナウイルス感染症により、成長意欲旺盛な企業

の事業の大きな見直しが迫られていることを実感する。

　このミーティングで、中国法人であるFA有限公司は、香港法人であるFB Co., Ltd.の子会社となっており、FB Co., Ltd.を清算するにはFA有限公司の扱いを先に決め、手続を進める必要があること、FA有限公司の売却がむずかしい場合、FA有限公司を清算完了後、香港法人のFB Co., Ltd.の清算を行うこと、両法人ともにフェアコンサルティングに手続を委託するので、中国オフィス、香港オフィスで連携して進めていくことについて、方針が決定された。

　またフェアコンサルティング中国オフィスに対して、次のような依頼があった。
・早期の赤字の縮小施策、閉鎖店舗の選定、閉鎖順序の決定と資金繰りの試算の作成
・総経理への労働契約を終了する旨の通知の作成
・事業縮小のための百貨店等からの撤退、事業の縮小業務の遂行。ただし、総経理以外には中国の百貨店との人脈、関係はないため交渉は不可
・請負契約社員が大半を占める店舗スタッフの請負契約終了時期の調整

　従来は、日本F株式会社に勤務する中国人スタッフが出張で中国に来て、業務対応していたが、中国への渡航制限が厳しいなか、Webミーティングを中心にフェアコンサルティング中国オフィスが清算業務を行っていくことを確認した。

　日本F株式会社において、総経理の経済補償金額を試算、検討し、フェアコンサルティング中国オフィスでは、現状のビジネスの把握と、閉鎖予定店舗にかかる資金繰り、今後のスケジュール表を作成し、7月中旬に総経理とのミーティングを行うことになった。

③　総経理への説明（20F1年7月中旬）

　総経理への撤退の説明のためのWebミーティングを開催した。

　日本F株式会社からは、新型コロナウイルス感染症による入国規制のため、中国に出張することができないため、フェアコンサルティング中国オフィスのスタッフが通訳を行った。総経理に、日本F株式会社が決定した中

図表2－16　FA有限公司（簡易抹消）とFB Co., Ltd.（任意清算）のスケジュール

| | プロセス | 20F1年 | | |
		6月	7月	8月
FA有限公司の清算	1. 事業縮小の方針（解説①②）	▶		
	2. 総経理への説明（解説①③）		▶	
	3. 総経理の退職（解説①④）			
	4. 店舗の閉店、明け渡しの完了（解説①⑤）			
	5. 債権回収の完了、税務登記抹消申請（解説①⑥）			
	6. 税務登記等の抹消（解説①⑦）			
	7. 残余財産の送金、工商登記抹消申請（解説①⑧）			
	8. 銀行口座の閉鎖（解説①⑨）			
FB Co., Ltd.の清算	1. 事業縮小の方針（解説②①）	▶		
	2. 清算業務の受託（解説②②）		▶	
	3. 店舗の閉鎖、事業の停止（解説②③）		▶	
	4. 債権債務の整理（解説②④）			▶
	5. デットエクイティスワップの活用（解説②⑤）			▶
	6. 閉鎖日（解説②⑥）			
	7. 清算手続の開始（解説②⑦）			
	8. 税務当局によるタックスクリアランスレターの発行（解説②⑧）			
	9. 残余財産の分配（解説②⑨）			
	10. 会社登記局への最終株主総会議事録、清算報告書の提出（解説②⑩）			
	11. 清算完了（解説②⑪）			

出典：フェアコンサルティング作成

国事業の縮小、場合によっては撤退を伝えると、非常に辛そうな表情。通訳するこちらも辛い思いだ。

　日本Ｆ株式会社は、総経理の労働契約の満了日である20F2年4月まで勤務した場合と、この満了日前に退職した場合で、経済補償金および上乗せ額がどのように異なるか、との試算を提示。総経理に対して誠実な対応をしているようすがうかがえた。

　後日、総経理からは、20F2年4月まで勤務し、店舗の撤退交渉、事業縮小に協力する、との回答が得られた。

④　総経理の退職（20F2年4月末）

　総経理の退職日を迎えた。労働契約を延長しないことを告げてから約8カ

	20F2年				20F3年							20F4年
4月	9月	10月	11月	12月	1月	2月	3月	5月	10月	11月	12月	5月
▶												
	▶											
	▶	▶	▶	▶								
					▶							
						▶						
							▶					
							▶					
								▶				
									▶			
										▶		
											▶	
												▶

月、事業の縮小、百貨店、ショッピングモール、路面店店舗の閉鎖、一部店舗の譲渡交渉に尽力いただいた。

　経済補償金は、総経理の月額給与が、地域の平均月給9,600元の3カ月分（2万8,800元）を超えていたため、この2万8,800元を「基数」（対象者の平均月給とみなす）として計算された。有給の未消化分もまだ日数が残っており、経済補償金の月数に少し上乗せした金額で合意に至った。

　その後、請負社員に対しても、契約解除の通知を行った。

⑤　**店舗の閉店、明け渡しの完了（20F2年9月）**

　計画どおりの店舗の閉店が進み、最後の店舗を明け渡しが完了した。百貨店の閉店交渉は前総経理が中心に行ったが、業界特有のルールや条件があ

り、かなり大変だったようすであった。

　また、店舗保証金を差し入れていたが、閉店後の3カ月後払いとなるため、入金は20F2年12月末の見込みとなった。

　閉店しなかった店舗が2店舗あり、この2店舗は「FA社製品は今後も中国で売上げの拡大が見込める」と請け負ってくれた中華系代理店が承継した。

　請負社員の契約解除も店舗の閉店にあわせて実施した。請負社員の経済補償金も派遣会社を通じて支払った。

　一方で、撤退にあたって残ってしまった大量の製品在庫は、大幅値引きにより売り切った。

⑥　**債権回収の完了、税務登記抹消申請**（20F2年12月下旬）

　予定どおり、9月末に閉店した百貨店から、保証金の入金があった。これで、全額の回収が完了した。簡易抹消での清算が可能かを、税務当局、市場管理監督局にヒアリングし、簡易抹消での清算が可能との回答を得て、税務登記抹消申請を行うこととした。

⑦　**税務登記等の抹消**（20F3年1月）

　税務調査は1日で終了し、一安心。社会保険および住宅積立金登記抹消も申請した。

⑧　**残余財産の送金、工商登記抹消申請**（20F3年2月）

　残余財産を持分出資者である香港法人であるFB Co., Ltd.へ送金し、工商登記抹消を申請する。申請において必要な資料に関しては随時中国から香港へ直接依頼を実施した。

⑨　**銀行口座の閉鎖**（20F3年3月）

　預かった日本人董事長のパスポートを持参し銀行口座を閉鎖し、清算業務を完了した。

2　FB Co., Ltd.の清算

　ここで、撤退のプロセスに入る前に、FB Co., Ltd.の撤退までの経緯と意思決定をおさらいしておく。

フェアコンサルティング香港オフィスは、FB Co., Ltd.設立来、記帳代行、税務申告業務等を受託し、香港における事業拡大を支援してきた。

　しかし、新型コロナウイルス感染症が事業を直撃。国内外で業績が急激に悪化し香港法人も赤字に転落した。日本F株式会社は香港からの撤退、法人清算を決定することとなり、フェアコンサルティング香港オフィスに、FB Co., Ltd.の清算手続を委託することとした。

　前述したとおり、FB Co., Ltd.の清算は、香港法人の子会社となっている中国法人のFA有限公司の清算後、フェアコンサルティング香港オフィスが実施することとなった。

① 事業縮小の方針（20F1年6月）

　フェアコンサルティング香港オフィスがFB Co., Ltd.の親会社である日本F株式会社の取締役から「新型コロナウイルス感染症の拡大により全世界で事業が厳しい状況が続いており、苦渋の決断だが、日本以外の事業は清算、撤退も視野に検討せざるをえない。まずは各国で事業を縮小する、店舗数が少ない香港から撤退、FB Co., Ltd.の清算を機関決定した」と連絡を受けた。

　FB Co., Ltd.は、中国現地法人であるFA有限公司の出資持分を保有しているため、FA有限公司の扱いを先に決め、手続を進める必要があるが、もしFA有限公司を売却できないならば清算し、清算完了の後、FB Co., Ltd.の清算を行うという方針であった。

　FB Co., Ltd.が賃借で出店している香港の店舗は、日本F株式会社が大家との間で撤退交渉を開始しており、20F1年7月末に店舗閉鎖となる見込みであり、その後、任意清算により法人を清算する予定である。

　なお、任意清算の手続は図表2－17のとおりである。手続にかかる期間は取締役会開催（臨時株主総会の招集および取締役による支払能力証明書の承認）から1～1年半程度である。

　フェアコンサルティング香港オフィスは中国オフィスと連携して業務を進めることを確認し、FB Co., Ltd.の清算実務を提案することとなった。

② 清算業務の受託（20F1年7月）

　日本F株式会社よりフェアコンサルティング香港オフィスに、FB Co.,

図表 2 −17　任意清算手続の流れ

事前準備	①取締役により全負債を支払う十分な資力があるかどうかの調査を行う。 ②会社は業務を停止する。 ③債務超過の場合、増資や債務免除等により清算開始前までに債務超過を解消する。
清算の登記手続および分配	①取締役会開催（臨時株主総会の招集および取締役による支払能力証明書の承認） ②支払能力証明書を会社登記局へ提出 ③臨時株主総会による特別決議（75％以上の賛成） ④清算開始および清算人任命に係る官報公告 ⑤清算人就任届および特別決議書を会社登記局へ提出 ⑥清算人による清算業務 ⑦税務当局によるタックスクリアランスレターの発行 ⑧残余財産の確定および分配 ⑨清算報告書作成 ⑩最終株主総会招集通知およびその官報公告 ⑪最終株主総会開催 ⑫最終株主総会議事録および清算報告書を会社登記局へ提出 ⑬清算人により清算完了通知を会社登記局へ提出 ⑭最終株主総会議事録および清算報告書を会社登記局へ提出した日から 3 カ月後に清算完了

出典：フェアコンサルティング作成

Ltd.の清算手続を委託する連絡があった。

　まずは、FB Co., Ltd.の子会社である中国法人FA有限公司の縮小業務と並行して、FB Co., Ltd.の店舗閉鎖、派遣社員の契約解除を日本Ｆ株式会社が進め、フェアコンサルティング香港オフィスは債権債務の整理を行うこととなった。

　FB Co., Ltd.は、親会社である日本Ｆ株式会社に対する未払い債務が多く、新型コロナウイルス感染症の影響もあり、現状債務超過の状態である。

③　店舗の閉鎖、事業の停止（20F1年 7 月末）

　FB Co., Ltd.の 1 店舗は、 7 月半ばに閉店ずみ。売れ残った製品在庫は、大幅値引きにより売り切った。交渉の結果、契約満了前に退去する店舗へ、契約満了までの期間分の家賃の支払を行う。香港では、不動産の賃貸借契約期間は 2 〜 3 年で、契約満了前に賃貸借契約を解除しようとした場合、契約満了までの賃料の支払を求められ、実質的に中途解約できないことが多い。

　次に派遣社員との契約を終了した。なお、香港では、派遣先の会社においては、派遣社員に法定の解雇補償金の支払は発生せず、MPF（強制性積立

金）の積立も必要がない。

④ **債権債務の整理**（20F1年8月）

フェアコンサルティング香港オフィスにて、FB Co., Ltd.の債権債務の整理を進めていた。

債権債務の整理では、清算手続の開始までに、資産の部は現預金のみ、負債の部はすべて支払、精算ずみでゼロ、純資産の部のみの貸借対照表にする必要がある。

フェアコンサルティング香港オフィスでは、FB Co., Ltd.の記帳代行、税務申告業務を設立当初から受託していたこともあり、当社の支払、回収条件に精通しており、粛々と作業を進めた。日本F株式会社に対する債務のみになるまで、FB Co., Ltd.の債務の整理を行った。

⑤ **デットエクイティスワップの活用**（20F1年8月中旬）

日本F株式会社以外への債務を完済した一方で、日本F株式会社に対しては未払い債務が大きく、FB Co., Ltd.は債務超過の状態であった。

清算のためにはFB Co., Ltd.を資産超過にする必要があるため、日本F株式会社と相談のうえ、資産超過にする方策として、日本F株式会社からFB Co., Ltd.に対して次のいずれかの採用を検討する必要があった。

・デットエクイティスワップ（以下「DES」）

・保有している売掛金、貸付金等の債権の放棄

加えて、この検討事項においては、税務上の検討が重要である。まず、日本側では、日本本社が債権を株式に振り替えたうえで株式評価損とするか、全額債権放棄するかで損金算入の考え方が異なる場合がある。

香港側では、DESでは税金が発生しない一方、債権放棄（香港側からみた債務免除）の場合は、当該債権債務が、課税所得獲得の目的で生じたものである場合、債務免除益に対して税金が発生する。ただしこの場合の債務免除益は税務上の繰越欠損金と相殺が可能であり、香港では税務上の繰越欠損金は永久に繰り越せるため、場合によっては債務免除を行っても最終的に税金が発生しない可能性もある。

検討の結果、FB Co., Ltd.が、日本F株式会社に対して保有する債務の全

額をDESにより資本に振り替えることにより、FB Co., Ltd.を資産超過にすることとなった。

　フェアコンサルティング香港オフィスにて、DESの手続、必要書類の準備を進めた。あわせて、日本Ｆ株式会社において顧問税理士にFB Co., Ltd.清算後の税務処理について相談いただくよう依頼した。

⑥　**閉鎖日**（20F3年３月末）

　日本Ｆ株式会社による、FB Co., Ltd.に対するDES手続は完了している。またフェアコンサルティング中国オフィスが支援したFA有限公司の清算業務が完了した。

　このため、FB Co., Ltd.の閉鎖日を12月末と定めて、清算実務を開始することとした。なお、香港法人の清算における閉鎖日とは、事業を終了させ、資産の処分、債権の回収、債務の支払まですべてを完了して、現預金と純資産の部のみの勘定科目の貸借対照表を作成できる段階に至ってようやく設定できる清算のための基準日である。

　日本Ｆ株式会社から会計監査人に対して、FB Co., Ltd.の閉鎖日までの最終監査を実施するように依頼した。

⑦　**清算手続の開始**（20F3年５月）

　会社登記局へ支払能力証明書を提出し、清算手続を開始した。清算人は日本本社の取締役が務め、清算開始と清算人任命の官報公告が行われた。

⑧　**税務当局によるタックスクリアランスレターの発行**（20F3年10月下旬）

　香港における法人清算の最大の山場である、税務当局によるタックスクリアランスレター（税務当局から発行される清算にあたっての承認）が無事発行された。

　FB Co., Ltd.では設立来、フェアコンサルティング香港オフィスで記帳代行、申告代行を行い、閉鎖日までの最終監査も問題なく「無限定適正意見」を会計監査人から得られていた。

　シンプルな香港での法人清算において、税務当局による調査、タックスクリアランスレターを発行してもらえるかは最重要となるポイントである。

⑨　**残余財産の分配**（20F3年11月）

　残余財産を親会社である日本F株式会社へ送金した。

⑩　**会社登記局への最終株主総会議事録、清算報告書の提出**（20F3年12月）

　フェアコンサルティング香港オフィスで作成した、最終株主総会に関する必要資料、清算報告書を準備し、最終株主総会を開催した。

　その後、会社登記局に対し、最終株主総会議事録、清算報告書を提出した。また、日本F株式会社の取締役である清算人から、会社登記局に対し、清算完了通知を提出した。

⑪　**清算完了**（20F4年5月）

　最終株主総会議事録、清算報告書提出日から3カ月経過し、清算が完了した。

ケース **2**

GB Co., Ltd.（香港）
——中国現地法人の持分を保有する香港現地法人の清算

❶　撤退の概要・まとめ

　本件は、香港現地法人が保有する中国現地法人の持分を日本本社に譲渡した後、香港現地法人を清算した事例である（図表2−18）。

　まず、本件は内部監査を行ったうえでの業務内容の見直しにより撤退が決定された。

　香港現地法人は、内部監査の結果、不適切な取引等はなかったが、業務内容、海外事業をあらためて検討した結果、撤退となった。

　中国現地法人の持分譲渡手続はフェアコンサルティング中国オフィス、香港現地法人の清算実務はフェアコンサルティング香港オフィスに依頼された。

　手続としては、閉鎖の前に、香港現地法人が保有する中国現地法人の持分

図表2−18　GA有限公司およびGB Co., Ltd.の概要と案件のポイント

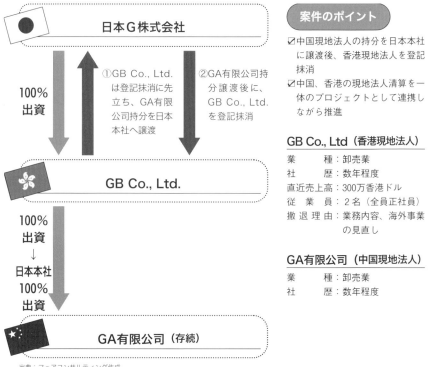

出典：フェアコンサルティング作成

を日本本社に譲渡、その後に香港法人を登記抹消（Chapter 3（5−2）
Q1）により閉鎖という流れである。

　香港現地法人がスムーズに閉鎖完了できたポイントは設立来、会計業務を
コンサルティング会社に依頼していたことを一因として香港現地法人の閉鎖
時に課題となるタックスクリアランスレターを障害なく得られたことがあげ
られる。

**GA有限公司（中国）とGB Co., Ltd.（香港）の
概要・経緯**

　中国現地法人のGA有限公司は、香港現地法人GB Co., Ltd.が100％の持分を保有する専門商社である。日本本社の日本G株式会社、GB Co., Ltd.から仕入れ、中国国内での卸売販売を行っていた。

　なお、フェアコンサルティング中国オフィスは、GA有限公司の設立来、記帳代行、納税代行を受託してきた。

　香港現地法人のGB Co., Ltd.は、日本G株式会社が100％株式を保有する専門商社で、設立は2010年代で売上高は300万香港ドル、従業員は2名であった。日本本社の日本G株式会社、GA有限公司との輸出入取引が売上げのほとんどを占める。GB Co., Ltd.も、設立来、記帳代行、納税申告、会社秘書役業務をフェアコンサルティング香港オフィスが受託してきた。

　なお、過去に、GB Co., Ltd.の社長が不正を行ったのではないかとの嫌疑があった。

 閉鎖までの経緯・撤退の意思決定

　専門商社として世界各国に事業展開する日本G株式会社は、内部通報により不正の疑いのある香港法人のGB Co., Ltd.、中国法人の内部監査を、フェアコンサルティングに依頼した。

　内部監査の結果、いずれの拠点においても大きな問題は発見されなかったが、事業が拡大するなか、業務内容についてあらためて検討した結果、その機能を日本G株式会社が代行できるため、GB Co., Ltd.を清算、撤退することとなった。

　GB Co., Ltd.は清算されるが、今後も中国ビジネスの中心となるGA有限公司は存続させるため、日本G株式会社がGB Co., Ltd.が保有するGA有限公司の持分をすべて引き取ることとなった。

　香港現地法人の閉鎖、さらには香港現地法人のもつ中国現地法人の持分譲

渡手続を、ワンストップで対応してくれるコンサルティング会社が日本G株式会社の要望であり、これまでの業務受託の実績、GA有限公司およびGB Co., Ltd.の事業内容、事業変遷について精通していることから、GB Co., Ltd.の保有するGA有限公司の持分の日本本社への譲渡に関する中国内での手続、GB Co., Ltd.の閉鎖支援の一連の取引を、フェアコンサルティング中国オフィス、香港オフィスに委託する方針となった。

④ 撤退のプロセス

1 中国法人の出資持分の譲渡

撤退のプロセスのスケジュールは図表2−19のとおりである。以下、順番に解説していく。

① GA有限公司の出資持分の譲渡手続の開始（20G1年3月）

GA有限公司の親会社であるGB Co., Ltd.が清算されることとなり、GB Co., Ltd.が保有するGA有限公司の出資持分すべてを、日本本社の日本G株式会社へ譲渡する手続のコンサルティングを、フェアコンサルティング中国オフィスが受託した。

出資持分の譲渡に係る手続のうち、中国国内における登記にかかわる部分は、完了まで2カ月をメドとしてスケジュールを立案する。

② 必要書類の準備（20G1年4月上旬）

日本G株式会社にて必要書類の準備を進めることとなった。一番時間がかかると予想されるのが、今回は持分の買い手である日本G株式会社の「公印確認された、中国語翻訳版の履歴事項全部証明書（登記簿謄本)」の準備だ。

「公印確認」とは、「日本にある外国の大使館・（総）領事館の領事による認証（＝領事認証）を取得するために事前に必要となる外務省の証明のこと」である。

よく似た外務省の証明に「アポスティース」もあるが、アポスティースはハーグ条約（認証不要条約）締結国で用いることができる証明であり、中国

はハーグ条約締結国でないことから、公印確認が必要となる。

　具体的には、公印確認（図表2－20）を経た認証ずみの履歴事項全部証明書を、中国政府が認可した翻訳業者において中国語へ翻訳し、持分譲渡の必要書類として中国で利用できる。

③　必要書類の受領、提出（20G1年6月）

　日本G株式会社より、公印確認を得た履歴事項全部証明書の中国語翻訳が、日本G株式会社とGB Co., Ltd.の間で締結されたGA有限公司の出資持分譲渡契約書の原本とともに届いた。

　また、署名、押印ずみの下記の書面を市場監督管理局に提出した。

・企業変更登記（備案）申請書
・法律文書送達授権委託書
・持分譲渡に関する株主決議
・持分譲渡に関する董事会決議
・定款の修正案
・GA有限公司から提出を受けた、GA有限公司の営業許可証（正本・副本）

④　出資持分の譲渡に係る登記の完了（20G1年7月）

　市場監督管理局に提出した出資持分の譲渡に関する書類は、提出日の翌営業日に受理された。

　7月、出資持分の譲渡に関する登記が完了していることおよび登記内容の誤りの有無をインターネット上の政府サイト（国家企業信用信息公示系統）で確認した。

　なお、本件譲渡においては、GA有限公司の5月時点の試算表の簿価純資産額を出資持分の譲渡対価とした。GA有限公司は、保有する在庫等の資産が少ないうえ、含み益および含み損のある資産もないため、簿価純資産額を時価純資産額と置き換えてさしつかえないと判断した。ただ、本件譲渡は関連会社間の取引に該当し、税務当局より譲渡対価の設定方法について問合せを受ける可能性があったため、評価士による出資持分の評価鑑定書を用意した。

　昨今、中国でのグループ内における出資持分の譲渡取引は、譲渡対価の妥

図表2−19　GA有限公司（簡易抹消）とGB Co., Ltd.（任意清算）のスケジュール

	プロセス
GA有限公司	1. GA有限公司の出資持分の譲渡手続の開始（解説1①）
	2. 必要書類の準備（解説1②）
	3. 必要書類の受領、提出（解説1③）
	4. 出資持分の譲渡に係る登記の完了（解説1④）
	5. 税関、銀行等での手続（解説1⑤）
GB Co., Ltd.	1. 事業縮小の決定（解説2①）
	2. 閉鎖準備業務の開始（解説2②）
	3. 従業員退職による業務の引き継ぎ（解説2③）
	4. 債権債務の整理（解説2④）
	5. 配当の実施（解説2⑤）
	6. 閉鎖日（解説2⑥）
	7. 登記抹消手続の開始（解説2⑦）
	8. 税務当局によるタックスクリアランスレターの発行（解説2⑧）
	9. 口座残金の送金、銀行口座の閉鎖（解説2⑨）
	10. 会社登記局への登記抹消申請書類の提出（解説2⑩）
	11. 登記抹消の完了（解説2⑪）

出典：フェアコンサルティング作成

当性等、税務当局による調査、指摘の厳しさが増している。

　出資持分の譲渡時に現地法人が債務超過の場合は、債務の資本化（デット
エクイティスワップ、以下「DES」）も検討されることが実務上多いが、債務
の償還能力に基づく債務の時価評価が求められる場合があり、その実施には
事前の検討が必要である。

⑤　税関、銀行等での手続（20G1年7月下旬）

　持分譲渡に関する税関、銀行等での手続を完了した。中国では、以前と比
べて政府機関での手続のスピードが大きく改善されている。

2　GB Co., Ltd.（香港）の撤退のプロセス（登記抹消）

① 事業縮小の決定（20G1年6月）

　GB Co., Ltd.の登記抹消について、親会社である日本G株式会社との契約

20G1年								20G2年		
3月	4月	6月	7月	8月	9月	10月	12月	4月	5月	8月
▶										
	▶									
		▶								
			▶							
			▶							
		▶								
			▶							
				▶						
					▶					
						▶				
						▶				
							▶			
								▶		
									▶	
									▶	
										▶

は締結ずみである。フェアコンサルティング中国オフィスで支援している、中国法人GA有限公司の持分譲渡手続にメドがつきつつある、との連絡を受け、GB Co., Ltd.の事業縮小を進めることとなった。

② **閉鎖準備業務の開始**（20G1年7月）

日本G株式会社より、中国法人のGA有限公司の持分譲渡登記が完了したとの連絡を受けた。以後、GB Co., Ltd.の登記抹消に向けて、資産の現金化、債務の支払を進めていく。

本件の登記抹消の手続は次のとおりで、その期間は登記抹消申請書類を税務局へ提出してから9カ月〜1年程度である（図表2−21）。

③ **従業員退職による業務の引き継ぎ**（20G1年8月末）

すでに日本G株式会社よりGB Co., Ltd.の従業員に対しては、GB Co., Ltd.の登記抹消、従業員の解雇について通知ずみだが、財務、税務を担当してい

図表 2－20　公印確認・アポスティーユの手続

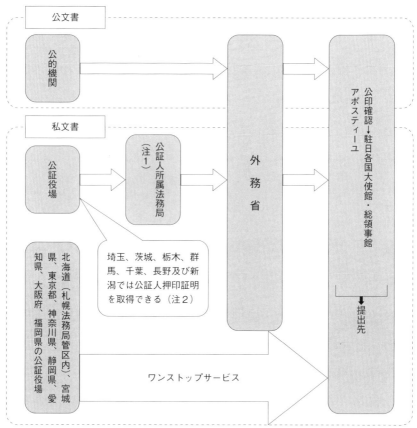

注１：公印確認証明について
　　　公証人が認証した公証人認証書は、その公証人の所属する（地方）法務局長による公証人押印証明が必要です。
注２：埼玉、茨城、栃木、群馬、千葉、長野及び新潟の７県の公証役場では、公証人の認証と法務局長による公証人押印証明を一度に取得できます。その後は外務省で公印確認またはアポスティーユの手続きを行ってください。
注３：ワンストップサービスとは
　　　北海道（札幌法務局管区内）、宮城県、東京都、神奈川県、静岡県、愛知県、大阪府および福岡県の公証役場では、申請者からの要請があれば、公証人の認証、法務局の公証人押印証明及び外務省の公印確認またはアポスティーユを一度に取得できます。このサービスをご利用になると法務局や外務省に出向く必要はありません。ただし、公印確認の場合は、駐日大使館・（総）領事館の領事認証を必ず取得する必要がありますので、ご注意ください。
注４：提出先機関の意向で日本外務省の公印確認ではなく、現地にある日本大使館や総領事館の証明を求められている場合は、ワンストップサービスを受けずに、東京（横浜地方）法務局で公証人押印証明を取得してください。外務省で公印確認・アポスティーユを受けた書類は、現地日本大使館や総領事館で重ねて証明することはできません。また、現地日本大使館や総領事館で証明を受けた書類に対して外務省で公印確認・アポスティーユの証明を行うこともできません。
注５：窓口及び郵送の申請ともに、同一の証明書で複数枚の認証申請をする場合は、証明書の提出先から必要通数を明記した証明の受け入れ先からの申請人宛の要求文書を提示してください。当該文書の提示がない場合、認証をお断りすることがあります。また、申請受付日の午後に１度に10通以上の証明申請を持ち込んだ場合、混雑の状況によっては窓口での交付が翌々労働日、郵送においては４労働日後の発送となることがありますのでご承知おきください。
出典：外務省ホームページよりフェアコンサルティング作成　https://www.mofa.go.jp/mofaj/toko/page22_000607.html
　　　2022年11月１日更新。申請にあたっては、新型コロナウイルス感染拡大防止のため郵送での申請が要請されている場合があります。申請時には、外務省ホームページを確認してください。

図表 2 −21　香港での登記抹消手続

①	登記抹消申請書類を税務局へ提出
②	税務当局によるタックスクリアランスレターの発行
③	タックスクリアランスレターとともに登記抹消申請書類を会社登記局へ提出
④	会社登記抹消に係る官報公告
⑤	３カ月以内に異議申立てがなければ登記抹消完了

注1：会社の登記抹消がなされた場合にも、会社の株主・取締役等の債務は、会社が存続している場合と同様に存続する。
注2：登記抹消時に会社が保有しているすべての資産、権利は、持ち主が消滅したとみなされ、自動的に香港特別行政区の所有物となる。
注3：登記抹消認可後20年間は、債権者等が裁判所に申立てを行い、裁判所がそれを認めた場合には、登記官は登記抹消認可の取消しを行い、再度登記させる可能性がある。
出典：フェアコンサルティング作成

た従業員が急きょ退職してしまい、フェアコンサルティング香港オフィスで業務を引き継ぐこととなった。

　急な退職であったため、財務、税務担当者がどのような処理を行っていたのか、資料、書類、データはどこに、どれだけ保存されているのか、といったことを調査し、業務実施する必要が生じた。

　あらためて退職時にはしっかり引き継ぎ業務を行うこと、日頃からの業務の見える化や重要な業務に関するガイド作成等が重要であることを再認識した。

　その後、退職した従業員には解雇補償金を支払った。香港では、従業員の年金制度として、会社と従業員がそれぞれ月額給与額の５％分を積み立てる強制積立金制度（Mandatory Provident Fund System、MPF System）がある。会社が従業員を解雇した場合、当該解雇される従業員のMPF積立金のうち、会社側が負担してきた積立金総額を解雇補償金支払に充てることができる制度がある。本件でも、GB Co., Ltd.は支払った解雇補償金の一部をMPF積立金で充当した。なお、MPF積立金の会社側への返還は、手続を経てMPFを管理するMPFA（Mandatory Provident Fund Schemes Authority、強制性公積金計画管理局）から後日行われた。

④　**債権債務の整理**（20G1年9月）

　フェアコンサルティング香港オフィスにて、GB Co., Ltd.の債権債務の整理を進めた。債権債務の整理では、登記抹消手続の開始までに、資産の部は現預金のみ、負債の部はすべて支払い、精算ずみでゼロ、純資産の部のみの

貸借対照表にする必要がある。

⑤　**配当の実施**（20G1年10月中旬）

　日本G株式会社に対する債務を含めて、GB Co., Ltd.の債務を完済した。債務完済後、配当可能利益が残されていたことから、GB Co., Ltd.の取締役会決議を経て、親会社である日本G株式会社へ配当を送金することができた。

⑥　**閉鎖日**（20G1年10月末）

　GB Co., Ltd.の閉鎖日を迎えた。日本G株式会社はGB Co., Ltd.の閉鎖日までの最終監査を実施するよう、会計監査人に依頼。

⑦　**登記抹消手続の開始**（20G1年12月）

　登記抹消日までの最終監査が完了した。問題なく「無限定適正意見」を得て、税務当局へ登記抹消申請書類を提出し、登記抹消手続を開始した。

⑧　**税務当局によるタックスクリアランスレターの発行**（20G2年4月下旬）

　香港における法人閉鎖の最大の山場である、税務当局によるタックスクリアランスレターが無事発行された。

⑨　**口座残金の送金、銀行口座の閉鎖**（20G2年5月）

　タックスクリアランスレターが発行されたため、銀行口座の残金を日本本社に送金し、銀行口座を閉鎖する。中国と違い、香港での銀行口座手続は煩雑ではなかった。

⑩　**会社登記局への登記抹消申請書類の提出**（20G2年5月）

　登記抹消申請書類を、タックスクリアランスレターとともに会社登記局へ提出した。また、会社登記局により、会社登記抹消に係る官報公告が行われた。

⑪　**登記抹消の完了**（20G2年8月）

　登記抹消に係る官報公告から3カ月が経過し、公告期間内に異議申立てがなかったため、登記抹消が完了した。

　ただし、香港では、会社の登記抹消がなされた場合にも、会社の株主・取締役等の責務は、会社が存続している場合と同様に存続し、また、登記抹消認可後20年間は、債権者等が裁判所に申立てを行い、裁判所がそれを認めた

場合には、登記官は登記抹消認可の取消しを行い、再度登記させる可能性がある点が注意すべきポイントである。

　また、登記抹消時に会社が保有しているすべての資産、権利は、登記抹消により持ち主が消滅したとみなされ、自動的に香港特別行政区の所有物となる。

3 インドネシア現地法人の撤退事例

ケース
1

PT H Indonesia（サービス業）
——事業見直しの撤退

1 撤退の概要・まとめ

　業績改善の見込みが立たないなか撤退したインドネシア現地法人。税務調査の結果を受け入れ、時間、追加の費用がかかるため控訴等せず、追加納税し清算を終えた事例である。

　案件のポイントは図表2-22のとおりである。

2 現地法人の概要・経緯

　PT H Indonesiaは、メンテナンス業の日本H株式会社と、10％を出資したインドネシアサービス業との合弁企業として設立された。売上高は60億ルピア、従業員は4名である。

　PT H Indonesiaは、機器メンテナンスを行っていたが、業容の伸び悩みと赤字体質に陥っていた。

3 撤退までの経緯・撤退の意思決定

　インドネシア現地企業との競争が厳しくなり、業績が伸び悩み、黒字転換が見込めないため、親会社である日本H株式会社はPT H Indonesiaの清算を決定した。

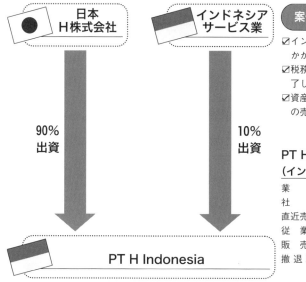

図表 2 −22 PT H Indonesiaの概要と案件のポイント

日本
H株式会社

インドネシア
サービス業

90%
出資

10%
出資

PT H Indonesia

出典：フェアコンサルティング作成

案件のポイント

☑インドネシアは法人清算に時間が
　かかる国。
☑税務調査結果を受け入れ、早期完
　了した。
☑資産処分において、適正な価格で
　の売却に課題があった。

PT H Indonesia
（インドネシア現地法人）

業　　　態：メンテナンス業
社　　　歴：10年未満
直近売上高：60億ルピア
従　業　員：従業員4名
販　売　先：インドネシア法人顧客
撤 退 理 由：赤字体質、業績の拡大
　　　　　　が見込めないため

　事業や人員の整理までは日本H株式会社主導で行い、解散決議の株主総会以降の清算実務については、コンサルティング会社に委託することを決定し、清算支援業務をフェアコンサルティングインドネシアオフィスに委託した。

4 撤退のプロセス

　撤退までのプロセスとスケジュールは図表2 −23のとおりである。以下、順番に解説していく。

1 撤退、清算の決定（20H1年1月中旬）

　日本H株式会社から連絡がありWebミーティングを行った。親会社である日本H株式会社が、合弁先のインドネシアサービス業と合意のうえ、PT H Indonesiaの清算を決定し、清算業務をフェアコンサルティングイン

図表2－23　PT H Indonesiaの清算までのスケジュール

プロセス
1. 撤退、清算の決定（解説１）
2. 清算支援業務の委託（解説２）
3. 従業員説明会の開催（解説３）
4. 事業の終了（解説４）
5. 各省庁への解散決議の届出および各種ライセンスの抹消（解説５）
6. 解散の決議、清算人任命の株主総会（解説６）
7. 税務当局への税務番号抹消の申請（解説７）
8. 税務調査実施日の連絡（解説８）
9. 税務調査の結果の受領（解説９）
10. 追加納税（解説１０）
11. 清算完了と清算人解任の株主総会（解説１１）
12. 清算完了の公告と届出（解説１２）
13. 銀行口座の閉鎖（解説１３）

出典：フェアコンサルティング作成

ドネシアオフィスに受けてほしい、との相談だった。

　PT H Indonesiaは、過去３期にわたり営業赤字、最終赤字となっており、経営が厳しかったようだ。

　PT H Indonesiaの清算にあたっては、事業の撤退、従業員解雇、債権債務の整理は、日本H株式会社の主導のもと、PT H Indonesiaが行い、20H1年４月末までの完了を目指し、事業、従業員、債権債務の整理後、解散決議から清算完了までの清算実務をフェアコンサルティングが支援することとなった。

　なお、合弁相手である、インドネシアサービス業との間で、PT H Indonesiaの清算および清算にあたっての費用負担について合意できているとのことであった。

　フェアコンサルティングからは、従業員の解雇と退職金、勤続功労金等の労働債務の支払を漏れなく行うこと、PT H Indonesiaが保有するビジネスライセンス（KBLI）、許認可等を漏れなく確認いただくことを注意点として申し入れた。

20H1年							20H2年		20H3年		
1月	2月	4月	5月	6月	7月	9月	9月	12月	1月	2月	4月
▶											
	▶										
	▶										
		▶									
			▶								
				▶							
					▶						
						▶					
							▶				
								▶			
									▶		
										▶	
											▶

早急に、依頼を受けた清算支援実務についての提案書を作成、送付した。

2 清算支援業務の委託（20H1年2月上旬）

日本H株式会社に対して、インドネシアにおける清算支援業務の提案書を提出し、内諾を得る。

インドネシアでの清算プロセスのポイントは、まず、清算手続における当局とのやりとりはOnline Single Submission（オンライン・シングル・サブミッション、略称OSS）と呼ばれるオンライン上での届出、抹消業務に移管されておりプロセスの状況が閲覧可能である一方で、税務調査開始（令状発令）から調査結果の受領まで「1年の時間がかかる」と税務当局は公表していることから、調査結果を受け入れ最短で税務調査が完了しても、税務番号の抹消に1年半程度がかかり、他プロセス含めて長期にわたることである。

3 従業員説明会の開催（20H1年2月中旬）

PT H Indonesiaの従業員説明会を開催した、との報告を日本H株式会社

から受ける。インドネシアでは、従業員の解雇にあたっては、①解雇手当、②功労金、③損失補償金、④離職手当の四つからなる退職金の支払が必要であり、解雇の条件により、それぞれの支給倍率等が詳細に定められている（Chapter 3（5-3）Q6で、2020年11月2日に施行された雇用創出法（いわゆるオムニバス法）における、改正労働法の実施規則（Government Regulation No. 35 of 2021 on Definite Employment Agreement, Outsourcing, Working Hours and Breaks and Termination of Employment Relationship（"GR35/2021"））が定める、無期雇用契約の従業員に対する規定を掲載）。

インドネシア人従業員は、PT H Indonesiaの業績がよくないことは察しており、うすうす、清算、解雇があるとわかっていたようだ。また、インドネシア人は、「支払うものをちゃんと支払ってくれればよい」という考え方が多いようで、「払うものはしっかり払います」というPT H Indonesiaの説明により、平穏に説明会は終了した。

今後は、3月末の業務終了、従業員の解雇、並行しての資産処分に向けて、進んでいくとのことである。

また、メンテナンスを行っていた取引先に対しては、返金のうえでの契約解除、同業社に引き継ぎ協力を仰いだうえでの取引先の紹介を進めることとなった。

PT H Indonesiaの資産の一部がやや特殊なものであるため、売却はむずかしそうだが、徐々に売却を進め、4月下旬までには債権債務の整理が完了する予定となった。

４ 事業の終了（20H1年4月上旬）

3月末で、業務が無事終了し、従業員の解雇も終了。債権債務の整理もほぼ完了していると日本H株式会社より連絡を受けた。一部資産は、買い手がつかず、低廉譲渡したようだ。

5 各省庁への解散決議の届出および各種ライセンスの抹消 （20H1年5月）

　PT H Indonesiaにより、解散決議した株主総会議事録の公正証書、新聞公告等を一緒に提出し、法務人権省（MOLHR）のシステムにて解散を届け出た。法律上、MOLHRへの届出は解散決議の日から30日以内と定められている。

　BKPM（投資省）への届出、許認可手続に使われているオンラインシステムのOSS（オンライン・シングル・サブミッション）を通じて、ビジネスライセンス抹消の届出を行った

　このビジネスライセンスとは、KBLIを指す。KBLIは「インドネシア標準産業分類」のインドネシア語の略称であるが、インドネシアでビジネスを行ううえで、BKPMから法人に付与される、法人が手がけることができる事業ライセンスを意味する。

・「インドネシア標準産業分類」の5桁の数字コードで表される
・「当該法人が手がけることができる事業」を表す

　なお、BKPMが付与するならば、一つの法人で複数のビジネスライセンス（KBLIコード）を保有することができ、清算時にはすべてのビジネスライセンス（KBLIコード）の抹消手続が必要となる。

　インドネシアでの省庁への届出はオンライン化が進んでいるが、課題は、問合せや作業の早期化を願い出たくても、基本的にはフェイストゥフェイスでなく、オンライン上でしか行えないことだ。

　清算支援業務を受託するコンサルティング会社としても、当局手続が進んでいないなか、クライアントから「当局での手続は、いまどうなっていますか」と聞かれても、OSS上で進まない以上、回答のしようがないこと苦しい状況である。

6 解散の決議、清算人任命の株主総会 （20H1年6月末）

PT H Indonesiaの解散および清算人の任命の株主総会を開催した。清算

人は、一般的に現地法人の取締役を任命することが多い。

　総会後、すみやかに全国紙と官報への解散の公告を掲載し、債権者等への案内を行う。法律上、解散決議の日から30日以内の掲載が必要だ。なお、債権者は、異議等あれば60日以内に申出をすることができる。また、PT H Indonesiaは株主総会の解散決議の公正証書を作成する必要がある。

7 税務当局への税務番号抹消の申請（20H1年7月）

　PT H Indonesiaにより、各種ライセンスの抹消を行った後に納税者番号（NPWP）、付加価値税（VAT）、税関登録番号（NIK）の抹消申請を行うこととなる。この申請の後、税務当局による税務調査が始まる。

　税務調査は、どの国でも清算時の大きなハードルだが、インドネシアでは時間がかかる。

　インドネシアでは、税務当局への番号抹消の申請を行った後、税務当局からの税務調査実施日の連絡まで、ひたすら待つ必要があるのに加え、税務調査日から、税務当局からの税務調査の結果に基づく課税額等の通知まで1年を要すると示している。

　税務調査開始から納税・税務番号の抹消まで最短でも1年半、調査結果に異議を申し立て、交渉等に入ると、数年にわたって時間がかかるのが一般的で、場合によっては10年近くかかる場合もあるうえ、税務当局と争って敗訴した場合は高額の追徴課税があり、判断には注意が必要だ。

8 税務調査実施日の連絡（20H1年9月）

　税務当局より、税務調査を10月とする連絡を受ける。

9 税務調査の結果の受領（20H2年9月）

　この1年、税務調査期間中、税務当局からの質問に対応してきた。特に指摘されたのは、簿価が高額だったある特殊設備の売却額とそのプロセスだった。

　PT H Indonesiaは、資産整理、売却にあたり、汎用性が低い、メンテナ

ンス用の特殊設備の売却に難航し、最終的には帳簿価格より非常に低廉な価格で売却せざるをえなかった。

この売却について、税務当局は当該資産の譲渡が非常に低廉であるが、資産等の譲渡に対して賦課される付加価値税（VAT）は、「譲渡対価」ではなく「譲渡される資産の価値（＝簿価）」に対して課税される、との見解であったため、追加でVATの納付を求めてきたこと、また、PT H Indonesiaは債務超過であったため、債務整理にあたって親会社である日本H株式会社に対する債務を免除されており、免除益課税が課されることを指摘してきた。

日本H株式会社と検討の結果、ここまですでに清算の決定から1年半が経過しており、税務当局に異議を申し立て、交渉しても結果はかんばしくないと予想されることから、税務当局の指摘を受け入れ、追加納税することを決定した。

10 追加納税（20H2年12月）

税務当局指摘事項を受け入れ、追加納税を行う。日本H株式会社にとっては、追加で費用が生じてしまったが、これ以上、税務当局から指摘されることがなくなり、清算完了のメドがみえてきたことから、一安心のようすだった。

11 清算完了と清算人解任の株主総会（20H3年1月）

清算完了と、清算人解任の株主総会を開催した。

12 清算完了の公告と届出（20H3年2月）

総会後、すみやかに清算完了の公告を全国紙と官報に対して掲載した。加えて清算完了、清算人解任を決議した株主総会議事録の公正証書、新聞公告等を一緒に提出し、法務人権省（MOLHR）のシステムにて清算完了を届け出た。

13 銀行口座の閉鎖 （20H3年4月）

　PT H Indonesiaの銀行口座を閉鎖した。閉鎖にあたり、残金は日本H株式会社へ送金した。

　その後、銀行口座を閉鎖し、清算を完了した。

《参考》 インドネシアにおける事業運営上、よく使われる略語 （抜粋）

　インドネシアでのビジネス、各省庁とのやりとりにおいて、インドネシア語の名称を略したアルファベットでの略称が多く使われる。

分類	略称	略称の対象・内容
省庁	MOLHR	法務人権省
	BKPM	投資省
	PUPR	公共事業・公共住宅省
	BPS	中央統計局
システム	OSS	オンライン・シングル・サブミッション （システム）
事業者に関係する許認可番号等	NIB	事業基本番号
	KBLI	インドネシア標準産業分類の5桁の数字コードで表される、当該法人が手がけることができるビジネスライセンス
	API	輸入業者番号
	NPWP	納税者番号
	PKP	VAT （付加価値税） 課税事業者
	NIK	税関登録番号
出入国、滞在関係	EPO	出国許可
	ITAS	暫定滞在許可
組織形態	PT	株式会社
	PMA	外国資本会社
	KPPA	外国駐在員事務所
	KP3A	外国商事駐在員事務所
	BUJKA	外国建設駐在員事務所

4 タイ現地法人の撤退事例

 ケース 1

I (Thailand) Co., Ltd. (製造業)
──BOIライセンスを保有する現地法人の撤退

 1 撤退の概要・まとめ

　業績改善の見込みが立たないなかで、撤退を決定。BOIライセンスを保有していたタイ現地法人の撤退事例である。案件のポイントは図表2−24のとおりである。

　なお、BOIとはBoard of Investmentの略称で、タイへの投資促進を主目

図表2−24　I (Thailand) Co., Ltd.の概要と案件のポイント

日本 I 株式会社

 100%出資

 **I (Thailand) Co., Ltd.**

 日本人社長

案件のポイント

☑BOIライセンスを利用した輸入材料の関税、VAT免除の恩典利用の清算処理に時間を要した。
☑同じくBOIライセンスを利用して取得した土地の売却交渉に時間を要した。
☑取引先に預けていた取引保証金の回収に時間を要した。
☑清算完了まで約3年。

I (Thailand) Co., Ltd. (タイ現地法人)

業　　　態：メーカー
業　　　種：金属製品製造業
社　　　歴：10年未満
直近売上高：300百万タイバーツ
従 業 員：約20名
販 売 先：現地日系企業、タイ大手企業
撤 退 理 由：競争激化と損益の悪化

出典：フェアコンサルティング作成

的とする政府機関である。

　日本企業をはじめとする外資企業にとっては、一般的にはBOIが付与する「恩典」を指し示すことが多く、具体的には一定期間の法人税の減免や設備等の輸入税の免除、原材料の輸入税の免除、外資100％法人の設立、土地の取得、ビザの優遇などがあり、具体的な恩典は業種や投資規模、進出地方等により異なる。また、撤退時にはBOIとの間で、恩典の返却が必要になる（Chapter 3 （5－4） Q 2参照）。

② 現地法人の概要・経緯

　日本企業のタイ現地法人として2010年代前半に設立された金属製品の製造業である。主な納品先は日系に加えてタイ現地の大手企業等があった。

　タイ現地法人は、BOIライセンスを取得し、BOIライセンスを利用した外資企業としての土地取得を行い、工場建屋を建設し、事業を行っていた。事業規模は売上高300百万タイバーツ、タイ人従業員約20名、日本人駐在員 3 名である。

③ 撤退までの経緯・撤退の意思決定

　従来からタイ現地企業との競争が厳しくなり、業績が悪化した。改善が見込めないなか、新型コロナウイルス感染症が拡大した。

　日本本社である日本 I 株式会社は、業績回復が新型コロナウイルス感染症収束後も見込めないこと、現在の日本人赴任者の後任が育成できていないこと等からタイ現地法人の清算を決定した。そのうえで、これまでの業務受託の実績、タイ現地法人の事業内容について精通していることから、清算支援業務をフェアコンサルティングタイオフィスに委託した。

撤退のプロセス

撤退までのプロセスとスケジュールは図表2−25のとおりである。以下、
順番に解説していく。

1　清算の決定（2011年12月）

I（Thailand）Co., Ltd.の社長が、当社バンコクのオフィスに来社するとの
連絡があった。親会社である日本I株式会社が、I（Thailand）Co., Ltd.の清
算を決定し、清算業務をフェアコンサルティングタイオフィスに受けてほし
い、との相談だった。

タイ現地法人社長は、業績の回復が見込めないなか、うすうす、日本本社
の決定を察していたようだった。

I（Thailand）Co., Ltd.の清算にあたっての要望は、事業の撤退、従業員解
雇、資産と債務の整理は、I（Thailand）Co., Ltd.が行うことであった。ま
た、清算登記後、タイ現地法人社長は日本に帰国する予定で、以後の清算完
了登記までの清算実務をフェアコンサルティングが対応することとなった。

なお、タイにおける会社清算の流れは一般に図表2−26のようになる。

I（Thailand）Co., Ltd.はBOIライセンスを保有している会社であり、輸入税
免除の恩典が一番の懸念である。さらにビザも恩典を利用している。

工場はBOIライセンスの土地保有恩典を利用し購入しているため、BOIラ
イセンスの返却前に買い手を探して売却手続が必要となる。土地売却を含め
て、清算手続に時間がかかりそうだった。なお、製品の供給責任はあるが、
現時点で懸念、問題となる納入先はないとのことである。

タイ現地法人社長のビザの有効期間は残り約3年ということもあり、早急
に、依頼を受けた清算実務についての提案書を作成して、タイ現地法人社長
に送付することを約束した。

2　従業員説明会の開催（2012年1月上旬）

I（Thailand）Co., Ltd.の従業員説明会を開催した、との報告をタイ現地法

図表2−25　I（Thailand）Co., Ltd.の清算までのスケジュール

プロセス	2011年 12月	1月	2月
1. 清算の決定（解説①）	▶		
2. 従業員説明会の開催（解説②）		▶	
3. 製造終了、出荷の終了（解説③）			▶
4. 従業員の解雇（解説④）			
5. 輸入材料に関する記録不備の発覚（解説⑤）			
6. 輸入材料のBOI報告に問題があることが判明（解説⑥）			
7. 保証金返還交渉の合意（解説⑦）			
8. 土地、工場売却の合意、土地売却のBOIへの承認申請（解説⑧）			
9. BOIからの土地売却申請の承認、債務の弁済、清算開始登記（解説⑨）			
10. BOIライセンスの抹消申請（解説⑩）			
11. BOIライセンス抹消が難航、税務調査、保証金の支払完了（解説⑪）			
12. 歳入局との交渉（解説⑫）			
13. BOIライセンスの抹消（解説⑬）			
14. 関税局からの追徴レターの受領（解説⑭）			
15. 清算の終了（解説⑮）			

出典：フェアコンサルティング作成

図表2−26　タイにおける会社清算の流れ

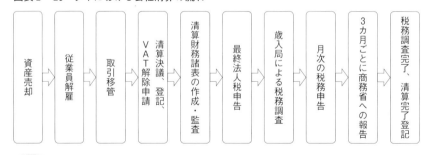

資産売却 → 従業員解雇 → 取引移管 → VAT解除申請、清算決議、登記 → 清算財務諸表の作成・監査 → 最終法人税申告 → 歳入局による税務調査 → 月次の税務申告 → 3カ月ごとに商務省への報告 → 税務調査完了、清算完了登記

実務上のポイント

☑清算をするにあたり歳入局の税務調査を受ける必要があり、平均して最低1〜2年程度かかる。
☑清算登記が完了するまでの間は、定常の会社と同様毎月の運用費用・税務申告義務が発生する。
☑清算が清算決議より1年以内に完了しない場合は、年次株主総会を開催する必要がある。

出典：フェアコンサルティング作成

2012年							2013年				2014年		
3月	4月	5月	6月	7月	8月	12月	2月	3月	8月	11月	6月	8月	10月
▶													
	▶												
		▶											
▶	▶	▶	▶	▶	▶								
						▶							
							▶						
								▶					
									▶				
										▶			
											▶		
												▶	
													▶

人社長から受ける。タイ人従業員たちも、I (Thailand) Co., Ltd.の業績がよくないことは察しており、清算、解雇があるとわかっていたようで、平穏に説明会は終了したとのことであった。

　2月末の製造・出荷の終了、3月末の従業員の解雇、その後の工場、土地の売却に向けて、進めていくとのことだ。I (Thailand) Co., Ltd.の設備は、汎用性が高い設備が多く、また同業他社への売却の交渉も進めており、時間をかけずに設備、資産の売却が行えそうだとのこと。なお、BOIの恩典を利用した設備の輸入税免税も、利用した全設備について必要な経過期間を超過しており問題ないと思われた。

　あわせて、フェアコンサルティングにて、清算スケジュール、タスクの立案、想定される清算のための必要コスト算出を行うこととなった。

　一番の懸念は、社歴がある製造業であるため、BOI恩典の輸入税免税制度を利用して輸入した原材料の記録が適切に行われているかである。

3 　製造、出荷の終了（2012年2月中旬）

　タイ現地法人社長より、製造、出荷の最終日となり、大きな問題もなく終了することができたとの連絡を受けた。

　保証、サポート業務は、清算登記後は行えなくなるため、販売価格を大きく引き下げる等により販売先に了解を得た。また、販売先の卸売業者に説明のうえ、保証・サポート業務を代行してもらう交渉をし、部品を含めて製品を多めに出荷して対応処理した。

　一方で、取引先の1社のタイ大手企業Y Co., Ltd.に、取引にあたっての保証金を差し入れているが、今回の急な事業撤退、清算を理由に保証金返還を拒絶されていた。返還交渉が長引きそうだった。

4 　従業員の解雇（2012年3月末）

　従業員の解雇日。大きなトラブルなく解雇を完了し、タイ現地法人社長も安心したようすだった。財務とBOI担当者のみ、清算準備のため労働契約を延長した。

　工場内設備の処分、売却もほとんど完了したが、問題は土地、工場の売却である。タイ人には不動産神話のような考え方はあまりないようで、土地を取得するより賃借で工場運営するタイ人経営者のほうが多いようだ。それゆえ、土地をI（Thailand）Co., Ltd.に売却した当時の売主や、隣の工場主に打診をしているとのことだが、難航しそうである。

　土地売却が完了するまで、清算登記はできない。BOI恩典を利用して取得した土地のため、BOIの売却承認プロセスも必要となる。

　こうしたなかであってもI（Thailand）Co., Ltd.が保有している銀行口座のうち、今後利用しない銀行口座の閉鎖を順次進めていった。

　なお、Y Co., Ltd.との保証金返還交渉は継続中であった。Y Co., Ltd.は依然として、急な事業撤退を理由に返還を拒んでいた。

5 　輸入材料に関する記録不備の発覚（2012年4月）

BOI恩典で輸入時の関税、VATの免税を受けていた輸入原材料の管理が適切でなかったようだ、との報告をタイ現地法人社長から受けた。

輸入材料を使った試作、製造における不良品発生時や日本本社への製品輸出の際、記録がされておらず、製品出荷先から証明書を入手していないなどが要因である。これは実は日系現地法人製造業では、よくある課題だ。

また、実態はBOIに報告しているストックカット記録に多数の未使用残高が残っている状況。未使用残高の数値はあるものの、BOIの記録からは受払いの詳細がわからず、この数値が残っている理由が釈然としなかった。

I（Thailand）Co., Ltd.は、社歴もある会社のため、設立当初からの輸入材料の記録、処理や管理について詳しく覚えている従業員、赴任者はおらず、いまからでは正確なことがわからない。

フェアコンサルティングからは、残っているすべての輸入材料に関する資料を取りまとめ、設立来からのわかる範囲での輸入材料、恩典利用額、出荷額、原材料棚卸高の推移を時系列でまとめていただくよう、依頼した。

6 　輸入材料のBOI報告に問題があることが判明（2012年5月）

タイ現地法人社長から、輸入材料に関する資料がまとまったとの連絡を受ける。BOI報告が適時適切に行われておらず、関税、VAT免除を受けて輸入した材料のうち、相当額のまだ出荷されていないレコードが残ってしまっているという結論となった。これは、BOIライセンスの抹消に大きな課題となりそうだ。

Y Co., Ltd.との保証金返還交渉は、タイ現地法人社長がY Co., Ltd.に日参。丁寧に事情を説明し、徐々にY Co., Ltd.側の態度が軟化しつつあるようだ。

7 　保証金返還交渉の合意（2012年8月）

Y Co., Ltd.との保証金返還交渉がまとまったとタイ現地法人社長から連絡

があった。Y Co., Ltd.から、社内手続が完了後、I (Thailand) Co., Ltd.の銀行口座への振込みにより返金予定とのことで、一安心。

8 土地、工場売却の合意、土地売却のBOIへの承認申請（2012年12月）

タイ現地法人社長から、やっと土地、工場の買い手、条件がまとまった、との連絡を受ける。ある日系現地法人が購入してくれることになったとのことだが、購入時の価格の半額での売却とのことだった。直ちにBOIへの土地売却の承認申請を行った。

なお、Y Co., Ltd.からの保証金がまだ振り込まれていないことが判明した。Y Co., Ltd.へ問い合わせても「社内手続中。振り込まれるまで待て」の一点張りである。返金に同意したものの、これは別のかたちで交渉を要求されているのだろうかと不安になる。

9 BOIからの土地売却申請の承認、債務の弁済、清算開始登記（2013年2月）

BOIより、土地売却申請の承認が下りた。これにより、BOIライセンスの抹消申請が可能となる。月内に土地、工場の売却、入金を完了し、残余となっていた日本I株式会社に対する借入れの返済、および日本I株式会社による一部債権放棄を受けた。残余債務に関するメドが立ったため、清算開始登記を行った。

清算開始登記後も、歳入局への月次税務申告、商務省への定期的報告、年次株主総会開催が必要で、フェアコンサルティングで行うこととした。タイ現地法人社長は清算開始登記後に日本に帰国予定だが、清算人の立場で名前を残し、必要に応じてタイに出張することとなった。

Y Co., Ltd.からの保証金返金はまだ振込みされていない。金額が小さくはないため継続して手続を急ぐよう交渉を促した。

10 BOIライセンスの抹消申請（2013年3月）

BOIライセンスの抹消申請を行った。BOIの恩典である輸入材料の関税、VAT免除について、一部報告がBOIに適時適切に行われていなかったことが、抹消手続での懸念事項である。

11 BOIライセンス抹消が難航、税務調査、保証金の支払完了（2013年8月）

清算開始登記を行って約半年経つ。このタイミングで歳入局による税務調査が開始された。

税務調査官は、土地、建物、機械設備の資産売却時の税務の適切性に注目しているようで、調査当初から、資産リスト、売却の証憑、市場価格で売却されたのかどうかの説明を求めてきた。どうやら会社清算時の税務論点に精通しているようで、昨今清算事案が増えてきているということなのだろうか。

また、並行して進めているBOIライセンスの抹消については、やはりBOIレコード上の未出荷残高が問題となり、解決することができないという結論となった。BOIから関税局へすでに情報が展開されているようで、関税局側で追徴課税の計算を行っているとのことである。

I（Thailand）Co., Ltd.からは、長らくタイでBOIライセンスの恩典を利用して製造業を行ってきた。輸入材料の管理を丁寧に処理してきたが、それでも出荷、輸出取引数が多いと集計に漏れが生じてしまい、今回の差が発生したことを粘り強く説明した。

しかし、BOIは実態への理解を示すものの、正規の方法でデータをクリアすること以外には対処方法がなく、証憑が十分でない責は会社側にあるとの主張で一貫していた。

Y Co., Ltd.から保証金がようやく振込みされたとのこと。なお、タイでは、清算開始決議後でも、事業に直接関係しない債権の回収が可能である。

12 歳入局との交渉（2013年11月）

歳入局を訪問し、税務調査の結果連絡を受ける。

調査結果としては、少額の譲渡済固定資産の譲渡価格調整のみであり、法人税およびVATの申告修正を求められる結果となった。もともと大きな設備資産については、簿価譲渡が行われた前提として申告、調整を行っており、少額資産についてのみ実際の譲渡価格での処理を行っていたが、細かな点を突いてきたという印象である。

土地および建物の譲渡に関しては簿価を下回る売却となっていたものの、土地登記時に税務は完了しており、それ以上の追加課税は歳入局としては指摘をしてこないようだ。

指摘された申告訂正および追加課税およびペナルティは少額であり、残余資金で十分に対応できることから、歳入局の指摘に従い早期に自主申告訂正を行い、税務調査を完了させる。歳入局よりも関税局のほうが気になるところであった。

13 BOIライセンスの抹消（2014年6月）

BOIからライセンスの抹消を許可する旨の書面が発行された。一方で、BOIの関税およびVAT免除の残レコードについては正式に関税局にレターが発行され、そのレターも回付されてきた。

一方、歳入局からはすでに税務調査が完了し、会社清算完了に進める状態である旨を商務省へ連絡ずみである旨の連絡を受けた。しかし、商務省のレコードを確認したところ、清算完了登記を受け付けない旨の会社ステータスとなっていることが確認された。おそらく、関税局の手続が完了していないことにより、関税局から商務省へステータス変更依頼が入っているものと想定された。

14 関税局からの追徴レターの受領（2014年8月）

関税局からBOIからの情報に基づく、関税およびVATの追徴レターが発

行された。レター発行日から1カ月以内の納付が求められているが、内容を確認するとおおむね想定していた金額およびペナルティとなっていた。

　しかしながらI（Thailand）Co., Ltd.の残余資金では納付に足りず、急いで日本本社である日本I株式会社への説明、資金手当、納付に関する処理手続の説明を行った。

　日本I株式会社へはすでに事前に追徴見込額の説明を行っていたため、比較的スムーズに資金手当まで進めることができた。

　納付は、I（Thailand）Co., Ltd.に残していた銀行口座を使用して行えることが確認できたため、急いで日本I株式会社から、I（Thailand）Co., Ltd.への送金を手配し、清算人であるタイ現地法人社長の出張日程を組むことになった。

　同月、関税局への納付用資金をI（Thailand）Co., Ltd.名義の銀行口座へ送金し、タイ現地法人社長が弾丸出張し、関税局へ納付した。

　納付の次の日に銀行口座の閉鎖も行った。銀行口座の閉鎖は清算人が銀行窓口で行う必要があるが、納付直後に銀行口座の閉鎖を受け付けてくれる事務処理の速さに驚かされた。

15　清算の終了（2014年10月）

　関税局から商務省へ会社ステータス変更の通知が行われ、商務省のオンライン上で、I（Thailand）Co., Ltd.のステータスが「清算可能」となり、直ちに清算完了の臨時株主総会を手配、実施し、清算完了登記を行った。

ケース 2

J (Thailand) Co., Ltd.（サービス業）
——外資規制業種の撤退事例

1 撤退の概要・まとめ

　業績改善の見込みが立たないなか、撤退を決定した。外資企業が株式保有割合や事業内容に規制を受けたタイ現地法人の撤退事例である。案件のポイントは図表2–27のとおりである。

図表2–27　J (Thailand) Co., Ltd.の概要と案件のポイント

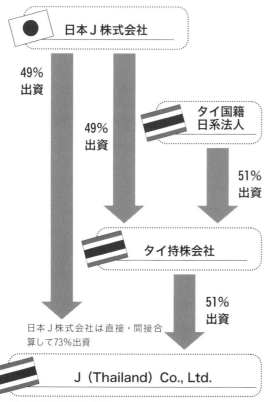

案件のポイント

☑外資規制業種のため、合弁タイ持株会社を経由しての間接保有もある現地法人の清算案件。
☑外資規制業種の事業自体は、清算前に日系同業に事業譲渡。
☑外資規制により、日本本社からタイ現地法人への出資割合に規制があるなか、事業の譲渡、終了を経て増資、タイ持株会社株式の買取りを行い、債務解消、清算を進めた。
☑長期間の税務調査案件でもある。

**J (Thailand) Co., Ltd.
（タイ現地法人）**

業　　　種	建設機械レンタル業
社　　　歴	10年未満
直近売上高	35百万タイバーツ
従　業　員	10名
販　売　先	タイ国内の日系現地法人
撤 退 理 由	競争激化と損益の悪化

出典：フェアコンサルティング作成

② 現地法人の概要・経緯

　タイ現地法人 J（Thailand）Co., Ltd.は、日本 J 株式会社のタイ現地法人として2010年代前半に設立された外資規制業種現地法人である。J（Thailand）Co., Ltd.の資本構成は、タイ持株会社51％と日本 J 株式会社49％である。加えて、株主であるタイ持株会社は、タイ国籍ステータスの日系法人51％と日本 J 株式会社49％であり、この階層持株構造により、日本 J 株式会社の直接・間接含めた J（Thailand）Co., Ltd.に対する持分は73％相当となっている。タイ持株会社は、資本構造上で下位の事業会社 J（Thailand）Co., Ltd.に対する日本本社の持分比率を上げるための会社である。

　J（Thailand）Co., Ltd.の事業内容は、タイに進出している日系企業を中心に建設機械のレンタル業を営んでおり、売上高は35百万タイバーツ、日本人駐在員は 1 名、タイ人従業員10名で運営している。

③ 撤退までの経緯・撤退の意思決定

　競合企業との競争が激化し、日本との商習慣との違いもあり業績が悪化。改善が見込めないなか、新型コロナウイルス感染症が拡大した。

　日本本社である日本 J 株式会社は、業績回復が新型コロナウイルス感染症収束後も見込めないこと、商習慣との違い等から、タイ現地法人の清算を決定した。フェアコンサルティングは、かねてより日本 J 株式会社の海外展開を支援していたことから、タイ現地法人の清算支援業務をフェアコンサルティングタイオフィスに委託することとなった。

④ 撤退のプロセス

　撤退までのプロセスとスケジュールは図表 2 −28のとおりである。以下、順番に解説していく。

図表 2 −28　J（Thailand）Co., Ltd.の清算までのスケジュール

プロセス		
清算の決定から清算登記	1. 清算の決定（解説①①）	
	2. 外資規制と清算スキームの検討（解説①②）	
	3. レンタル事業の譲渡交渉（解説①③）	
	4. レンタル事業の譲渡条件の合意（解説①④）	
	5. 従業員説明会の開催（解説①⑤）	
	6. レンタル事業の譲渡契約の締結（解説①⑥）	
	7. 事業譲渡の完了（解説①⑦）	
	8. 清算における税務上の課題（解説①⑧）	
	9. 日本本社によるタイ現地法人への割当増資（解説①⑨）	
	10. 日本本社によるタイ持株会社の買取り（解説①⑩）	
	11. 清算開始登記（解説①⑪）	
清算完了までの長い道のり	終わらない税務調査、	1. 税務調査の開始（解説②①）
		2. 終わらない税務調査（解説②②）
		3. 税務調査官との交渉（解説②③）
		4. タイ国籍者の清算人の追加（解説②④）
		5. VATの還付（解説②⑤）
		6. 税務調査の結果（解説②⑥）
		7. 税務調査結果についての日本本社との検討（解説②⑦）
		8. 修正申告と追加納税、銀行口座閉鎖（解説②⑧）
		9. 清算の完了（解説②⑨）

出典：フェアコンサルティング作成

1　清算の決定から清算開始登記（20J1年 3 月〜20J1年10月末）

①　清算の決定（20I1年 3 月）

　J（Thailand）Co., Ltd.の日本本社である日本 J 株式会社とのWebミーティングの依頼が入った。

　J（Thailand）Co., Ltd.の親会社である日本 J 株式会社は、業績不振を理由にJ（Thailand）Co., Ltd.の清算を決定したため、清算業務の提案をフェアコンサルティングタイオフィスから提出してほしい、との相談だった。

　J（Thailand）Co., Ltd.の清算にあたって、次のような課題がある。

	20J1年						20J2年	20J3年					20J4年	
	3月	4月	5月	6月	8月	10月	9月	6月	8月	9月	10月	12月	1月	3月
	▶													
		▶												
		▶												
			▶											
			▶											
				▶										
					▶									
					▶									
						▶								
						▶								
						▶								
							▶							
								▶						
									▶					
										▶				
											▶			
												▶		
													▶	
													▶	
														▶

・日本Ｊ株式会社としては、持株構造が複雑だが、早期にJ（Thailand）Co., Ltd.を清算したい

・レンタル業のため、外資規制業種であり、注意して清算業務を行う必要がある

・J（Thailand）Co., Ltd.の清算にあたり、タイ持株会社の51％株式を日本Ｊ株式会社が買い取る必要がある

・外資規制（外資規制事業の停止）と清算費用のための増資の時期と、タイ持株会社が保有するJ（Thailand）Co., Ltd.株式買取りのタイミングの交渉、調整が必要となる

・タイ持株会社の清算は、J（Thailand）Co., Ltd.の清算後に行う

・J（Thailand）Co., Ltd.の事業は、以前から内々に交渉を行ってきた日系同業Z社に事業承継する方針である

　早急に、清算実務についての提案書を作成して、日本本社に送付することを約束した。

② 外資規制と清算スキームの検討（20J1年4月上旬）

　J（Thailand）Co., Ltd.の親会社である日本J株式会社より、清算についてフェアコンサルティングタイオフィスに委託したいとの連絡を受け、早速今後の清算実務について打合せを行った。

　ここで、重要なポイントは、早期の資産売却と外資規制への抵触の回避である。

　J（Thailand）Co., Ltd.の事業運営上、レンタルする建設機械等の調達のため借入れを行っている。当該借入金を早期に返済するため、事業の整理、譲渡、資産の売却を急ぐ必要がある。そのためには、日本J株式会社としては、J（Thailand）Co., Ltd.に対する増資による資金支援が必要である。一方、タイ持株会社は増資に応じる資金がないため、日本J株式会社からJ（Thailand）Co., Ltd.に対する割当増資を実行すると、J（Thailand）Co., Ltd.の直接の株主の保有割合（タイ51％：外資（日本）49％）のタイ国籍維持の資本構成が崩れ、J（Thailand）Co., Ltd.は外資規制に抵触する。つまり、日本法人である日本J株式会社が50％超の株式を保有する株主構成となり、タイ国籍企業でなく外資企業となってしまう。

　この外資規制抵触を回避するためには、まずはJ（Thailand）Co., Ltd.が外資規制の対象外となる＝レンタル事業を終了していることが必須となり、具体的には、J（Thailand）Co., Ltd.がレンタル契約の契約移管を早急に完了させることが条件になると想定された。

　フェアコンサルティングタイオフィスにて、現地弁護士を手配し、規制事業の終了の定義と増資のタイミングについて検討することとなった。

③ レンタル事業の譲渡交渉（20J1年4月下旬）

　J（Thailand）Co., Ltd.の事業を承継する日系同業Z社と条件合意した、と

の連絡を受ける。その内容はレンタル設備および債権、レンタル契約、タイ人従業員が承継対象となるとのこと。

　今後詳細を詰めるとのことだが、多少譲渡金額で譲歩せざるをえなくとも、可能な限りすべての事業に関する資産を早急に譲渡し、Ｊ（Thailand) Co., Ltd.が外資規制業種であるレンタル事業を終了できるよう、日本Ｊ株式会社に申し入れた。

④　**レンタル事業の譲渡条件の合意**（20J1年5月）

　日系同業Ｚ社との間でのレンタル事業の譲渡条件合意に至り、従業員に説明できる状況になった。これまでは、経理、財務担当の1名のタイ人従業員のみに事業譲渡を説明し、譲渡のために必要な情報を整理するために協力を得ていた。

　タイでは「一歩部屋から出たら、部屋で話した秘密は秘密でなくなる」とは有名な話だが、全従業員、うすうす感づいているところがあるようだ。

⑤　**従業員説明会の開催**（20J1年5月下旬）

　Ｊ（Thailand) Co., Ltd.で従業員説明会を開催した、との報告を日本Ｊ株式会社から受ける。Ｊ（Thailand) Co., Ltd.のタイ人従業員は、日系同業のＺ社が事業とともに全員引き継ぐため、平穏に説明会は終了したとのこと。

⑥　**レンタル事業の譲渡契約の締結**（20J1年6月上旬）

　日系同業Ｚ社との間でレンタル事業譲渡契約を締結し、顧客の契約を譲渡するとともに、譲渡に応じない取引先との契約の解消合意を急ぐ。

　この時点では8月末にレンタル事業譲渡が完了見込みであった。8月末で外資規制に抵触する事業を終了したとみなせるようになり、事業譲渡代金に加えて日本Ｊ株式会社による増資、増資資金により、借入金の返済が可能になる。

　なお、この事業譲渡は私的な民商法上の任意譲渡契約（個別契約の移管、資産の移管、従業員の解雇と再雇用）であり、手続上の債権者保護規制等はない。

⑦　**事業譲渡の完了**（20J1年8月末）

　Ｊ（Thailand) Co., Ltd.のレンタル事業の譲渡が無事完了する。従業員も全

員、J（Thailand）Co., Ltd.を退職、解雇補償金を支払ったうえで解雇し、Z社に雇用された。

今後、J（Thailand）Co., Ltd.レンタル事業の終了を確認して、借入金返済のための、日本J株式会社によるJ（Thailand）Co., Ltd.への割当増資を行う。

また、タイ持株会社を利用しての、J（Thailand）Co., Ltd.がタイ国籍ステータスを維持する意義がなくなるため、タイ持株会社が保有するJ（Thailand）Co., Ltd.株式を日本J株式会社に譲渡するとともに、タイ持株会社の51％株主であるタイ国籍ステータスの日系法人が保有するタイ持株会社株式についても、日本J株式会社が買取りを行う手続を並行して進める。

⑧　清算における税務上の課題（20J1年8月）

J（Thailand）Co., Ltd.の清算における税務上の課題が明らかになった。J（Thailand）Co., Ltd.がレンタル用設備購入時に支払ったVAT、および過年度の前払法人税が還付ポジションとなることが想定され、これが増資による借入返済後も残ることになる。還付申請を行い、残余財産原資として取り戻したいが、経験上、歳入局は還付を認めないだろう。

⑨　日本本社によるタイ現地法人への割当増資（20J1年10月中旬）

レンタル事業の終了を確認し、日本J株式会社によるJ（Thailand）Co., Ltd.に対する割当増資の手続を開始した。増資額は、借入金返済に足りる額を注入し、J（Thailand）Co., Ltd.は資産超過となる。増資完了後、J（Thailand）Co., Ltd.は、金融機関に借入金を返済していくこととなる。

⑩　日本本社によるタイ持株会社の買取り（20J1年10月中旬）

並行して、タイ国籍ステータスの日系法人が保有するタイ持株会社株式の51％を日本J株式会社が買い取り、タイ持株会社を日本本社の100％現地法人とする交渉を行った。

タイ持株会社も債務超過の状態ではあったものの、交渉の結果、当該タイ持株会社株式については、株式額面で日本J株式会社が買い取る旨で合意した。

⑪　清算開始登記（20J1年10月末）

借入金返済後、早急にJ（Thailand）Co., Ltd.の清算開始の総会を開催、決

議のうえ、清算開始登記を行った。

②　終わらない税務調査、清算完了までの長い道のり（20J2年9月〜20J4年3月）

①　税務調査の開始（20J2年9月）

清算開始登記を行った後1年経ってようやく、J（Thailand）Co., Ltd.に対する歳入局による税務調査が開始された旨の連絡が入った。

J（Thailand）Co., Ltd.は、清算直前のVAT申告月にクレジット超過となっていたVAT全額の還付を申請していた。税務調査開始時に税務調査官から「当該還付の取下げを行ったほうがよい」と強く依頼される。

その理由としては「還付申請を行っているために税務調査の開始についても遅れてしまった、この後の清算税務調査についても還付調査をあわせて行わなければならないことで、調査期間が非常に長期化するであろう」とのことであった。

日本J株式会社とは、税務調査の長期化可能性についてはすでに議論をしており、その理解のもとで還付申請を行っていた。

VATの還付については、VATの間接税としての性質上、本来、J（Thailand）Co., Ltd.が負担するべきでないものであり、また、日本J株式会社としては、清算完了までの期間が長期化することにより投資損失の実現が遅れることが想定されるが、その点については急いではおらず、長期化もやむなし、と了解を得ていた。

したがって、税務調査官の依頼には応じず、粘り強く対応処理を進めることを再確認した。

②　終わらない税務調査（20J3年6月）

J（Thailand）Co., Ltd.に対する歳入局による税務調査がまだ続いている。税務調査官から断続的に資料請求の依頼は来るものの、適時に対応することに努めた。

一方で資料請求も過去に提出したものとの重複が多く、何度も同じ説明を行うことを求められてはいたが、つど真摯に対応を行う。

税務調査官が注視しているのは清算前のX社に対するレンタル事業、資産譲渡取引のようである。VAT還付に関連すると考えられる過去の建設設備購入取引については特段調査が行われているようにはみられなかった。

③ **税務調査官との交渉（20J3年8月）**

歳入局によるJ（Thailand）Co., Ltd.に対する税務調査開始から1年が経った。目立った進捗があるとは想定していなかったが、突然税務調査官から歳入局に出頭を要請する旨の連絡が入った。

清算人として指名していた日本J株式会社取締役の出張は調整できないため、ひとまず清算業務の委託先であるフェアコンサルティングタイオフィスに対して委任状を発行してもらい、税務調査官とのミーティングを行った。

この税務調査官とのミーティングでは、VAT還付金については特に指摘事項もなく、還付返金プロセスに乗っており、管轄税務当局の返金小切手の受取りを進めなければならず、そのためには清算人の出頭、パスポートおよびワークパーミットの提示が必要であるという、手続のすりあわせであった。

一方で、Z社とのレンタル事業、資産譲渡取引については、ミーティングにおいて、市場価格での売却が行われていないという懸念が示される。

再度ミーティングにおいて、当該取引の説明、提出した資料の確認を行ったが、税務調査官からは還付金を返すかわりに追徴を行おうとする意図がみえる発言が多く聞かれた。

④ **タイ国籍者の清算人の追加（20J3年9月）**

VAT還付金返金について、プロセスが進んでいる旨を、日本J株式会社へ報告した。VAT還付金の入金受領のためには、外国人である清算人（日本J株式会社取締役）のワークパーミットが必要であることが懸念された。

清算人となっている、日本J株式会社役員に、このタイミングでワークパーミットを取得させることは現実的ではない。そのため、清算人について、タイ国籍者を追加する調整を行い、早速清算人の追加登記を行った。

⑤ **VATの還付（20J3年10月）**

清算人の追加登記が完了し、早速、新清算人が管轄税務当局から、VAT

還付金の小切手受領を行った。滞りなくVAT還付金の返金を受けることができ、税務調査官の追徴課税の発言は、特にVAT還付処理には影響がなかったようす。

VAT還付返金プロセスは、承認がされてしまえばその後は税務当局側も事務処理として進められるもののようであった。

⑥ **税務調査の結果**（20J3年12月）

再度、税務調査官から出頭の要請を受ける。前回同様にフェアコンサルティングタイオフィスにて対応を行った。

今回も論点は、Ｚ社へのレンタル事業、資産譲渡ではあったが、レンタル事業、資産譲渡については、過去より十分な資料を提出していること、譲渡にあたり資産評価会社を使っての評価レポートを取得していること、当該評価レポートに基づいた譲渡額の設定と、税務処理についても、譲渡取引に基づいた税務を行っていたことを説明した。

これに対し税務調査官は、評価レポートはレンタル事業用の建設設備についての評価額が加味されているが、その他の少額資産、什器等の供用資産については価値がないものとして評価されていたことを指摘し、これらの資産について簿価譲渡が行われたとして、法人税申告およびVATの修正申告を求めた。ただし、すでに行われてしまったVAT還付との整合は問わないとのことであった。

当該修正申告については、法人税については十分な繰越欠損金が存在するため、修正申告が課税につながることはないこと、VATの修正申告、追加納税についても還付金受領に比べると少額となることから、税務調査を終わらせるために十分に受け入れられる内容であると考えられた。

⑦ **税務調査結果についての日本本社との検討**（20J4年1月）

年が明け、税務調査結果について日本Ｊ株式会社へ説明した。日本Ｊ株式会社からは、VAT還付により納付に十分な資金がJ（Thailand）Co., Ltd.にあり、少額のVATの追加納税ですむことが明らかなため、すみやかに修正申告を進めることの決定がなされた。

⑧ **修正申告と追加納税、銀行口座閉鎖（20J4年1月）**

　J（Thailand）Co., Ltd.が、法人税およびVATの修正申告および追加納付をした。歳入局からは修正申告納付を受け、商務省に対して清算完了のためのVAT登録抹消依頼が行われることとなった。申告納付後、残余財産の送金、銀行口座の閉鎖を行った。

⑨ **清算の完了（20J4年3月）**

　歳入局から正式にVAT抹消の書面を受領した。商務省へも同様の書面が回付されていることを確認し、清算完了登記を行った。

5 ドイツ現地法人の撤退事例

K GmbH（販売子会社）
──新型コロナウイルス感染症前の現地法人の清算

　これまで、中国、香港、インドネシア、タイでの撤退事例をみてきましたが、ここで欧州のドイツでの撤退事例をみてみましょう。

　これまでみてきたアジアの撤退事例と比べて、アジア各国・地域との制度、仕組みの違いによる、撤退実務の相違点がみえてきます。

1　撤退の概要・まとめ

　グローバルでの事業の見直しの一環として清算されたドイツ現地法人の事例である。この案件のポイントをまとめると図表2−29のとおりである。

2　現地法人の概要・経緯

　K GmbHは、2000年代前半に設立された欧州販売子会社で、ドイツに2拠点を有していた。Managing Director（MD）を含む日本からの駐在員ほか、現地の従業員は7名。売上高は450万ユーロであった。

　日本本社の日本K株式会社は、欧州事業の拡大が見込めないこと、またグローバルでの事業の見直しから、K GmbHを閉鎖し、ドイツ法人の清算を決定した。

図表 2 －29　K GmbHの概要と案件のポイント

案件のポイント

☑清算業務において、適時適切なタイミングでプロジェクトマネジメント（会社および外部専門家のタスク整理、進捗管理、スケジュール管理）を行ったこと。

☑プロジェクトマネジメントにより、会社担当者、外部会計事務所、法律事務所の連携がとれ、清算業務が遅滞なく進んだこと。

K GmbH（ドイツ現地法人）

業　　　態：卸売業
社　　　歴：20年未満
直近売上高：450万ユーロ
従　業　員：駐在員 2 名／現地従業員 7 名
販　売　先：ドイツおよび欧州の法人顧客
撤 退 理 由：事業、業績の拡大が見込めないため

出典：フェアコンサルティング作成

③　撤退までの経緯・撤退の意思決定

　フェアコンサルティングは、ドイツ現地法人の親会社である日本K株式会社の海外展開、撤退支援を各国で行ってきた。

　このなかで、清算を決定したK GmbHの清算業務について、フェアコンサルティングに支援の打診があった。

　ドイツでは、日本同様に税理士制度があり、企業経営に係る税務申告等の税務業務を税理士に委託するのが一般的である。K GmbHも現地のドイツ系税理士事務所に税務業務を委託していた。

　フェアコンサルティングドイツオフィスは、K GmbHが従来から税務業務および法務業務を委託している税理士事務所、弁護士事務所にそれぞれ清算実務の対応を依頼しながら、フェアコンサルティングが清算業務のプロジェクトマネジメント（タスク管理、スケジュール管理）を行う提案を日本K株式会社に行い、清算支援業務の契約に至った。

撤退のプロセス

撤退のプロセスのスケジュールは図表2 −30のとおりである。以下、順番に解説していく。

1 ドイツからの撤退を決定（20K1年 8 月上旬）

K GmbHの親会社である日本K株式会社から、面談の依頼があった。日本K株式会社は海外展開を多数行っており、フェアコンサルティングにとっては拠点がある各国で、進出支援、記帳代行、税務申告等の業務を支援している重要顧客である。

日本K株式会社海外担当部長が来社し、ミーティングを行った。ドイツにある販売子会社であるK GmbHを清算したい、清算実務を支援してほしいとの相談を受けた。K GmbHは歴史のある拠点であるものの、新規顧客開拓が進まず、また業績拡大が見込めないため、日本K株式会社として清算を決定したとのことであった。

直近の財務諸表によれば、K GmbHは 1 億円弱の債務超過状態にあり、日本K株式会社は、すみやかにK GmbHの事業を終了し、清算したい意向。

また、K GmbHはドイツの税理士、弁護士と契約のうえ、税務、法務の支援を受けている。両事務所とは良好な関係である。

ドイツでの会社清算の手順、おおよそのスケジュール、注意点への回答、といったことをフェアコンサルティングドイツオフィスより提案を行ってほしいとの依頼を受けた。

2 清算業務の提案（20K1年 8 月下旬）

日本K株式会社に、ドイツ撤退支援の提案を行う。

フェアコンサルティングドイツオフィスの役割は、清算スケジュールの管理、K GmbH・清算人・弁護士・税理士それぞれのタスクやスケジュール管理等の清算手続全体のプロジェクトマネジメントを行い、日本K株式会社に対して定期的な報告、ミーティングの設定による必要な打合せを行う総合的

図表 2 −30　K GmbHの清算までのスケジュール

プロセス
1. ドイツからの撤退を決定（解説①）
2. 清算業務の提案（解説②）
3. 清算業務支援の了承、スケジュールとタスク一覧の作成（解説③）
4. 従業員説明会の開催（解説④）
5. 従業員の解雇、各種契約の整理、棚卸資産・固定資産の棚卸（解説⑤）
6. 解散の決議（有限会社法60条）（解説⑥）
7. 資産の換価処分および負債の整理（解説⑦）
8. 駐在員の帰任および事務所の閉鎖（解説⑧）
9. 解散事業年度の決算書作成および税務申告（解説⑨）
10. 余剰資金の送金、租税協定による免除のための申請（解説⑩）
11. 清算期間中の税務申告（解説⑪）
12. 納税額の通知（解説⑫）
13. 残余財産の送金、銀行口座の閉鎖（解説⑬）
14. 清算結了（解説⑭）

出典：フェアコンサルティング作成

な清算業務支援である。

　加えて、時間がかかるドイツでの清算において、タイムマネジメント、適切なミーティング・報告の実施を運営し続けるプロジェクトマネジメント機能が重要であることを説明した。

　撤退の骨子は、K GmbH閉鎖に関する得意先、仕入先等への周知、従業員の解雇、各種契約関係の解除ならびに資産の換価処分および債務の弁済等であり、これらはK GmbHで行うことになった。また、K GmbHが契約している税理士、弁護士は継続して利用し、清算に必要な決算手続や登記手続等の支援を行うこととした。

　ドイツでの清算において特に注意すべきことは、解散に関する公告の日から1年は、残余財産の分配ができないこと、また、税務申告、税額査定を経て租税債務の確定後清算結了となるが、申告期限が事業年度終了後14カ月以内と長く、解散前および清算期間中の租税債務の確定に1年超かかることもあり、清算結了までに時間がかかることだ。

20K1年			20K2年			20K3年			
8月	9月	12月	1月	3月	4月	2月	5月	10月	11月
▶									
▶									
	▶								
	▶								
		▶							
		▶							
			▶						
				▶					
					▶				
						▶			
							▶		
								▶	
									▶
									▶

図表2-31　ドイツにおける会社清算の流れ

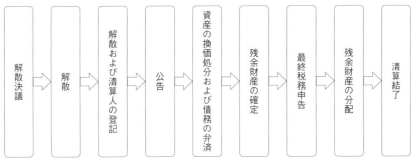

解散決議 → 解散 → 解散および清算人の登記 → 公告 → 資産の換価処分および債務の弁済 → 残余財産の確定 → 最終税務申告 → 残余財産の分配 → 清算結了

出典：フェアコンサルティング作成

　ドイツにおける法人の清算の主な流れは図表2-31のとおりである。

　日本の法人税等は、納税者が納税額を計算し納付する「申告納税方式」を採用しているが、ドイツの法人税等は「賦課決定方式」を採用しており、この方式は納税者が申告した所得金額をもとに税務当局が「納税額」を査定す

る。したがって、ドイツでは法人税等の税務申告を行った後、租税債務の確定までに数週間から数カ月程度の時間を要する。

このため、過去の税務申告の経緯や各種税務調整項目の内容の把握などから、これまで担当していた税理士に継続して清算手続での税務業務を担当してもらうことが効率的である。

ドイツは労働者の権利が強い国といわれており、解雇保護法など労働者解雇に関する法律などの把握も重要である。たとえば、解雇保護法では、労働者10人を超える事業所については、勤続6カ月以上の労働者を対象として、社会的に正当な理由がない解雇は無効としている。K GmbHでは、従業員が10名を超えていないため解雇制限法の規制を受けず解雇が可能である。なお、解雇の告知期間は、雇用契約で定めた解約告知期間または民法で定められた解約告知期間を遵守する必要があり、通常最低1カ月から雇用年数に応じて長くなる。なお、ドイツには基本的に退職金の制度はない。

3 清算業務支援の了承、スケジュールとタスク一覧の作成 （20K1年9月中旬）

日本K株式会社より、K GmbHの清算業務支援の了承を得る。

12月末の従業員解雇、解散に向け、9月末に従業員説明会を弁護士同席で行い、また、10月より取引先への訪問および説明を予定しているとのことだった。

急ぎ、清算スケジュールと各専門家のタスク一覧をフェアコンサルティングドイツオフィスで作成した。

4 従業員説明会の開催 （20K1年9月末）

日本K株式会社より、弁護士立ち会いのもと、K GmbHで従業員説明会を開催したとの報告を受ける。

解散に伴い解雇する現地従業員7名に対し、雇用契約解除期間を鑑み、必要月数×月額給与を支払うこととする。

業績がかんばしくないことには従業員も気づいており、K GmbHの清算を

うすうす感づいていたようだったとのことだった。

5 従業員の解雇、各種契約の整理、棚卸資産・固定資産の棚卸 (20K1年12月)

　予定どおり、12月末で一部清算業務を手伝う従業員を除き、全員解雇した。

　K GmbHが有する各種契約（取引先や仕入先等との契約など）の棚卸を行い、契約解除条件の整理（解約期間や解約方法など）。順次、解約手続を開始した。また、棚卸資産および固定資産の棚卸を行い、処分方針を決定した。

6 解散の決議（有限会社法60条）(20K1年12月末)

　K GmbHの解散決議を行った。あわせて清算人の任命も行う。清算人は、K GmbHの代表者で、日本K株式会社の役員が務めることとなった。なお、清算人がドイツ現地に常駐する必要はなく、解散後数カ月で帰国することが多い。

　ドイツ人弁護士に依頼し、K GmbHの解散および清算人の登記をし、公告を行う（有限会社法65条）。

7 資産の換価処分および負債の整理 (20K2年1月)

　K GmbHが有する棚卸資産をグループ会社へ売却するとともに、換価処分ができない固定資産などは、廃棄業者に廃棄を依頼する。なお、廃棄にあたっては、廃棄証明や写真等の保存を徹底した。

　PCなどの資産については、情報漏洩等につながるおそれがあるため、現地のIT関連の業者にデータの消去とともに廃棄処理を依頼する。

　そのほか、負債の整理などを行い、親会社への債務を除き、資産の現金化、債務の弁済をしていくこととした。

8 駐在員の帰任および事務所の閉鎖 (20K2年3月)

棚卸資産や固定資産の処分も完了し、残るは債権回収や残債の返済などの

事務手続のみとなったため、清算人および清算事務を手伝ってきた駐在員を帰任させた。

　事務所閉鎖にあたり、保存が必要な帳簿書類等は税理士事務所に送るとともに、その他の書類は日本本社に郵送した。さらに、K GmbHの本店住所をフェアコンサルティングドイツ事務所の入居するオフィスに変更し、以降、当局からの郵便物などを当社で管理できるよう手配を行った。

　個人情報については、欧州GDPR（General Data Protection Regulation：一般データ保護規則）により厳格に個人情報保護のルールが決められおり、管理も大変であることから、廃棄および保管については、弁護士からの助言をもとにK GmbHで精査した。

9　解散事業年度の決算書作成および税務申告（20K2年 4 月）

　ドイツ人税理士に依頼し、解散事業年度の法定決算書を作成するとともに、同事業年度の税務申告書を作成、提出した。

　解散前から解散後数カ月、フェアコンサルティングドイツオフィスが主催者となり、日本K株式会社、ドイツ人弁護士、ドイツ人税理士に対して定期的な状況共有ミーティングをWebで行い、おおむね資産負債の整理、契約等の整理が完了した。

10　余剰資金の送金、租税協定による免除のための申請（20K3年 2 月）

　解散の公告から 1 年が経過し、剰余資金の送金等が可能となった。租税債務を除き残余財産も確定していることから、余剰資金を日本へ送金した。また、二つの銀行口座のうち一つの銀行口座を閉鎖した。

　清算配当として、ドイツにおいて源泉税がかからないよう事前に日独租税協定による免除を受けるための申請書を提出し、免除の証明書を入手した。

11　清算期間中の税務申告（20K3年 5 月）

清算期間中の法定決算書の作成および確定申告を行った。

12 　納税額の通知（20K3年10月）

　税務当局より、K GmbHの清算年度の税額査定通知を受領し、租税債務が確定した。過去の税務調整の内容やVATの関係等で、税務当局と折衝を行う必要等があり、査定までには時間を要した。

13 　残余財産の送金、銀行口座の閉鎖（20K3年11月）

　残余資金を日本本社へ送金し、銀行口座の閉鎖を行った。

14 　清算結了（20K3年11月）

　ドイツ弁護士に依頼し、K GmbHの清算結了登記を行った。なお、清算人が来独することは不要で、登記申請書等の必要書類を日本で準備し、郵送することで対応した。

　その後、約2カ月弱で、清算登記が完了した。あわせて、各市町村に行っていた営業届についても抹消手続を行った。

　ドイツでは10年間の帳簿書類の保存義務があり、日本本社に資料をまとめて送付、保存する企業もあれば、有料の外部ストレージサービスをドイツで契約し、そこで保管する企業もある。

撤退実務等のＱ＆Ａ

本Chapterでは、現地法人の撤退や運営についてお客様や金融機関から寄せられる質問を、Ｑ＆Ａ形式でわかりやすく解説しました。なかでも、撤退の相談が多い中国、香港、インドネシア、タイについては、各国・地域の実務についてまとめています。

1 撤退の検討の進め方

Q 1 　現地法人等の撤退にはどのような方法がありますか

Answer ▶▶▶

本書では、現地法人等の撤退を以下のように定義しています。

① 現地法人等の清算

② 現地法人の売却

③ 駐在員事務所・支店の閉鎖

すなわち、現地法人等が所在する国・地域での事業を停止することであり、①は現地法人を清算して撤退、②は現地法人の場合、現地法人の株式（持分）を第三者に譲渡して撤退、③は支店、駐在員事務所を閉鎖して撤退、となります。

Q 2 　いつ、どのような基準で撤退を決めるべきですか

Answer ▶▶▶

現地法人の撤退には費用と時間がかかります。また、海外では一般的に、日本の法的処理のような破産や民事再生といった破産、再生手法を外資系中小企業では申請できず、2.Q1で述べるように業績が悪化している現地法人の場合、現地法人が負う第三者に対する債務を、日本本社が肩代わりして支援する必要があるのが一般的です。

加えて、退職金（経済補償金等）や税務調査により判明する未払いの債務・税金の支払等、当初想定するより日本本社の費用負担が増加する傾向が

あります。したがって、まず何より、資金的、時間的に余裕が残されているうちに撤退を決定することが肝要です。

　もし、日本本社の取締役会において、現地法人の撤退基準が定められていれば、この基準に従って意思決定しますが、撤退基準を定めていない日本の中小企業は非常に多く、このような場合は、次のような基準を定め、撤退を意思決定することとなります。

Q 3　戦略的撤退とはどのような撤退ですか

Answer ▶▶▶

　「戦略的撤退」とは、「進出準備段階から、撤退の条件を想定し、準備しておく」撤退を指します。

　現地法人進出計画の多くは非常に力が入った、熱意あふれる進出計画が立案されます。しかし、このような進出であるほど、どのような状況に現地法人が至った場合、撤退を決定するのか、たとえば、業績が悪化した場合（Chapter 5(6)次世代現地法人のための仕組づくり③参照）や本社の事業ポートフォリオを勘案したうえで、現地法人が今後の戦略的事業の対象外、かつ、現地法人の企業価値（業績）が拡大している場合といった、現地法人の撤退検討の条件がほとんど検討されず、取決めされないまま、進出を決定している企業が多いようにみられます。

　進出時にこのような取決めは、「進出に水を差す」といわれてしまうからかもしれません。

　しかし、これまで、弊社が撤退案件を支援してきた案件では、「現地法人の撤退の検討、決定のルール、規定が取り決められていない」ために、「どうなったら、どのような状況に至った場合、撤退の検討をするのか」の道しるべがないために、ズルズルと業績悪化の現地法人の経営を続ける、これまで現地法人につぎ込んだ投資、費用をなんとか回収するために現地法人の経営を継続する、元上司が設立を決定した現地法人の撤退を決められない、と

いった事例が非常に多くありました。

　また、思い入れがあり、愛着がある現地法人と現地従業員であるならば、現地法人の成長がいっそう見込め、現地法人への資金等の資源投下が可能な買い手へ、現地法人の価値が高いまたは残っている段階で売却することは、非常に有意義なことです。

　逆に、適切な投資が行われないばかりに、もし将来、現地法人が赤字企業に転落してしまった場合、運よく買い手が見つかったとしても、現地法人は再生企業として扱われ企業価値は低く、現地従業員は人員削減や給与が上がらない状況になる可能性が高まります。

　このため、進出準備段階から、現地法人の撤退の条件を明確に定めておくことが重要です。そのうえで、必要に応じ、経営環境と事業の変遷とともに撤退の条件を見直しながら、「どうすれば現地法人、現地従業員、そして日本本社の皆が幸せになれるのか」を検討し続けることが、戦略的撤退のポイントです。

Q 4 金融機関の支店の営業担当者です。現地法人の業況がわからない取引先があります。どのように状況理解を進めていけばよいですか

Answer ▶ ▶ ▶

　まずは、対象となる現地法人の情報を入手しましょう。

　取引先である日本本社の決算書、税務申告書（別表17(3)、(4)に現地法人に関する情報が掲載されています）を入手し、現地法人と日本本社との取引内容、規模について把握しましょう。

　そのうえで、取引先の日本本社に対して「ご支援したいので、現地法人の監査済財務諸表を開示してほしい」と申入れします。

　どの国・地域の現地法人でも、税務申告のために決算書を作成しています。また、一部の国を除いて外資系企業は会計書類の監査を受けることが義

務づけられています。監査済財務諸表を日本本社から入手することで、より信頼性が高い決算数値を把握することができます。

監査済財務諸表は、多くの場合、現地語や英語で作成されています。貸借対照表、損益計算書、株主資本等変動計算書といった構成は、日本の決算書とは変わりませんが、各計算書内の勘定科目の順序、構成が日本の決算書とは異なることが多いです。英語の勘定科目を読み解きながら現地法人の実態把握、特に日本本社や他のグループ会社との間での商流と親子・グループ会社間貸付の把握に努めましょう。

特に、親子・グループ会社間の貸借において、貸付金額と借入金額が、貸付側と借入側の決算書上で一致しているか、グループ内の商流がこれまで日本本社からヒアリングしていた内容と一致するか等を確認し、理解を進めましょう。

日本本社の社長も「何かしら手伝ってくれるんだ」と意気込みを感じてくれれば、現地法人の財務諸表等の開示に応じてくれるでしょう。そのためには、現地法人のホームページや、日本本社決算書で初期的に現地法人について調べ、どのような現地法人なのか、日本本社との関係・商取引の内容を理解し、そのうえで、何が現地法人の課題なのか、ビジネスのトレンドはどうなのか、といった情報とその分析が重要になってきます。

Q 5 金融機関の営業担当者です。実態把握のため、現地法人の月次試算表を入手したいのですが、日本本社から「現地法人は月次試算表を作成していない」といわれました。本当ですか

Answer ▶ ▶ ▶

多くの国・地域では、日本と異なり、法人税や付加価値税の毎月の税務申告を法人に義務づけており、申告時に前月の月次試算表の提出も求められています。したがって、現地法人において月次試算表は毎月作成され、税務当局に提出されているのが一般的です。現地法人の所在国の申告制度を調べた

うえで、月次試算表の開示を日本本社に依頼しましょう。

なお、まれに、現地法人が日本本社に対して「月次試算表は作成していない」と、虚偽の報告を行っていることもありえます。現地法人の所在国・地域の納税制度を調べたうえで、日本本社に対し、月次試算表が作成されているはずであることを説明し開示を要請しましょう。

Q 6 金融機関の審査担当者です。現地法人の経営が悪化している取引先があります。どのような分析で現地法人の再生可否を判断できますか

Answer ▶▶▶

1. Q4の支店の営業担当者の項目でも記載しましたが、まずは日本本社と現地法人（すべての現地法人が望ましい）の監査済財務諸表を入手し、商流、グループ企業間での債権債務について把握をしましょう。

すべての現地法人を対象とするのは、日本本社と対象の現地法人のみの決算書だけでは、当該現地法人と他の現地法人との間での債権債務や商流の確認を完全に行うことができず、グループ全体、調査対象の現地法人の正確な状況が理解できないためです。

弊社の経験では、中小企業では、日本本社と現地法人との間での貸借の金額が、同一決算日の法人同士の間でも完全一致することは少なく、また経営が悪化している現地法人ほど、親子ローンや商取引債権債務額が一致しない、法律で定められた退職給付引当が行われていない、といった決算書の傾向があります。

ただし、国・地域によっては中国のように決算日が12月31日に全企業統一で定められていて、日本本社の決算日と同一に設定できない国・地域がある場合や、会計処理が日本とは異なる等の違いがあり、分析・把握の際には、注意を払う必要があります。

A **nswer** ▶▶▶

弊社に、金融機関からよく受ける相談の一つです。

このような場合、日本本社の社長も、財務的に現地法人の経営が苦しいことは理解できていると思われますが、現地法人の進出経緯や株主への説明、何より社長自身に問われる経営責任の面から、撤退の意思決定がむずかしいのが実態です。ただ、これまで指摘したとおり、経営が悪化した現地法人を放置しておいても悪化の一途をたどるのが通常で、再生を目指すにせよ、撤退するにせよ、早急に対応することが重要です。

日本本社の社長、現地法人の社長に現状を正しく、客観的に理解していただくためにも、利害関係のない第三者による現地法人のデューデリジェンス（以下「DD」）（6.Q4）を行い、まず実態把握を行う必要があることを説明しましょう。

DDは、現地法人の経営支援を続けるにせよ、撤退を判断するにせよ、日本本社、現地法人、金融機関の全員が現地法人の状況を正確に理解するために必要な「現地法人版　人間ドック」といえます。

日本本社の社長には「撤退前提でなく、金融機関が支援の継続を検討するためにも、現地法人の現状を正しく理解しましょう」との説明を丁寧に行い、DDの調査内容を明確に絞り、DDを実施することを日本本社に説明し、了解を得ることが第一歩です。

なお、DD実施の際は、現地法人をいたずらに刺激しないためにも、「金融機関が支援継続検討のために要請したDD」との立場を明確にし、現地法人の協力を得られるよう、金融機関としても後押しすることが重要です。

Q 8　現地法人の撤退において、日本本社は何をしたらよいですか

Answer ▶▶▶

　長期間にわたるうえ、現地各国・地域のルールや慣習によりスケジュールが想定しにくい現地法人の撤退は、現地法人側だけでは遂行できません。

　現地法人の撤退において、日本本社は現地法人の駐在員にのみ任せず、率先して、撤退を主体的に進める役割を担う必要があります。

　具体的には、撤退のための条件の洗い出し、検討と決定、スケジュールの立案・管理、必要な資金の調達、撤退にあたっての現地法人の人的・金銭的支援、金融機関（必要に応じて取引先）との交渉窓口、そして意思決定です。

　現地法人では、駐在員は情報管理に注意を払ったうえで、手探りで撤退の検討、対応を進めていく必要があります。従業員との間での退職金・経済補償金の交渉、納入先との間での撤退に際しての供給・サービス提供責任の条件交渉、事業終了のためのスケジュール立案と資産、負債の整理等の問題にも対処しなくてはなりません。前向きではない「撤退」というプロジェクトは、駐在員に精神面で大きな負担となります。

　こうしたなかで、日本本社は現地法人の状況、意見を取り入れながら、ぶれずに意思決定を行い、決定事項を現地法人に丁寧に説明しながら、これまでよりもいっそう現地法人に寄り添い、マラソンのような長い撤退手続に寄り添うことが必要です。

　資金面では、日本での常識に固執せず、特に退職金においては、従業員との交渉が長期化、泥沼化しないような金額を手当し、条件を小出しにせず、迅速に意思決定をしましょう。

　また、日本本社側で行うことができる業務、書類作成等は積極的に日本本社側で行い、現地法人側を支援するようにしましょう。

　撤退は、長期にわたるのが一般的なうえ、スケジュール・プロセスが想定しにくく、さまざまな利害関係者・意見が存在する難易度が高いプロジェク

トです。

　日本本社は、駐在員・従業員（ヒト）の負担を緩和する手立てをとり、時間（トキ）、資金（カネ）をできるだけ抑えながら、撤退を１日でも早く完了できることを目標に取り組む必要があります。

Q9 取引金融機関に対しては、いつ、どのように現地法人の撤退について相談したらよいですか

Ａnswer ▶▶▶

　現地法人の業況が悪く、自社での改善がむずかしいかもしれないと判断した場合や、現地法人の報告内容が理解できない、あるいは虚偽の可能性があると判断するような場合で、日本本社の財務内容に悪影響を及ぼす可能性があるなら、すみやかにメインバンクに相談することを勧めます。

　その理由は、業績回復の見込みが立たないなか、手をこまねいていては時間だけが過ぎていき、現地法人の業績、財務内容はいっそう悪化していくことが一般的であるからです。早期にメインバンクのアドバイスを受けることができれば、状況に応じて資金繰りの支援や適切なコンサルティング会社の紹介を受けるといった選択肢が広がります。

　業況が悪化している現地法人の実態をメインバンクに明らかにしたくない気持ちは理解しますが、現地法人を含めた海外事案は、いっそう悪化してからメインバンクに相談しても、報告が遅れたことにより「事実を隠された」とメインバンクに疑念をもたれ、今後の日本本社での金融機関取引に悪影響を及ぼしかねません。日本本社を守る、現地法人と現地従業員のためにも早急にメインバンクに正直に報告、相談しましょう。

2 清　算

Q 1 現地法人清算の場合の注意点を教えてください

Answer ▶▶

　多くの国・地域では、現地法人が債務超過の場合の清算が実務上、認められていません。

　債務超過にある現地法人の清算では、従業員への未払いの給与、退職金、有給休暇の買取り分等の労働債務、法人税、関税、付加価値税（消費税）、印紙税等の税金、仕入れに係る債務、金融機関からの借入れ等の債務全額を清算・支払を行ったうえで、資産超過の法人にして清算手続を行う必要があります。

　このため、現地法人の清算に際して、債権放棄に合意している株主または出資者からの借入金を除いた現地法人の債務全額を、現地法人の株主または出資者（通常は親会社である日本本社）が、増資または貸付により全額支援することが一般的です。

　また、債務超過の現地法人の清算においては、日本本社は現地法人への貸付金を回収できないうえ、現地法人が支払う必要がある債務の肩代わりを行うため、資金負担が非常に重いものになり、日本本社の財務、金融機関取引にも悪影響を与えることが懸念されます（4. Q 3）。

Q 2 現地法人の清算のおおよそのプロセスを教えてください

Answer ►►►

　現地法人の清算の場合、国・地域や業種、保有するライセンスにより前後しますが、いずれの国・地域でもおおむねプロセスは次のとおりです（図表3-1）。

　また、国・地域によって異なりますが、清算決議から清算完了登記まで、2〜3年程度かかるのが一般的で、企業規模や管理状況によっては3年以上かかるケースもあります。

図表3-1　一般的な現地法人の清算プロセス

出典：フェアコンサルティング作成

撤退の是非の検討、スケジュール検討、費用の試算 → 撤退の意思決定 → 売却の可否の検討（→売却の場合は売却プロセスへ6・Q1） → 清算・売却の準備（在庫の積増し、債権債務の整理、先行した資産売却、赴任者の削減） → 従業員への通知 → 取引先への相談、通知 → 資産売却 → 従業員の解雇 → 取引の整理、移管 → 清算決議 → 清算手続 → 清算完了

Q 3 現地法人の清算において必要な手続を教えてください

Answer ►►►

　現地法人の資本構成や業種、また保有するライセンス、国・地域ごとの制度によって異なりますが、現地法人の清算において必要な手続は、一般に次のとおりです。

① 清算の準備

　—事業の停止の準備

　—事業の停止、従業員の解雇

　—債権債務の整理（資産の現金化、債務の支払、賃借の場合、工場等の返還）

② 清算決議

③ 清算手続

　—ライセンス等の抹消手続

　—社会保険・年金積立金等の精算、抹消

　—不動産を保有している場合は不動産の売却

　—税務抹消の申請、税務調査、税務調査の結果受領、追加納税（必要があれば）

　—残余財産の配当・送金

　—銀行口座の閉鎖

④ 清算完了

⑤ 清算完了登記

　この際、従業員の解雇手続、退職金に関する交渉、税務当局による税務調査と清算のための税務申告、国・地域と業種によっては事業ライセンスの返却等の手続があります。

　清算にかかる期間は、事業の停止の準備に3〜6カ月、清算決議から清算完了まで順調に進んで2〜3年程度かかるのが一般的ですが、国・地域、清算の方法によりスケジュールに差があります。なお、Chapter 2において、中国、香港、インドネシア、タイの撤退事例を掲載しています。

Q　4 現地法人清算のかわりに、休眠にすることはできないのですか

Answer ▶▶▶

海外では、日本でいうところの法人の「休眠」という法制度がない国・地

域があります。このため、たとえば中国、タイでは休眠制度がなく休眠ができないため、事業を実体的に停止したとしても、毎月の税務申告、監査、年度決算等が必要になります。一方で、インドネシアでは法人を休眠させることが可能です。

このように、国・地域ごとに制度が異なり、休眠を検討している場合は現地法人に関する法制度等を調べる必要があります。

Q 5 撤退において労務における注意点を教えてください

nswer ▶▶▶

労務、具体的には従業員との労働契約の処理、退職金（経済補償金、長期服務金、勤続功労金、損失補償、送別金等、国・地域ごとの制度により種別、名称が異なります）の算出・支給、有休暇給未消化分の買取りの算出・支給、従業員への説明と交渉は、撤退において非常に重要な実務で、しっかり事前準備をして臨む必要があります。

まずは、すべての労働契約書の原本を確認し、契約書の内容を正確に把握しましょう。次いで労働条件（給与額、手当額、有給日数等）を確認し、整理します。給与額は、特に新興国においては毎年の給与改定が一般的であり、労働契約書に記載の金額より上昇していることが多く注意が必要です。

退職金（経済補償金、長期服務金等）の試算のためには、解雇予定日時点での正確な労働条件（給与額、時間外を含めた手当額、勤続年数等）を確認しておく必要があります。そのうえで、国・地域ごとに定められている計算方法にのっとり、予定している解雇日を基準として退職金額を試算しましょう。

また、国・地域によっては未消化の有給休暇を企業が買取精算する必要があります。このため、正確な休暇の残日数を毎月確認しておくことが重要です。現地法人においては、有給休暇の残日数の把握が行われていない、従業員からの有給休暇の消化申告のみ記録し、企業側で履歴・日数の記録を残していない、という例も散見されます。

なお、有給休暇の残日数の買取精算では、残日数（時間）にかける「１日（１時間）当り単価」を、「月額給与の額面額」とするか、「諸手当・残業代が含まれた金額」とするか、といった地域ルールが存在する場合があります。専門家に確認しましょう。

　そのうえで、全体の清算までのスケジュールを立て、従業員説明会を行います（事例はChapter 2を参照）。

　売却の場合、譲渡日までの退職金、有給休暇の残日数の買取額を譲渡対価から差し引くことで、売り手が負担することが多いようです。退職金や有給休暇の残日数の買取額などをどの程度を売り手が負担するのかは買い手との交渉によります。

　なお、もし労働契約書が一部が見つからない、保管されていない場合や、労働係争・仲裁が発生している、または発生する可能性が高い場合や産休・育休中の従業員がいる場合などは、条件によっては現地法人の清算を行うことができないことがあります。清算スケジュールに大きな影響が出るため、事前に専門家に相談しましょう。

 撤退において税務における注意点を教えてください

Answer ▶▶▶

　海外でも多くの税金が企業経営にかかわります。法人税、付加価値税、印紙税、関税、日本ではなじみがない外国契約者税等があります。加えて、従業員の個人所得税や社会保険、年金、住宅積立金等の申告・源泉徴収代行も企業が行う国・地域も多くあります。

　撤退時は、税務当局側が企業から税金を徴収できる最後の機会であるため、撤退時の税務調査は非常に厳しく実施され、脱税と認定されると国・地域によっては設立時点までさかのぼって税務調査が実査される場合があります。このため、撤退が決定した時点で、専門家に依頼して撤退において必要となる納税額等把握のための自社でのデューデリジェンス（以下「DD」、

6.Q4参照）を行い、撤退手続において発生する税額等について事前に金額を把握する必要があります。

　もしこの税務DDを行わず清算手続に入り、清算時の追加納税額が不足した場合、国・地域によっては清算法人の清算決議後は増資、借入れができないため、清算手続が停止してしまうおそれがあります。

　また、税務調査が入っている状態で現地法人の売却をする場合は、売却代金の交渉時において、正確な追加納税額が把握できないことから、買い手との交渉が停止する、売却金額が合意に至らず破談する、または、将来の支出のリスクを織り込んだ想定追加納税額等を差し引かれ、低い企業評価額での売却となる等、売り手にとって不利な状況が想定されます。

　加えて、国・地域によっては、税務調査開始決定から調査結果の通知までに1年、調査結果通知後に税務当局への説明や交渉が開始されるといった、調査・追加納税完了までの時間が非常に長期にわたるのが撤退時の税務調査です。海外では時間が非常にかかる、ということを頭に入れておくことが必須です。

　このような事態に陥らないためにも、リスクの把握とともに、常日頃から期限を守った適切な税務申告、納税を行えるよう、現地法人を運営し続けておくことが肝要です。

Q 7　撤退検討時に注意すべき検討事項を教えてください

Answer ▶▶▶

　撤退の検討時に注意すべき事項は、これまで述べてきた労務、税務の点に加えて、いくつかポイントがあります。

　製造業の場合は、納入先への供給責任にどう対応するかが大きなポイントです。まず、納入先との間で締結している取引基本契約書（または納入契約書）をすべて確認しましょう。

　取引基本契約書において、事業の停止、撤退、譲渡の場合にとるべき手続

について定められているのが一般的で、特に自動車部品製造業においては４M（よんえむ）と呼ばれる製造工場、設備、製造方法に関する管理制度があり、事業の停止等の１年前に納入先に事前告知すること、といったルールが定められています。

　過去の事例では、「清算前に向こう１年間分の在庫を用意し、納入先に分割納品するよう」指示を受けた例もあり、撤退スケジュールにも大きく影響を与えます。

　設備製造業の場合では、撤退後の保証、アフターサービスが課題となり、それぞれの対応の際に作業者の入国方法、ビザ、就労許可の取得、納税についても検討が必要です。

　小売・飲食業の場合は、店舗の原状復帰の必要条件、退去時期と保証金返還のタイミング、在庫処分の方法について注意が必要です。

　また、日本人駐在員のビザ・就労許可ですが、清算決議後は取消し、申請の手続が行えなくなるのが一般的です。このため、日本人駐在員が撤退手続において必要な期間を十分カバーできるビザ・就労許可期間が残っているか、まず確認しましょう。組織再編に伴う法人清算等においては、ビザ・就労許可の取消し、再編後の統合法人の再申請手続までをスケジュールに入れておきましょう。

 Q　8　　清算の場合、工場等の賃貸借契約を解約するタイミングはいつになりますか

Ａnswer ▶▶▶

　一般的には、事業の終了後、設備等の撤去、現状復帰のうえ、賃貸借契約を解除することが多いようです。ただし、国・地域によっては清算期間中であっても、事務所を構える必要があります。

Q 9 清算手続中、日本人駐在員はずっと滞在していないとい
けませんか

 nswer ▶▶▶

　清算決議後は、清算人は日本本社役員や元駐在員が務めるものの、日本人
駐在員は当該国・地域に常駐することはなく、コンサルティング会社や会計
事務所に、清算支援に関する契約に基づき実務を依頼し、状況によって印章
や銀行取引のためのトークン（暗証番号発生器）を預けることもあります。

　清算決議の前までに行う必要がある、事業の終了（閉鎖）にあたっての取
引先や仕入先との交渉、製品やサービスの提供完了、事業の終了、店舗・工
場等を賃借している場合は賃貸人との交渉、清算中の登記住所の確保、従業
員の解雇、事業終了後の資産の現金化、債権の回収、債務の支払完了まで
は、日本人駐在員が対応し、完了させる必要があります。

 Q 10 日本人駐在員の帰任時期について教えてください

 nswer ▶▶▶

　日本人駐在員は、2. Q 9 に記載した、清算決議の前までの、清算・事業
終了の準備、取引先や仕入先との交渉、事業の終了、店舗・工場等を賃借し
ている場合は返却、清算中の登記住所の確保、事業終了後の資産の現金化、
債権の回収、債務の支払完了までを行い、清算決議後の清算実務をコンサル
ティング会社、会計事務所に委託した後、帰国することが一般的です。

Q 11 清算手続中、清算後の現地法人に関係する書類は、どこで、いつまで保管したらよいですか

Answer ▶▶▶

清算手続中においては、現地法人の登記住所またはレンタル倉庫や外部ストレージサービスにおいて、定められた書類を保管する必要があります。税務当局等からの質問に対応する場合など書類が必要になるため、書類の一覧を作成するなどどこにどの書類が保管されているか明確にし、保管しましょう。

清算完了後は、当該国・地域が定める一定期間、対象書類を保管する必要があります。この場合、日本本社に全書類を返送し保管する、当該国・地域でのレンタル倉庫を継続利用して必要期間保管する等、対応は企業ごとに異なります。国・地域・書類によっては永久保存を求められる場合がありますので、安易に廃棄等せず、よく調べて保管、廃棄を行いましょう。

Q 12 現地従業員に対する現地法人撤退の説明は、いつ、どのように行ったらよいですか

Answer ▶▶▶

現地法人において従業員説明会を行い、従業員に対して説明等を行うことが一般的です。

清算の場合、現地従業員説明会に同席してもらう弁護士と検討をし、開催日時、場所、日本本社からの参加者、従業員への説明の内容・条件を決定します。必要に応じて、地元の組合上部団体の幹部、地元の市や区の幹部に出席してもらうことも、スムーズに従業員説明会を進める方法の一つです。

売却の場合には、現地法人の株式（持分）譲渡の最終契約書締結後に行われます。このため、現地法人の買い手と調整のうえ、日時調整、買い手から

の出席者、買い手代表者からの挨拶の内容を決める必要があります。

　従業員説明会の開催にあたっては、日時、場所、必ず全従業員が出席することを現地従業員幹部（工場長、組合長等）を通じて開催を告げます。開催の通知の際、会社内の従業員向け掲示板にも掲載が必要なことが通例です。

　経験上、現地法人の清算、売却に関する従業員説明会では、特に業績が悪化した現地法人おいて、現地従業員はうすうす「何かあるに違いない」と頭の片隅で理解していることが多いようです。このため、多くの場合では、現地従業員への説明会中に泣き叫んだりといった阿鼻叫喚の事態になるというよりは、現地従業員は解雇される覚悟とそれに対する準備がなされているため、退職金や有給残日数の買取り・買取単価（日給）の算定方法等の交渉が具体的かつハードに行われます。

　清算、売却のいずれの場合も、機関決定や契約締結が完了したら、時間をおかずに従業員説明会を行うよう準備をし、誠実に説明することが重要です。

 13　日本人駐在員に対する現地法人撤退の説明は、いつ、どのように行ったらよいですか

A nswer ▶▶▶

　日本人駐在員が複数名現地法人に赴任している場合、まずは現地法人の責任者、現地法人社長の職にある赴任者へ伝えるのが一般的です。現地法人の責任者である赴任者に、撤退を決定した理由、スケジュール案、今後の課題について伝え、他の日本人赴任者を含めた今後の説明順序、実務上の課題とスケジュール等について検討を進めます。

　大枠の検討を進めた後、撤退にあたっての実務検討に着手する段階においては、各部門の責任者となっている日本人駐在員へ、撤退の決定と今後のスケジュール案、早急に検討を依頼したい実務上の課題を伝えます。

　日本人駐在員の配偶者が、現地従業員や日本国籍をもたない方の場合もあ

ります。このような日本人駐在員の場合、ご家族の都合も含めて日本人駐在員の負担は重くなります。撤退の情報を伝えるタイミング、順序、伝え方をよく検討する必要があります。

また、企業によっては、情報を開示するつど、日本人駐在員・現地従業員から秘密保持の誓約書を提出してもらうこともあります。

 取引先や仕入先に対する現地法人撤退の説明は、いつ、どのように行ったらよいですか

Answer ►►►

撤退の検討を開始するにあたり、特に製造業においては、まずは大口の取引先（納入先）との間で締結している取引基本契約書を確認しましょう。

取引基本契約書には、供給責任に関する条項があり、その条項で納入停止、事業停止の場合の条項を定めているのが一般的です。具体的には、「納入停止、事業停止の1年前（半年前）までに納入先に通知すること」「最終納入日から向こう1年分の在庫を積み増しすること」等の条件が定められており、まずは取引基本契約書の確認が必要です（2. Q 7 参照）。

特に、自動車部品の製造を行っている現地法人においては、撤退が納入先が定める4Mの変更手続に該当します。したがって、製造業では、日本本社が現地法人撤退を決定しても、納入先への報告と了承、在庫の積み増し等の交渉により、撤退の実際の時期は大きく影響を受け、スケジュールが後ろ倒しとなることが多いです。

また、清算、売却いずれの場合にも、取引基本契約書や4Mの定めに従って各取引先への報告、手続が必要です。

なお、取引基本契約書は現地法人が締結したものと、日本本社も契約当事者として締結した場合もあるため、日本本社でも確認しましょう。

15 日本本社株主、役員OBには、現地法人の撤退をどのように説明したらよいですか

Answer ▶▶▷

　撤退する現地法人の設立責任者や当時の社長が、日本本社の役員OBや株主に名を連ねている、ということはよくあることです。また、それゆえに、現地法人の撤退の意思決定がなかなかできない、どう説明したらよいか困っている、という事例もありました。

　結論からいえば、日本本社の取締役会として、現状と収集した情報に基づいて意思決定を行い、必要な場合は役員OB等に説明する、という一般的な流れに沿って進めることです。また説明の際には、現状の経営状況、企業調査（DD）を実施しているのであれば、報告書を提示することも一つの方法です。

　問題は、役員OBが現地法人の代表者や顧問として実権を握っている場合です。場合によっては、現地法人の経営実態をブラックボックス化させ、日本本社が是非を判別できない取引やルールをつくりあげている、または「ここは日本とは違う！　現地ではこのルールだ！」などと主張し、正しい説明を日本本社に行わない、それどころかまったく報告もしてこないということもあります。

　このような場合、まずは企業調査（DD）を行い、客観的な事実を理解したうえで、代替案・バックアップ体制を準備のうえ、整え、当該役員OBを現地法人の役員から外すことがまず必要です。

　現地法人の実務を引き継ぐ際には、日本本社から担当役員が出張する、または信頼できるコンサルティング会社に同席してもらう等をしたうえで、印章や許認可証書、金庫や建物の鍵、現預金や帳票、議事録等の必要書類をしっかりと確認しながら引き継ぎましょう。一般的に、退任した役員等は、退任後に連絡がとれなくなることが多いため、事前準備をしっかりしておく必要があります。

3 専門家とのチーム組成

A nswer ▶▶

　清算、売却の場合のいずれも、現地の会計、税務の実務に精通したコンサルティング会社と、現地弁護士が必要となります。

　コンサルティング会社は、多くの撤退実績のあるところが選定の第一条件です。また、代表者1人のほかに現地スタッフがいないコンサルティング会社は避けたほうが望ましいと考えます。これは、撤退では実務を担うスタッフの数がある程度必要なうえ、清算や売却といったデリケートな交渉を行うのに、現地従業員から信頼を得られるのは、日本人などの外国人ではなく現地スタッフであるからです。

　また、日本に本社・オフィスがないコンサルティング会社も避けたほうがよいでしょう。案件によっては、撤退現地法人の日本本社、取引金融機関と調整しながら交渉やプロセスを進めていく必要があります。加えてコンサルティング会社の日本オフィスからのバックアップが案件のスムーズな推進に必要となる場合もあります。撤退案件では、日本本社と連携してのプロジェクトマネジメントが、スムーズな取組みと、トラブル発生時の対応で重要なポイントになります。

　インターネットの検索等でもコンサルティング会社を探すことはできますが、信頼できるコンサルティング会社の紹介を受けるには、取引している金融機関や、現地において付き合い親しくしている日本企業の現地法人の代表者に相談するのがよいでしょう。現地法人の所在国、相談内容により、適切なコンサルティング会社の紹介を受けることができるでしょう。

Answer ▶▶▶

　言語が異なることによるマネジメントの煩雑さ、日本人従業員と異なる気質の現地従業員、日本と異なる商習慣や規制・法令等もあり、現地法人の再生は、日本国内での企業再生よりもいっそうむずかしいのが一般的です。

　また、経営悪化した現地法人は虫歯と一緒で、放置すればするほど悪化し、自然と治ることはなく、放置した場合、日本本社の財務内容、金融機関との取引条件にも悪影響を及ぼします。したがって、撤退も考えざるをえないほど現地法人の経営が悪化した場合は、取引金融機関にも相談のうえ、場合によっては取引金融機関に紹介してもらい、3.Q1で述べたコンサルティング会社、現地弁護士に早期に相談しましょう。

　より早い段階で相談することにより経営改善や今後の検討に役立つ情報が手に入ります。思い入れのある現地法人、現地従業員のためにも、早期にまず相談することが肝要です。

Q | 3 | 日系のコンサルティング会社、会計事務所は、現地のローカルのコンサルティング会社、会計事務所と比べると費用が高額です。当局への支払業務を伴う清算業務を費用が安い現地のコンサルティング会社、会計事務所に任せて大丈夫ですか

Answer ▶▶▶

　このような質問はよく寄せられる質問ですが、現地のコンサルティング会社、会計事務所や、元現地従業員に清算業務を委託して、トラブルに巻き込まれた事例をいくつも相談を受けています。具体的には次のようなものです。

・元現地従業員に清算業務を任せることにし、元現地従業員分の給与と清算

に必要な追加納税分の預金を現地法人の銀行口座に残して清算決議した。その後、いつまで経っても清算完了しないので現地法人の預金残高を確認したところ、元従業員に使い込まれていた。

・元現地従業員と現地法人が事業を行っている頃から委託していた会計事務所に清算業務を委託した。たびたび「清算手続にあたって、未払い（または追加で）支払を当局から求められている」との要請があり、これまで相当額を送金した。「これは何かおかしい」と考え日系コンサルティング会社と現地法人を訪問したところ、会計事務所はすでに倒産しており、元現地従業員とも連絡がとれなくなった。

多くの企業にとって、海外での現地法人の清算業務は初めての経験であり、わからないことばかりでしょう。「コストが安い」という理由のみで清算業務を委託してしまうと、このようなトラブルに巻き込まれ、清算が完了するどころか、追加で大きな金額の持出しが必要になるといったことが高い確率で起こりえます（Chapter 5（3 - 4））。

清算手続において日本からの赴任者を置かない場合は、日本に窓口となるオフィスを置いて（レンタルオフィス以外のオフィス）、現地にもオフィスをもち現地スタッフを抱えている日系コンサルティング会社または会計事務所に委託したほうが、予期せぬトラブルの対応も含めて、結果的に時間と費用を節約できる場合が多いです。

4　費　用

Q 1　撤退に必要な資金の試算方法を教えてください

Answer ▶▶▶

　一般的には、2.Q5と2.Q6に述べた、労務、税務が、撤退に際しての大きな費用となります。注意点は、デューデリジェンス（以下「DD」）を行って必要額を試算しても、撤退の決定が遅れれば遅れるほど、労務、税務の必要額は増加し、場合によっては再度のDDが必要になる場合があるということです。撤退の決定の全体スケジュールをにらみながらDDを行いましょう。また、最近では周辺環境への悪影響に関する費用も拡大しています。具体的には排水、排気、騒音、振動による周辺環境への悪影響に関する対応です。

　ほかに必要な資金として、清算のためコンサルティング会社等へ委託する費用、弁護士費用があります。この費用は規模（従業員数）、撤退の想定される必要手続の期間等によって左右されます。経験豊富なコンサルティング会社を探し、見積を依頼して検討することが必要です。

Q 2　現地法人の現預金残高では、撤退時に必要と試算される金額に足りません。このような場合、撤退時に必要な資金の調達方法を教えてください

Answer ▶▶▶

このような場合、日本本社から現地法人への増資または貸付（親子ローン）

により、現地法人の撤退にあたって必要な資金の支援を行うのが一般的です。

いずれの場合でも、現地法人撤退を想定しての増資、貸付であり、またこれまでに現地法人に出した資本金、貸付の全額が日本本社に返済されないことが一般的なため、現地法人撤退後の日本本社の会計上、税務上の処理も課題となります、日本本社の顧問税理士にも確認しながら、増資または貸付どちらの方法にするか検討しましょう。

また、撤退のための必要資金を日本本社が金融機関からの借入れにより調達する場合、取引金融機関への相談と撤退後の返済を含めた計画づくりが必要となります。取引金融機関と綿密に相談しながら、借入れをしましょう。

 日本本社から現地法人への貸付金（親子ローン）はどうなりますか

Answer ▶▶▶

以下に、①資産超過での清算、②債務超過での清算、③現地法人売却の三つのケースを説明します。

① 資産超過で清算のケース

資産超過で清算するケースでは、現地法人への貸付金は日本本社へ返済される可能性があり、次のような場合に分けることができます。

・「撤退に必要な試算額＜資産・債務を換金性も勘案して時価で評価して算出される時価純資産額」の場合

　→理論上、貸付金は全額返済が可能です。

・「撤退に必要な試算額＞資産・債務を換金性も勘案して時価で評価して算出される時価純資産額」の場合、および「撤退に必要な試算額＜（資産や債務を換金性も勘案して時価で評価して算出される時価純資産額）＋（日本本社からの貸付金）」の場合

　→理論上、貸付金の一部の返済が可能です。

・「撤退に必要な試算額＞（資産・債務を換金性も勘案して時価で評価して算出される時価純資産額）＋（日本本社からの貸付金）」の場合

→撤退に必要な試算額を含めると現地法人は実態債務超過となるため、日本本社からの貸付金は実体的には返済不能が見込まれます。

② 債務超過で清算のケース

債務超過で清算するケースでは、現地法人への貸付金は全額の日本本社への返済は見込めません。

さらには、撤退に必要な資金が追加で必要になることから、多くの場合、日本本社からの貸付金全額は返済不能で、撤退費用の支援のため、日本本社は追加で現地法人に対して融資または増資に応じる必要があるのが一般的です。

③ 現地法人売却の場合

現地法人を売却する場合、日本本社からの貸付金が返済されるかは、現地法人の実態貸借対照表が資産超過かどうか、および買い手との交渉によります。

現地法人の資産・負債を換金性も勘案して時価で評価して算出される実態貸借対照表において資産超過で、買い手との交渉により現地法人への貸付金が全額日本本社に返済されることとなった場合、一般的には、買い手が現地法人に対して、売り手日本本社から借入金を全額肩代わりするかたちで現地法人に融資し、現地法人の譲渡代金の決済日までに、現地法人から売り手の日本本社宛に返済されます。

一方、現地法人が実態債務超過の場合、次のような対応により債権放棄額以外の日本本社からの貸付金残額を日本本社に返済してもらうことが考えられます。

・日本本社からの貸付を、日本本社が全額債権放棄して現地法人の実態債務超過状態を解消し、時価純資産額の金額を売却対価とする。

・実態債務超過額と同額の日本本社からの貸付金を、現地法人に対して日本本社が債権放棄し、「時価純資産額＝0＝現地法人の売却対価」としたうえで、買い手に肩代わりしてもらう。

いずれの場合でも、日本本社での税務検討も必要となり、現地法人の売却スキームと照らし合わせ、日本本社で並行して検討が必要となります。

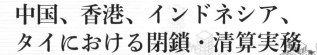

5 中国、香港、インドネシア、タイにおける閉鎖・清算実務

1 中 国

Q 1 現地法人における清算のプロセス、スケジュールを教えてください

Answer ▶▶▶

顧客や事業の内容整理、準備を行ったうえで、清算手続に入りますが、従来の「清算委員会」を立ち上げて清算手続を行う方式と、一定の条件を満たした場合に採用できる「簡易抹消」方式があります。

この「簡易抹消」は新たに設けられた清算手続で、一般的な清算手続で立ち上げることが必要な「清算委員会」を設立せずに清算手続を進めることができます。清算決議も行いません。「簡易抹消」は次のような条件を満たした現地法人であれば選択できます。

・担保権や抵当権が設定されていない

・当該現地法人が期限までに年度報告公示がなされていない

・連絡がとれないといった企業が掲載される「企業経営異常リスト」に掲載されていない

・債権債務の清算が完了している

一般的には、事前の準備において債権回収と債務支払、資産売却を完了している企業が採用可能です。

「清算委員会」方式は、清算完了まで1年から1年半の時間がかかるのが一般的であるなか、「簡易抹消」では税務登記抹消手続が1～2日で完了するなど、半年程度の短期間で清算手続が完了する例も散見されます。

図表3-2　中国政府作成　清算フロー図（企業抹消の手引き日本語訳）

下記の市場主体
・経営活動を未展開、債権債務が未発生で存在しない、または債権債務の清算が完了
・企業の経営異常リスト入りしていない
・持分が凍結されていない
・質権担保、動産抵当が設定されていない

会社登記抹消の提出資料：
1．会社抹消登記申請書
2．株主決議書
3．清算報告書
4．清税証明書
注：企業が税務処理をすべて終えた情報が（登記機関と税務機関との間で）共有されている場合、企業は書面の清税証明書の提出が不要。書面での営業許可証を取得している場合、営業許可証の正本・副本の返却が必要。

税務登記抹消の提出資料：
1．「清税申告書」または「税務抹消登記申請審査許可書」
2．手続担当者の身分証明書
3．法律・行政法規が規定する提出すべきその他の書類
注：税務システム上で実名認証をすでに行っている納税者については、関連する証明書・資料・コピーの提出が免除となる。

社会保険登記抹消の提出資料：
該当する資料（企業等の組織単位の異なる状況に基づく）
注：市場監督管理部門が登記抹消を行った日から30日以内に、社会保険登記機構に社会保険登記抹消を申請する必要がある。

簡易抹消

国家企業信用情報システムにより簡易抹消を公告
（法定の公告期間は20日間）

税務事項を処理したことがない、処理したが発票を未取得（代行発行の発票を含む）、税額（滞納金）および過料の納付漏れがなくかつその他の未処理の税務事項がない納税者については、税務機関での清税証明書の取得が免除される。

市場監督管理部門の審査を経て簡易抹消登記手続を適用しない場合、異常な状態の解消後にあらためて手順に従い簡易抹消登記を申請可能。

誰かが異議申立

いいえ

税関通関単位備案抹消（関係する場合）

企業は国際貿易の「単一窓口」・「インターネット＋税関」・市場監督管理部門と税関につながる政務サービスプラットフォームで抹消申請が可能。

簡易抹消手続中断

はい

注：一般的な清算、簡易抹消の手続であり、地域により手順、流れが異なる。
出典：市場監督管理局　人力資源社会保障部　商務部　税関総署　税関総局による「企業抹消の手引き（2021年改定）」の公布に関する公告
（2021年第48号、2021年12月28日）よりフェアコンサルティング作成
https://gkml.samr.gov.cn/nsjg/djzcj/202112/t20211229_338620.html

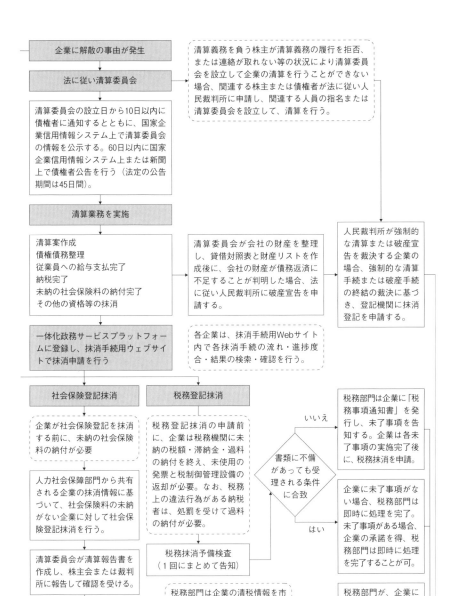

企業に解散の事由が発生

法に従い清算委員会

清算委員会の設立日から10日以内に債権者に通知するとともに、国家企業信用情報システム上で清算委員会の情報を公示する。60日以内に国家企業信用情報システム上または新聞上で債権者公告を行う（法定の公告期間は45日間）。

清算義務を負う株主が清算義務の履行を拒否、または連絡が取れない等の状況により清算委員会を設立して企業の清算を行うことができない場合、関連する株主または債権者が法に従い人民裁判所に申請し、関連する人員の指名または清算委員会を設立して、清算を行う。

清算業務を実施

清算案作成
債権債務整理
従業員への給与支払完了
納税完了
未納の社会保険料の納付完了
その他の資格等の抹消

清算委員会が会社の財産を整理し、貸借対照表と財産リストを作成後に、会社の財産が債務返済に不足することが判明した場合、法に従い人民裁判所に破産宣告を申請する。

人民裁判所が強制的な清算または破産宣告を裁決する企業の場合、強制的な清算手続または破産手続の終結の裁決に基づき、登記機関に抹消登記を申請する。

一体化政務サービスプラットフォームに登録し、抹消手続用ウェブサイトで抹消申請を行う

各企業は、抹消手続用Webサイト内で各抹消手続の流れ・進捗度合・結果の検索・確認を行う。

社会保険登記抹消

税務登記抹消

企業が社会保険登記を抹消する前に、未納の社会保険料の納付が必要

人力社会保障部門から共有される企業の抹消情報に基づいて、社会保険料の未納がない企業に対して社会保険登記抹消を行う。

清算委員会が清算報告書を作成し、株主会または裁判所に報告して確認を受ける。

税務登記抹消の申請前に、企業は税務機関に未納の税額・滞納金・過料の納付を終え、未使用の発票と税制御管理設備の返却が必要。なお、税務上の違法行為がある納税者は、処罰を受けて過料の納付が必要。

税務抹消予備検査
（1回にまとめて告知）

書類に不備があっても受理される条件に合致

いいえ

税務部門は企業に「税務事項通知書」を発行し、未了事項を告知する。企業は各未了事項の実施完了後に、税務抹消を申請。

はい

企業に未了事項がない場合、税務部門は即時に処理を完了。未了事項がある場合、企業の承諾を得、税務部門は即時に処理を完了することが可。

税務部門は企業の清税情報を市場監督管理部門に送付。

税務部門が、企業に清税証明書を発行。

営業許可抹消登記

ただし、「清算委員会」を立ち上げて実施する清算手続も、「簡易抹消」の清算手続も、税関通関単位備案抹消、社会保険登記抹消、税務登記抹消という同一の清算手続内容を行う必要があり、「簡易抹消」は清算手続が省かれるといったことはありません。

　図表3-2は、市場監督管理局　人力資源社会保障部　商務部　税関総署税務総局による「企業抹消の手引き（2021年改定）」の公布に関する公告（2021年第48号、2021年12月28日）から引用したものです。

　実際には、現地法人の状況や地域ごとのローカルルールにより、当局からの指示が異なる可能性があるので、注意が必要です。

Q 2 現地法人の清算の場合の注意点を教えてください

Answer ▶▶▶

　以前に比べ、中国での現地法人の清算手続はオンライン化され、より短期間で清算が可能な「簡易抹消」も制度化されたことにより、短縮化されました。

　ただし、清算手続がスムーズに進むかは、特に税務面での問題がないかが大きなポイントであり、すなわち設立以来、適切な税務申告、納税を行ってきたかによります。

　中国では、脱税とみなされると税務の時効がなくなり、現地法人の設立時点にさかのぼって税務調査が行われます。また、外資系中小企業であっても移転価格の調査が行われるケースもあります。常日頃から、適切な会計処理、税務処理を心がけ、法定監査において毎年、適正意見を得ることが大切です。

Q 3 支店閉鎖の場合の注意点を教えてください

Answer ▶▶▶

中国においては、支店は「分公司」と呼ばれ、分公司は法人の本社（総公司）の一機関として扱われ、一般の有限公司の清算と同じ手続を踏みます。

税務については、企業所得税（法人税）は本社が申告、納付を行うことから税務調査の対象にはならないため、しっかり管理して運営されていれば、比較的時間がかからず税務調査が完了するようです。ただし、分公司で輸出入取引を行っている場合税関での調査が発生するため注意が必要です。

なお、香港については後述しますが、支店の閉鎖では、法人の清算と手続等、大きく違いはなく、登記抹消に似た手続になります。

Q 4 駐在員事務所閉鎖の場合の注意点を教えてください

Answer ▶▶▶

中国においては、駐在員事務所の閉鎖は、法人（有限公司）の清算と手続等、大きく違いはありません。

① 税務登記抹消（1〜2カ月程度）

　→所轄税務局の専管員へ清算税務報告書の必要性を確認

　→会計事務所と清算税務報告書作成に関する打合せ

　→報告書提出後の税務当局での審査（異常がある場合は期間延長、税務調査の可能性があります）

　→全手続完了後に税務登記抹消が可能に

② 外貨管理局登記抹消（10日程度）

③ 市場監督管理局登記抹消（10〜15日）

④ 銀行残高資金移動

⑤ 銀行口座閉鎖（数カ月程度）

5 撤退に際し労務における注意点を教えてください

Answer ▶▶▶

中国での清算にあたっては、従業員との雇用契約を終了させる必要があります。この場合、経済補償金を支払う必要があります（労働契約法第41条）。

基本的な経済補償金の算出方法は「平均月額給与×当該従業員の勤続年数」となり、平均月額給与には、解雇する日の直近12カ月の「基本給」「手当」「賞与」等が加算された金額で計算されるので、注意が必要です（労働契約法第47条）。

法律上では、30日前までに従業員もしくは従業員組合に説明する必要がありますが、実務上では従業員に一定の再就職先探しの時間を与えるため、解散の通知日から労働契約終了日までは一定の期間を設け、経済補償金計算の便宜上、通常、労働契約終了日を月末とする場合が多くとられます。

また、従業員に気持ちよく退職してもらうために、経済補償金に平均月額給与の数カ月分を上乗せしている企業が大半のようです。実際には、現地法人の状況や地域ごとのローカルルール等を考慮する必要がありますので、注意が必要です。

 6 現地法人の清算手続において、銀行残高の送金および口座の閉鎖のタイミングを教えてください

Answer ▶▶▶

中国においては、会社の市場監督管理局登記抹消が完了していると、銀行口座からの出金も簡単には行えないため、注意が必要です。

剰余金を国外に送金する場合、外貨管理局に対して、会計士が行った監査報告書を提出する必要がありますが、最近の中国では、閉鎖後の銀行口座に残った預金の日本本社への送金、銀行口座の閉鎖に時間がかかる傾向があり

ます。

　保有している銀行口座は、一つずつ、順番に口座を閉鎖する必要があり、同時並行で口座の閉鎖ができないため時間がかかります。最後の銀行口座（一般的には中国系銀行に開設されている基本口座。基本口座とは、現金を出金できる唯一の銀行口座を指します）の閉鎖にあたっては法定代表者のパスポートの原本を提示することが必要ですので、注意が必要です。

2　香　　港

　現地法人における清算のプロセス、スケジュールを教えてください

Answer ▶▶▶

　香港における一般的な法人閉鎖手続には、株主による「任意清算」と「登記抹消」があります。

　株主による「任意清算」は、日本でいう会社解散に該当し、法人を消滅する手続となります。所要期間は1〜2年程度かかるため、「登記抹消」と比較して時間と費用がかかりますが、清算が完了すれば、株主および役員の責任がなくなるため、将来に不安を残したくないときにこの手法が採用されます。

　一方、「登記抹消」は、香港法人の登記のみを抹消する手続となります。「任意清算」に比べて簡易的にできるため、短期間で費用を抑えて会社を閉鎖したいときにはこの手法が採用されます。ただし、「登記抹消」完了後も、20年間は債権者等からの不服申立てがあった場合に登記が回復される可能性が残ります。

　「任意清算」「登記抹消」ともに、香港法人が債務超過では申請できないため、増資・デットエクイティスワップ（債務の資本化）または債務免除等によって債務超過を解消しておく必要があります。加えて、「任意清算」また

は「登記抹消」開始までに、資産の換金、債権の回収および債務の支払を行い、資産は預金のみにしておくことが必要となります。

　香港法人を地域統括会社として多数の子会社株式を保有させているケースも多いため、そのような子会社株式に関しては日本法人等の他の法人に譲渡するか、または譲渡対価の支払が不要となる株式配当を実施して資本関係を整理しておく必要があります。

Q2 現地法人の清算の場合の注意点を教えてください

Answer ►►►

　香港において、現地法人の清算手続でのポイントは、タックスクリアランスレター（＝未払いの税金がないことを確認し、清算手続を進めることを承認する旨の税務当局により発行される証明書）をスムーズに入手できるかどうかです。このためには、常日頃から、適切な会計処理および税務処理を心がけ、法定監査において毎年、適正意見を得ることが大切です。

Q3 駐在員事務所閉鎖の場合の注意点を教えてください

Answer ►►►

　香港では、駐在員事務所は法人と異なり会社登記局に登記されない拠点であるため、会社登記局での閉鎖手続はなく、税務局でのBusiness Registration（BR）のキャンセル手続が主な内容になり、数週間で完了します。

Q4 現地法人の清算手続において、銀行残高の送金および口座の閉鎖のタイミングを教えてください

Answer ▸▸▸

　香港においては、中間配当を取締役会決議で行うことができるため、配当可能利益がある場合には、必要な資金を残して、清算開始前に中間配当を行ったうえで閉鎖日を迎えることが一般的です。

　銀行口座の閉鎖は、清算手続において税務当局によるタックスクリアランスレターを入手した段階で最終的な残余財産の金額が確定するため、そのタイミングで残余財産を株主へ送金し、銀行口座を閉鎖することが一般的です。

Q　5　撤退に際し労務における注意点を教えてください

Answer ▸▸▸

　香港での「任意清算」または「登記抹消」にあたっては、従業員の雇用を終了させる必要があります。この場合、会社都合による雇用契約の解除となりますので、基本的には解雇補償金（勤続2年以上の場合）または長期服務金（勤続5年以上の場合）が発生することとなります。

　香港における解雇補償金の計算は、「従業員の月間総賃金×3分の2×従業員の勤続年数」で算定され、従業員の月間総賃金が2万2,500香港ドルを超える場合は2万2,500香港ドルを上限、また、計算式で算出された支給金額が39万香港ドルを超える場合では39万香港ドルを上限とします。勤続年数の長い従業員に関しては多額の追加支出が発生する可能性があるため、あらかじめ解雇補償金の金額を試算しておくことが重要です。

　また、香港では、従業員の年金制度として、会社と従業員がそれぞれ月額給与額の5％分を毎月積み立てる強制積立保険制度（Mandatory Provident Fund、以下「MPF」）があります。会社が従業員を解雇した場合、当該、解雇される従業員のMPF積立金として会社側が負担してきた積立金を、解雇保証金の支払に充てることができます（ただし、解雇補償時のMPFからの充当制度を廃止する政府案が2022年6月に立法会を通過しており、2025年頃には当該制度は廃止される見込みです）。

③ インドネシア

Q 1　駐在員事務所閉鎖の場合の注意点を教えてください

Answer ▶▶▷

　インドネシアにおいては、駐在員事務所の清算は、PT（株式会社）の清算と、手続等に大きく違いはありません。

　ただし、インドネシアで建設事業を行うために設立できる外国建設駐在員事務所（BUJKA）の清算は、ビジネスライセンスの取消しに加え、当該外国建設駐在員事務所がかかわったジョイント・オペーレーション（Joint Operation、以下「JO」）すべてについて、JOごとに個別に税務調査を受ける必要があるため、「複数の現地法人を並行して清算する」のに近く、長期にわたるのが一般的です。

Q 2　支店閉鎖の場合の注意点を教えてください

Answer ▶▶▷

　インドネシアでは、支店の清算は、PT（株式会社）の清算と、手続等に大きく違いはありません。

Q 3　現地法人清算のプロセス、スケジュールを教えてください

Answer ▶▶▷

　顧客や事業の内容整理、準備を行ったうえで、清算手続に入ります。株主総会において清算人を任命し、新聞公告、政府機関への届出、ライセンス

（許認可）の返上、債務の支払、税務調査、清算人の解任と清算結果の報告の株主総会、清算結果の新聞公告、企業登録の抹消申請がおおよその流れになります。

現地法人の清算の場合の注意点を教えてください

Answer ▶▶▶

インドネシアでは、現地法人の清算においてOSS（オンライン・シングル・サブミッション）と呼ばれる、Web上での申請手続がBKPM（投資省）により推奨され、窓口での書類のやりとり等が基本的には行われません。必要な場合はWebミーティング等により、当局との面談等を行います。

また、インドネシアでは、原則として「納税者番号の取消の申請に対し完全な申請を受領した日から法人納税者に対しては12カ月以内に決定を下さなければならない」と決められていますが、これを超過する場合もあり、スケジュール立案には十分注意が必要です。

現地法人の清算手続において、銀行残高の送金および口座の閉鎖のタイミングを教えてください

Answer ▶▶▶

インドネシアにおいては、清算手続において、追加納税が必要な場合は納税を行い、残余財産の配当・送金を行った後、銀行口座閉鎖を行います。

Q 6 撤退に際し労務における注意点を教えてください

Ａ nswer ▶▶▶

　インドネシアでの清算にあたっては、従業員を解雇するにあたり、条件により、①解雇手当、②功労金、③損失補償金、④離職手当からなる退職金の支払が必要です。

　以下に、2020年11月2日に施行された雇用創出法（いわゆるオムニバス法）における、改正労働法の実施規則（Government Regulation No. 35 of 2021 on Definite Employment Agreement, Outsourcing, Working Hours and Breaks and Termination of Employment Relationship（"GR35/2021"））が定める、無期雇用契約の従業員に対する規定を掲載します。

　なお、退職金の額は、退職の理由、適格基準や計算によって異なります。改正労働法および実施規則では、会社の合併・統合による従業員の退職、損失の増加による会社の閉鎖など、一定の場合における退職金を計算するための乗数値（無期雇用契約従業員の退職金の乗数、図表3－5参照）が規定されており、退職理由により定められている各乗数を、各退職金に乗じた金額を支給する必要があります。

① 　解雇手当

　解雇手当は、図表3－3に従って無期雇用契約従業員の雇用期間の年数に基づいて計算されます。

② 　功 労 金

　功労金は、従業員が3年以上にわたって会社に献身したことへの感謝として支給される退職金の一つです（図表3－4）。

③ 　損失補償金

　無期雇用契約の従業員は、次の損失補償金を受領する資格を有します。

・未取得かつ未消滅の年次休暇に対する補償

・従業員およびその家族を従業員が雇用された場所に戻すための費用（該当する場合）

図表3－3　解雇手当

	雇用期間	解雇手当（給与の）
a.	1 年未満	1 カ月分
b.	1 年以上 2 年未満	2 カ月分
c.	2 年以上 3 年未満	3 カ月分
d.	3 年以上 4 年未満	4 カ月分
e.	4 年以上 5 年未満	5 カ月分
f.	5 年以上 6 年未満	6 カ月分
g.	6 年以上 7 年未満	7 カ月分
h.	7 年以上 8 年未満	8 カ月分
i.	8 年以上	9 カ月分

出典：フェアコンサルティング作成

図表3－4　功 労 金

	勤続期間	勤続功労金額（給与の）
a.	3 年未満	なし
b.	3 年以上 6 年未満	2 カ月分
c.	6 年以上 9 年未満	3 カ月分
d.	9 年以上12年未満	4 カ月分
e.	12年以上15年未満	5 カ月分
f.	15年以上18年未満	6 カ月分
g.	18年以上21年未満	7 カ月分
h.	21年以上24年未満	8 カ月分
i.	24年以上	10カ月分

出典：フェアコンサルティング作成

・その他雇用契約、社内規程、または労働協約で合意された事項

④　離職手当

　離職手当は、従業員の行為に基づき特定の退職理由に対してのみ支給される手当です。したがって、離職手当の金額を決定するのは会社に権限があります。離職手当の対象となる退職理由は次のとおりです。

・自己都合の退職

・連続5営業日の欠勤

・雇用契約で規定された重大な違反を犯した場合

・会社に損失を与える罪を犯したとして6カ月超拘禁されている場合、また

図表 3 - 5　無期雇用契約従業員の退職金の乗数

退職理由	乗数			
	解雇手当	功労金	損失補償金	離職手当
会社が合併、統合、分割し、従業員が雇用の継続を望まない場合、または会社が従業員の受入れを望まない場合	1 x	1 x	1 x	－
会社の買収	1 x	1 x	1 x	－
会社による解雇	1 x	1 x	1 x	－
従業員による退職	0.5x	1 x	1 x	－
損失による効率化のため	0.5x	1 x	1 x	－
損失防止による効率化のため	1 x	1 x	1 x	－
損失による事務所閉鎖（2年連続赤字または連続してはいないが2年間赤字計上）	0.5x	1 x	1 x	－
損失が原因ではない事務所閉鎖	1 x	1 x	1 x	－
不可抗力による事務所閉鎖	0.5x	1 x	1 x	－
事務所閉鎖を伴わない不可抗力事由	0.75x	1 x	1 x	－
損失により債務の弁済を停止した場合	0.5x	1 x	1 x	－
損失以外の理由により債務の弁済を停止した場合	1 x	1 x	1 x	－
破産	0.5x	1 x	1 x	－
GR 35/2021第36条（g）に規定された会社の不作為	1 x	1 x	1 x	－
会社が上記の不作為を犯していないことを証明していないとする労働裁判所の判決により、会社が解雇を決定した場合	－	－	1 x	✓
警告書が3回連続して発行されて、なお雇用契約、社内規程、労働協約に違反した場合	0.5x	1 x	1 x	－
雇用契約、社内規定に定める重大な違反	－	－	1 x	✓
5営業日連続で無断欠勤した場合	－	－	1 x	✓
自己都合退社	－	－	1 x	✓
刑事上の容疑者として逮捕され、6カ月間就労不能の場合	－	－	1 x	✓
長期にわたる罹病期間（12カ月超）	2 x	1 x	1 x	－
年金受給者の年齢に達した場合	1.75x	1 x	1 x	－
死亡した場合	2 x	1 x	1 x	－

出典：フェアコンサルティング作成

　　は6カ月の期間前に有罪であると裁判所が判決を下した場合
・会社に対する従業員の主張は立証されていないと裁判所が判決を下した場

合

　なお、改正労働法および実施規則では、退職金の乗数計算が規定されていますが、会社の合併・統合による従業員の退職、損失の増加による会社の閉鎖など、一定の場合に退職金を計算するための乗数値にいくつかの変更が行われています。また、有期雇用契約の従業員は、雇用期間に基づいて計算された退職金を受け取る権利があります。

4　タ　イ

Q 1　現地法人清算のプロセス、スケジュールを教えてください

Answer ▶▶▶

　顧客や事業の内容整理、準備を行ったうえで、取引移管・資産売却、従業員解雇、株式買取（必要な場合）、財務整理を完了し、清算決議までに6カ月〜1年程度要します。その後の清算決議、監査、法人税申告、当局による税務調査、清算完了登記までに1〜2年程度かかるのが一般的です。

　なお、清算決議を行った後も清算完了登記までの間、月次税務申告、3カ月ごとの商務省への報告、清算決議から1年以内に清算が完了しない場合は年次総会開催が必要なため注意が必要です。

　また、タイでは休眠制度がないため、実質休眠状態にしても月次税務申告、法人税申告、会計監査、商務省への登記義務を行う必要があります。清算決議を行った後は、毎年の法人税申告、会計監査、商務省への登記は必要ありません。

　なお、税務当局による税務調査は、最終の事業清算年度に加えて3年程度さかのぼるのが一般的です。

　また製造業で多いBOI恩典を取得している場合、BOI恩典の返却手続があることから、清算完了登記までがより長期化する可能性があります。

Answer ▶▶

　外部債権者が存在している（残っている）場合、原則として清算手続を開始することはできません。この場合、債務の弁済／解消方法を検討する、もしくは休眠状態での維持を検討する必要があります。

　また、清算時の注意点は税務調査になります。税務調査は法的にはVAT登録の抹消手続の一環として行われますが、VATのみならず他の税目にも調査が波及し、過年度の税務の適切性が確認されることとなります。一般的には税務調査開始から１～２年程度かかり長期間の作業となります。

　もう一つの重要点は、BOI恩典に付随する手続です。BOI恩典を取得し、BOIの恩典を利用して進出、事業を行っている現法の場合には、BOI恩典の返却が必要となります。

　特に注意すべきは次の三つです。

① **土地を取得した場合**

　BOI恩典を活用し、土地を取得した場合には、土地の売却にあたって事前にBOIの許可を得なければなりません。一般的には、BOIの承認手続に２～３カ月の時間がかかります。　通常、売却についてBOIの許可を得ることができますが、BOIへの定期報告ができていない等の過去の不備がある場合、まず当該過去の不備を是正したうえで許可を得ることになり、時間がよりかかります。

　なお、法人の土地の売却時は、売却価額に対して3.3％の特別事業税および１％の源泉税が課税されます。清算準備段階での土地の売却に生じる源泉税は還付となる可能性が高く、注意が必要です。

② **設備等の輸入に際して輸入税の免税を受けた場合**

　設備、機械を輸入した際に、BOIの輸入税の免税恩典を利用した場合は、恩典を利用して輸入した設備、機械をBOIの対象事業に限定して使用し、かつ、５年間使用する必要があります。もし５年未満で現法清算や、売却する

場合は、当該免税を受けた輸入税を納付する必要があり、また納付遅延ペナルティが科されます。

③　原材料の輸入にあたって輸入税の免除を受けた場合

　BOI恩典の返却処理において一番問題になるのが、原材料の輸入にあたってBOIの輸入税の恩典を利用している場合です。BOIの原材料輸入税恩典の問題点は、過去に行われた適切でない免税処理がBOI恩典の返却処理まで顕在化しない点にあります。

　これはBOI原材料輸入税恩典レコードに不備がある際に問題が生じるのですが、たとえば実態は適切な輸入および受払いがされていたとしても、レコードに不備が残っていることで顕在化する場合もあります。

　BOI恩典の返却時には、レコードのみが追加課税の基礎情報として使用され、また事業が継続していないことにより、不備レコードの解消ができないまま、相当する免税額と納付遅延ペナルティを納付せざるをえない結果となります。

　なお、BOI恩典を活用している企業では生じない問題ですが、外資規制のある事業を営む企業については、タイ国籍企業との合弁形態となっています。清算時の合弁の解消方法も注意点となります。

 支店閉鎖の場合の注意点を教えてください

nswer ▶▶▶

　タイにおいては、支店の登録は駐在員事務所と同等ですが、課税主体であるため税務調査が行われます。

　つまり、清算の手続としては駐在員事務所の閉鎖と同様で、法人の清算手続とは違い、清算人指名や清算株主総会決議等は要求されません。しかしながら税務調査は法人の清算と同様に長期化します。

駐在員事務所閉鎖の場合、注意すべきことはありますか

Answer ▸▸▸

　タイにおいては、駐在員事務所の閉鎖は、法人の清算と比べて、税務調査も入らず比較的容易です。

現地法人の清算手続において、銀行残高の送金および口座の閉鎖のタイミングを教えてください

Answer ▸▸▸

　タイにおいては、残余財産の送金は、清算完了のメドが立った段階で、清算完了決議の前に行うことが通常です。清算会社の臨時株主総会を行い、清算人が清算期間での出費、最終的な分配対象資金および分配額を各株主に対して説明し、送金を行います。残余財産分配については分配時の源泉税を考慮したうえで送金を行います。

　また、清算手続において、追加納税が必要な場合は納税を行い、残余財産の分配を行った後、銀行口座閉鎖を行います。清算期間において複数の銀行口座を維持する必要はなく、清算開始前に銀行口座を集約しておくことが一般的です。

撤退に際し労務における注意点を教えてください

Answer ▸▸▸

　タイでの清算にあたっては、従業員の雇用を終了させる必要があります。この場合、会社都合による解雇となるため、法にのっとって解雇補償金＋1給与計算期間に相当する賃金（実質1カ月分）を支払います（労働者保護法

118条、17条2項）。

　また、未消化の有給休暇は買取りが必要となります。タイは比較的有給付与日数が少なく、繰り越しても1年で失効します。有給買取りにあたっては、残業代等の変動給を含まない「（固定給＋手当）÷30日」で算出した「日給」を、買い取る有給休暇日数に乗じて買取金額を算出します。

　なお、従業員に付与される、有給休暇とは別の傷病休暇（Sick Leave）は買取りの必要はありません。

6 売却・合弁解消

Q 1 現地法人売却の手続、スケジュールを教えてください

Answer ▶▶▶

現地法人の売却は、日本でのM&Aと流れは大きく変わりません。具体的には次のようなプロセスとなります（図表3-6）。

スケジュールは現地法人の規模、業種、交渉の難易度により異なりますが、買い手・条件が決まっている短い場合でも6カ月、長い場合は2年を超えることもあります。

特に、新型コロナウイルス感染症が続くなかでは、現地視察の回数が限られることなどから、どうしても時間が長くなりがちですが、Webミーティングの一般化もあり、新型コロナウイルス感染症前と変わらないスピードで交渉が決まる場合もあります。

図表3-6　一般的な現地法人の売却プロセス

売却の意思決定 → アドバイザーの選定 → 売却のための準備（取引基本契約書の確認、納入先との調整、セラーズデューデリジェンス） → アドバイザーとともに買い手候補の選定 → 買い手候補先への打診 → 買い手候補先との交渉 → 基本合意 → 買い手候補によるデューデリジェンス（会計、税務、法務、労務、環境等） → 最終交渉 → 最終契約書締結 → 従業員、取引先への説明 → 日本本社と現地法人との間での債権債務の最終整理 → 売却代金の決済 → 出資者登記変更等の当局への届出

出典：フェアコンサルティング作成

Q 2 現地法人売却の場合の注意点を教えてください

Ａnswer ▶▶▶

　まず、現地企業を対象として、買い手候補先企業リスト（一般的には「ロングリスト」といいます）を作成しようとしても、海外では日本のような企業調査会社にはあまりなく、また企業ホームページには、日本では一般的な資本金や設立年といった情報もほとんど掲載されていないため、外部情報からロングリストを作成することが非常にむずかしいのが実態です。

　このため、海外での売却の場合は、たとえば工業団地に入居している場合は同じ団地内で異業種を含めて買い手候補を探す、現地法人社長のネットワークで同じ国内に進出している同業の日本企業をあたるといった方法がとられます。ただ、それでも、日本でのM&Aでの売却よりむずかしいことには変わりありません。

　また何より、M&Aは縁とタイミングが重要な要素の取引ですが、現地法人の撤退にあわせて望ましい買い手、条件が現れるかという大きな課題があります。言葉や商圏の違いから、日本企業の現地法人を買収できる現地企業が現れることは、なかなか期待できません。

　加えて、日本企業は「戦略的に、現地法人の企業価値が高いタイミング」でなく、むしろ「自社でも経営がむずかしい、厳しい段階の企業価値が低い（安い）タイミング」での売却相談が多く、成約に至るのは日本国内での案件以上にむずかしいと理解しておく必要があります。

　現地企業との売却交渉は、大変な交渉になることもあります。具体的には、現地企業は「最終契約書を締結した後から契約書の内容について再協議を申し入れる」「無理難題を提案されて、何度断っても何度でも再提案してくる」「のらりくらりとしてなかなか義務を履行しない」といった事例です。

　日本企業との交渉では考えられないことかもしれませんが、日本の常識は海外では通用せず、郷に入れば郷に従えで、こちらも粘り強く、諦めずに交渉を積み重ねていくしかありません。決して、怒り心頭になって、感情的に

物事を決めてはいけません。

Q 3 会社の売却について、日本との違いを教えてください

nswer ▶ ▶ ▷

　6.Q1の現地法人の売却プロセス、スケジュールで触れましたが、大きなプロセスは変わりないものの、日本での場合と大きく異なる点・リスクは、清算の時と同じく税務（2.Q6）、労務（2.Q5）に加えて、当局による許認可（6.Q6）があげられます。

　特に、売却の場合に必要となる株式、出資持分の移転登記や、医療や教育等の事業運営に必要なライセンスの変更手続、中央銀行への届出等に係る手順、スケジュールは、各国法律、規制により異なります。また、現地法人売却代金の決済（受取り）のタイミングも各国・地域、現地法人の形態によります。

Q 4 デューデリジェンスとは何ですか。なぜ必要なのですか

nswer ▶ ▶ ▷

　デューデリジェンス（Due Diligence、以下「DD」）とは、企業買収時に行われる対象企業の調査のことで、必要に応じて買い手の要望により行われます。

　一般的には買い手と売り手との間での基本合意書の締結後、買い手が調査費用の負担をし、財務、税務、法務、労務、環境等の調査は、専門家が対象の現地法人を訪問し、以下（例）について行います。

・財務では実態貸借対照表の把握、正常収益力、必要運転資金額の把握

・税務では法人税、関税、付加価値税等の計算、納付が適切に行われているか

・法務では対象企業が締結した契約書、許認可等が適法で、漏れ、不備がないか、適切に更新されているか

・労務では労働契約、給与計算等が適正に行われてきたか

・環境に関係する許認可が取得、更新され、排水、排気、騒音、振動等が許認可の範囲内であるか

　一般的にいずれの調査でも調査対象期間（年限）を区切って調査が行われます。

　手続では、買い手から開示要望資料が提示され、資料の開示を進めながら調査のための対象現地法人への実査日の調整のうえ、調査のための専門家の訪問があります。

　専門家の調査では1調査当り2～3日間の滞在で、現地法人の会議室を滞在期間中提供し、開示依頼のあった資料を取りそろえ、専門家からの質問に経営者、実務者が回答することで進んでいきます。

　このため、もし財務、税務、法務、労務の調査が個別に行われる場合、調査ごとに日程調整、会議室・資料の準備、質疑応答に対応する必要があります。

　訪問調査の後、専門家から資料の追加開示の依頼、質問が寄せられるので、こちらにも回答する必要があります。

　訪問調査から1～2カ月後に、専門家から調査報告書（DDレポート）が買い手に提出され、買い手はこのレポートを参考にして、買収の是非、買収価格の検討、買収にあたっての条件等の検討を行い、交渉に臨むことになります。なお、通常、DDレポートは現地法人や売り手には開示されません。

　このため、最近では現地法人売却を内々に決定した日本本社が、現地法人の実態を知るために調査を行う場合があり、「セラーズDD」と呼びます。セラーズDDは、事前に現地法人のリスクや弱みを把握しておくことで、売却交渉時に予期せぬ買収価格の引き下げ等を回避することができます。

　なお、企業調査の準備、実施にあたっては、現地法人の幹部、従業員に企業調査の本当の目的を知られないようにすることが非常に重要です。このため、本当の目的を共有するのは現地法人の社長1人に限る、ということもあ

ります。海外、特に東南アジアでは現地従業員に秘密保持の約束をさせて
も、「部屋のドアから出た瞬間から情報が漏れる」ともいわれます。「本社が
定期的に子会社に行っている監査」や「取引金融機関の依頼による、今後の
投資計画のための子会社把握」等、説得力ある目的を現地幹部、調査対応す
る現地従業員に伝え訪問調査を行う専門家との間でも、事前に共有しておく
必要があります。なお、現地法人の現地従業員に、現地法人の売却、DD実
施を知られることを防ぐため、現地法人や工場が稼働していない休日、祝日
を選んで、専門家が現地法人を訪問することもあります。

　また、DDにかかる費用は、スコープ（調査対象）、期間（調査対象の期
間）、企業規模（従業員数等）、業種等によって変動があります。専門家に依
頼して見積を入手しましょう。

Q 5 　撤退前に、セラーズDDを行うことは必要ですか

「撤退するために、カネかけてDDするなんて」と思われるかもしれませ
んが、スムーズかつ貴重な会社の資源を無駄に浪費せずに撤退を進めるため
に必要な手続です。このため、現地法人が債務超過かどうか、にかかわらず
セラーズDDは、撤退前には必須です（6.Q 4）。

　2.Q 5、2.Q 6の労務、税務の注意点に記載したように、事前に撤退手
続において必要費用を把握しないまま清算手続、売却交渉に入ったとして
も、スムーズには手続は進まず、手続にかかる時間も延びることから、人材
（ヒト）、時間（トキ）、資金（カネ）という貴重な会社の資源をいっそう費や
すことになります。

　現地法人撤退にはおいては、数千万～数億円の撤退費用を日本本社が負担
せざるをえない、債権放棄等により現地法人への貸付金が返ってこない、と
いった、日本本社にとって非常に大きな負担を伴うのが一般的です。セラー
ズDDを行わずに費用を節約できた、と思ったとしても、必要な試算が行わ

れないままに清算、売却手続に入った場合、DD費用以上の追加負担が生じるおそれが高いといえます。

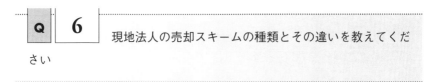

Q 6 現地法人の売却スキームの種類とその違いを教えてください

Answer ▶▶▶

「現地法人を売却する」と一口にいっても、売却するスキーム（手段）は大きく分けて、①株式譲渡、②持分譲渡、③事業譲渡の三つがあります。

① 株式譲渡

株式譲渡は、日本でもよく利用される方法で、株主（売り手）が保有する株式を買い手側に譲渡する方法で、比較的手続が簡素なスキームです。

株式会社であれば、会社を所有することを証明する株券を譲渡することにより、当該会社のいっさいの権利と義務を買い手側に移します。このため、株式譲渡後は、当該会社の過去を含めたいっさいの権利（利益）と義務（債務）すべてを買い手が負うことになるため、買い手側は株式譲渡前に企業調査（DD）をしっかりと行い、貸借対照表に載っていない債務や将来必要となる支払、訴えられるリスク等がないかを調べます。

なお、国・地域によっては既存株主以外の第三者への株式譲渡が認められない等、規制があり、注意が必要です。

② 持分譲渡

持分譲渡とは、株式譲渡によく似たスキームです。日本での有限会社と同様の「株券を発行しない法人」の譲渡において、用いられるスキームです。株式が存在しないものの、スキーム上での手順は株式譲渡とほぼ同じです。

③ 事業譲渡

事業譲渡とは、対象会社の「株券」や「持分」を譲渡するのではなく、「対象とする法人の事業の一部（または全部）」すなわち「対象の事業のみ」を譲渡するスキームです。このため、事業譲渡後の「中身（一部または全部）

が空っぽの法人格」そのものは売り手側に残るスキームです。

株式譲渡ではなく、なぜわざわざ面倒な事業譲渡を使うのか、と疑問をもたれるかもしれませんが、大きな理由は「必要な事業のみを承継」または「リスクを遮断する」ためです。

具体的には、事業譲渡は「譲渡対象の事業に関係する権利（利益）・義務（債務）のみ承継する」ため、たとえば「対象法人全体はいらないが、一部事業のみ承継したい」場合や、「対象法人の別事業で大きな係争リスクがある」「環境リスクがある事業は引き継げない」といった場合等に利用されます。

一般的には、買い手側が事業譲渡を受ける「受け皿法人」を新設し、売り手側の対象現地法人→買い手側の受け皿法人へ、承継対象の事業（一部または全部）の事業譲渡を行う流れです。

ただし、当局からの許認可や税務番号、賃貸借契約、リース契約、労働契約等を、受け皿法人で一つずつ再取得または再締結し直して事業を承継する必要があるため、煩雑で時間、資金がかかるスキームとなります。

また、リスクの承継範囲や煩雑な手続、承継される債務やリースがスムーズに引き継がれるか、それらの手続について、専門家、弁護士に確認する必要があります。

また、営業許可証や事業ライセンスにおいて営むことができる事業が限定されることが多い海外においては、スキームの選択を誤ると承継する予定だった事業のライセンスが更新されない、発行されない、審査に時間がかかる、といった日本ではない手続があります。

何事も、「日本と同じようにできる」とは海外では考えず、専門家に相談して慎重に検討する必要があります。

Q 7　基本合意書と最終契約書の違いを教えてください

Answer ▶▶▶

　基本合意書とは、LOI（Letter of Intent）とも呼ばれ、初期的資料の開示のうえでの交渉により、買い手と対象現地法人の株主（出資者）との間で、対象現地法人の買収・売却について基本的条件（買収の対象、時期、条件、金額（概算）、企業調査（DD）の実施）の合意内容をまとめた契約書です。

　ただし、基本合意書締結後の企業調査（DD）の結果や交渉次第では、対象現地法人の売却の合意に至らないことや、譲渡金額の変動が想定されることから、基本合意書には「法的拘束力がない」との文言が記載され、基本合意書締結後に対象現地法人の買収・売却交渉が破談しても、基本合意書により訴えられることはないのが一般的です。

　基本合意書の締結後は、基本合意書の内容に従って、企業調査（DD）の実施や最終合意に向けての最終交渉に入っていきます。

　最終契約書などと呼ばれることが多いDA（Definitive Agreement）とは、買い手と対象現地法人の株主（出資者）との間で、対象現地法人の譲渡条件について完全に合意し、現地法人の株式（持分）を譲渡することを定めた、法的拘束力のある契約書のことです。株式譲渡契約書、持分譲渡契約書（SPA、Sare Purchase Agreement）などと呼ばれる場合もあります。法的拘束力がある契約書であるため、契約書記載の内容に虚偽があったり、義務を履行しなかったりする場合に契約相手を訴えることができる非常に重要な契約書です。

　現地法人売却においては、買い手保管用、売り手保管用のほか、当局提出用、登記用等、多数の最終契約書の原本を作成する必要があります。また、最終契約書が、現地語以外の言語で作成されている場合、原本に加えて現地語に翻訳して当局に提出する必要があるのが一般的です。

　なお、基本合意書、最終契約書とも、記載言語、準拠法、仲裁機関をどうするかは各案件で異なります。

たとえ、現地法人が海外であっても、買い手、売り手とも日本企業の場合は日本語で作成し、日本法に準拠して、管轄裁判所を日本国内の裁判所とする、という事例もあります。ただし、買い手が海外企業の場合、言語は英語または現地法人の所在国・地域の言語、準拠法および管轄裁判所も現地法人の所在国とすることが一般的ですが、管轄裁判所では交渉相手国での執行権の点から、シンガポール等の国際仲裁センター等の仲裁機関を選ぶこともあります。弁護士に相談しましょう。

Q 8 　売却完了とはいつの時点を指しますか

Answer ▶▶▶

　一般的には、現地当局への申請による持分移転登記が完了した時点を売却完了となります。

　また、国・地域により異なりますが、変更された出資者情報が記載された当局発行の許可証等書類が、現地法人に新たに交付され、一般的にはこの段階で登記上、売却完了となります。

　ただし、売却対価の決済が重要です。すなわち、法的に売却完了するとともに、経済的にも売却対価を約束どおり買い手から支払ってもらうことで売却完了となるのです。こちらも、国・地域によっては法律の定めにより、登記完了と決済のタイミングが前後する、登記完了と決済の時間が空くといった、買い手／売り手に売却完了／決済リスクが生じる場合があります。

Q 9 　合弁現地法人がありますが、合弁解消を考えています。どのような手順で交渉したらよいですか

Answer ▶▶▶

　いずれの国・地域においても、合弁現地法人等の合弁関係を解消するに

は、合弁相手との交渉によるほか、合弁契約解消する方法はありません。

　合弁契約解消の交渉に着手するに際して、まずは合弁相手との間で締結した合弁契約書を精読しましょう。合弁契約解消の前提・可能な期間、解消にあたっての株式（持分）譲渡の条件、商標やシステムの取扱い等について弁護士、コンサルタント等の専門家のアドバイスを仰ぎ、交渉上の注意点を確認しておきしましょう。自社が合弁契約から離脱する場合、合弁相手が離脱する場合のそれぞれについて、詳細に合弁契約解消時の条件（たとえば、合弁契約解消を申入れした側が全株式（持分）を買い取る、買取価格の評価方法等）が定められている場合があります。

　また、合弁契約解消にあたっては、合弁現地法人の財務状況、税務、法務、環境の面において潜在的リスクを正確に把握する必要があります。すなわち、合弁現地法人の評価すべき点、リスクを可能な限り理解しておくことが重要です。

　過去の事例では、合弁現地法人の資産に計上されていた重要な設備が、合弁相手の一存で合弁相手に勝手に譲渡されていた、合弁相手が管轄していた労働契約が作成されていないため未払労働債務が発生していた、といった例があります。合弁契約解消時においては、保有する株式（持分）の譲渡額が重要な交渉事項になるため、特に未顕在リスクやリスク額を把握しておくことが大切です。

　そのうえで、日本側として譲れる点、譲れない点、基本的な金額、スケジュールを検討し、事前に条件を決定し、交渉に臨む必要があります。

　交渉申入れは、合弁相手に直接行うことが一般的です。望ましくは、合弁設立時の交渉を行った意思決定者や、信頼関係が構築できている窓口担当者に直接、申入れを行うほうが、話がスムーズで情報漏洩のリスクも抑えられます。なお、合弁現地法人に合弁契約解消交渉、その事実が漏れ伝わると、ストやトラブル、従業員の退職等が発生する懸念があり、情報管理に注意が必要です。

7 中国、香港、インドネシア、タイにおける売却実務

Q 1 中国現地法人の売却の場合の注意点を教えてください

A nswer ▸▸▸

中国での現地法人売却にあたって、買い手との間では従業員との労働契約、過去の税務・環境リスクの扱いが大きなポイントとなります。

労働契約は、日本での株式譲渡による買収であれば、一般的に会社と従業員との間での労働契約、労働条件をそのまま買い手が承継しますが、中国では買い手が売り手に対して、売却日までの期間を対象とした経済補償金と未消化の有給休暇日数に応じた買取額を、売却額から差し引くように求めてくることがあります。

これは、現地法人の全従業員を買い手が承継するものの、買い手が買収後に早期に一部従業員との労働契約を解除することを想定して、売却日までの労働債務を売り手に負担してもらうことを意図したものです。

場合によっては、売却日に全員解雇し、買い手が全員面接のうえ、必要な従業員を新規に雇用することもあります。これは、売却日までの労働債務を解消したうえで、従業員ごとに買い手が適切と考える雇用条件で採用したいという考えです。

加えて、同じく売却日までの税務（法人税、関税、印紙税等）、環境汚染（排水、騒音、排気）等についても、当局による指摘等があった場合、売却額の減額についての交渉がなされます。

中国では頻繁に税務調査が入り、移転価格等の国際税務でも調査が行われることがあります。また、昨今、環境問題への意識が急速に高まっており、環境リスク額の評価、交渉が今後、増加することが予想されます。

売却当日は、承継する必要のある許可証、許認可、労働契約書、重要な賃貸借契約書、当局からの通知等の書類、全印章、銀行関係資料の一覧を作成して、買い手、売り手の担当者同士で一覧を確認しながら引き継ぎましょう。

　なお、中国では、現地法人の売却にあわせて土地使用権の売却を行うスキームの場合、昨今の不動産価格の高騰から、土地使用権の売却により生じる譲渡益に対して発生する土地増値税の税率は30％以上と高額なため、注意が必要です。

　また、持分譲渡の場合は、国が定める資産評価師により、持分の譲渡価格が適正かチェックを受ける必要があります。

　最後に、特に買い手が日本企業以外の場合、売却代金を最後まで回収することに注意が必要です。売却代金を受領できる条件、金額、送金方法・タイミング、特に売却代金が分割して支払われる場合、具体的かつ詳細な条件を定めておくことが重要です。

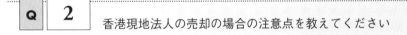

Q 2　香港現地法人の売却の場合の注意点を教えてください

Answer ▶▶▶

　特に買い手が日本企業以外の場合、売却代金を最後まで回収することに注意が必要です。売却代金を受領できる条件、金額、送金方法・タイミング、特に売却代金が分割して支払われる場合、具体的かつ詳細な条件を定めておくことが重要です。

Q 3　インドネシア現地法人の売却の場合の注意点を教えてください

Ａnswer ▶▶▶

インドネシアにおいては、対象現地法人が売却後も継続的に事業を行うため、KBLIを継続して保持できるのか注意が必要です。

KBLIとは、インドネシア語ではKlasifikasi Baku Lapangan Usaha Indonesiaの略称で「インドネシア標準産業分類」のことを指しますが、法人の事業運営においては、法人がBKPM（投資省）から付与される、「法人が行うことができる事業」を5桁の数字で表した重要な数字コードを意味します。法人によっては、必要な許認可、増資を経て、複数のKBLIがBKPMから付与され、複数の事業を行うことが可能です。

現地法人の売却により、事業内容の変更が見込まれる場合、付与されているKBLIについて、BKPMへの申請、継続して付与されることの確認を得ることが必要となります。

また、会社が合併や統合、買収、分離を行い、労働者側に雇用関係を継続する意思がなく解雇する場合でも、退職金等を支払う必要があり、退職金等の支給額は、現地法人の就業規則、専門家に相談のうえ、法令の確認が必須です（5.3.Q6）。

最後に、特に買い手が日本企業以外の場合、売却代金を最後まで回収することに注意が必要です。売却代金を受領できる条件、金額、送金方法・タイミング、特に売却代金が分割して支払われる場合、具体的かつ詳細な条件を明確に定めておくことが重要です。

Ｑ 4 タイ現地法人の売却の場合の注意点を教えてください

Ａnswer ▶▶▶

タイでは、法人清算手続に長い時間がかかるため、もし法人売却が可能と判断するのであれば売却を試みることをお勧めします。

タイでの現地法人売却にあたって、BOI恩典を保有している法人の売却を行う場合、外資比率を変更するとBOIへの報告と承認が必要になるため注意

が必要です。また、売却対象事業が外資規制業種であり、タイ内国法人として事業を営んでいる場合、外資規制への対応方法が課題となります。

　なお、タイ法人の売買において、買い手、売り手の国籍、居住ステータスによって、株式譲渡益の課税関係に留意する必要があります。タイ非上場株の法人間の譲渡については、直近の監査済貸借対照表の簿価純資産額を適切な評価額とするという歳入法の定めがあります。

　最後に、特に買い手が日本企業以外の場合、売却代金を最後まで回収することに注意が必要です。売却代金を受領できる条件、金額、送金方法・タイミング、特に売却代金が分割して支払われる場合、具体的かつ詳細な条件を明確に定めておくことが重要です。

8 現地法人の運営、内部監査

Q 1 現地法人経営においても、法令遵守は当然のことではないのですか

Answer ▶▶▶

　海外においても法令遵守は当然のことですが、許認可や行政の対応が不透明な新興国等では、賄賂の要求や、不正取引への誘惑が多く存在します。また、現地法人の立ち上げ後の業績が苦しい段階で、日本本社への報告のために現地法人において財務数値を操作してしまうことも散見されます。

　何より大切なことは、さまざまな甘言を弄して提案される違法行為、脱法行為に決して手を染めないことです。賄賂や贈答品を使って、現地法人が直面したトラブルを解決したとしても、長い目でみれば解決するどころか、むしろ問題は悪化し、将来にツケを回しているだけです。

　後回しにしてしまったトラブルを解決するには、膨大な人材（ヒト）、時間（トキ）、資金（カネ）がかかります。時折報道されるように、高額な税額を提示され賄賂の提供により税額引下げに応じてもらったりすると、最終的には日本本社の経営陣の進退問題、刑事事件にも発展します。

　海外では特に、常日頃から、正しい経営、企業運営を行うことが重要です。現地法人の経営において、何もトラブルなく1日が終わる、ということはまずありません。1日に一つ以上は何かしらのトラブル、事故が起きていると、日本本社では考えるべきです。

　大切なのは、発生したトラブルを早期に完全解決すること、すなわち、その場しのぎの対処でなくトラブルの根本から解決していくこと、その支援を現地法人に対して日本本社が全力で行うことです。

法令違反や不正は、現地法人のカネの流れに影響を与え、貸借対照表や損益計算書に何かしらの痕跡を残してしまいます。過去に起きていた法令に準じていない処理や不正は、清算、売却時に企業調査（デューデリジェンス）や税務調査において露見することとなり、トラブルや、追加の費用負担、処理の長期化、または売却ができない、といった悪影響が出ます。

　通常業務を行いながらのトラブル対応は大変ですが、早期に問題の根本解決をするよう指導し、日本本社も全面的に協力しましょう。

Q 2 　常日頃、どのようなことに注意を払い、現地法人経営すべきですか

Answer ▶▶▶

　まず何より、法令遵守を徹底したうえで、適宜適切な財務数値の把握が大前提です。

　海外の国・地域では、毎月半ばに前月の月次試算表を税務申告に添付し、税務当局に提出する必要があります。いったん、税務当局に月次試算表が提出されてしまうと、後日修正することはむずかしく、税務当局に疑問をもたれたり、税務調査が入ったりすることにつながります。

　このため、日本本社は、現地法人に法令遵守の徹底を重ねて指導し続けながら、毎月末の月次試算表を翌月の決まった営業日までに現地法人から提出させ、内容を精査したうえで、現地法人において毎月半ばの月次申告を行わせる必要があります（Chapter 5（6-2））。

　ただし、最近の新型コロナウイルス感染症の拡大により、管理部門の駐在員が日本へ帰国し日本人駐在員がいない現地法人が多いようです。このような状況では日本本社においても元帳を含めて常時閲覧できる仕組みであるクラウド会計ソフトの導入が効果的かつ効率的です（Chapter 5（5））。

　また、転職するリスクが高い現地従業員に比べて不正を起こすリスクが小さく業務の安定性が高いコンサルティング会社、会計事務所といった外部専

門家へ記帳、申告業務を委託すること（Chapter 5(3)）も、申告等の期日を守り、不正を起こさせない有効な方法の一つです。

Q 3 現地法人の内部監査とは何ですか

Answer ▶▶▶

　内部監査とは、日本本社が現地法人や支店、駐在員事務所の経営状況、管理状況を把握するために行う調査のことです。

　「現地法人や日本人駐在員を、日本本社が疑っているようにみられてしまう」「日本人駐在員とは、いつも、何の問題なく、何でも話せている」「わざわざ、費用をかけて日本本社から調査に行くなんて」「内部監査って何？そもそも何をしたらいいか、わからない」といった声が聞こえそうですが、内部監査は、現地法人、現地法人の経営を任せている日本人駐在員を守るための仕組みです。

　具体的には、現地法人の経営、事業、財務等の状況を確認するため、日本本社の内部監査担当者または外部専門家が、現地法人を訪問・実査し、現地法人の財務、経理の運用を含めた状況、申告と納税、人事総務、法務、工場の運営状況等について、法令に遵守しているか、会計基準等にのっとっているか、不正が行われていないかを確認するものです。

　大半の上場企業では内部監査室等が設置され、各現地法人を数年に1回程度訪問し内部監査を実施しています。

　現地法人にとっては、法定監査や取引先によるISO監査、人権監査などがあるなかで、日本本社による内部監査は気持ちよいものではないかもしれません。

　しかし、現地法人で発生した不正、法令違反、トラブル、事故は、時間が経つほど人材（ヒト）、時間（トキ）、費用（カネ）が大きくかかるようになるうえ、どうしても現地法人の側では日本本社に報告しにくくなります。

　また、現地法人独力では解決できない問題であれば、日本本社に対して事

実を隠す傾向があります。しかし、日本法人が解決に協力、支援することで、現地法人も日本本社も、将来のトラブル、事故の解決に必要となるヒト、トキ、カネを抑えることが結果的にでき、有用な人材をトラブルや事故から守る、もし発生したとしても早期に挽回させることで、本来の業務に充てる時間が増えるのです。

継続的な内部監査の実施には、もちろんヒト、トキ、カネがかかりますが、これらの投資はトラブルが発生した場合に解決するためのコストよりはるかに小さく、また、継続的な実施、運用、改善の仕組みを整備し、ノウハウを蓄積することは、今後の現地法人経営では必須です。

また、新型コロナウイルス感染症の拡大により海外渡航が制限されたなか、現地に専門家を常駐させているコンサルティング会社、会計事務所に、内部監査を委託することも増加しています（Chapter 5⑷）。

 Q 4 現地法人の内部監査とは具体的に何を行うのですか

 Answer ▶▶▶

現地法人の内部監査では、現地法人の業種、規模および監査の対象（スコープ）・期間により、具体的な監査内容を決める必要があります。以下、内部監査の例を記載します（図表3－7）。

Q 5 現地法人で問題は発生していないのですが、外部専門家に委託してまで内部監査を実施する必要はありますか

Answer ▶▶▶

現地法人で問題が発生していないことは、内部監査を行わない理由にはなりません。

内部監査は、いわば毎年受ける「健康診断」に当たります。内部監査は、

図表 3-7　内部監査の内容例

項目	監査内容、手続
全体	事業全体についてインタビューの実施
売上の計上	関与者の把握
	ワークフローおよび運用状況の把握
入金管理	関与者の把握
	銀行口座アクセス権限者の把握
	ワークフローおよび運用状況の把握
仕入の計上	関与者の把握
	ワークフローおよび運用状況の把握
決算書項目 （BS・PL）	BS（貸借対照表）：その他未収金、仮払金、その他未払金
	PL（損益計算書）：その他所得、その他費用
現金管理状況	小口現金実査
	関与者の把握
	現金実査運用状況の把握
	差異の有無・処理の把握
出金管理確認	関与者の把握
	銀行口座アクセス権限者の把握
経費支払	関与者の把握
	ワークフローおよび運用状況の把握
	経費各証憑との突合作業（異常な取引がないかの把握）サンプリング
オフィスの状況	写真撮影
契約書・書類管理	重要な契約（賃貸借契約書、労働契約書等）の確認
	書類（ライセンス、許認可、許可証等）の確認、および当局オンラインシステム上の最新版との整合性の確認
勤怠管理	入退室管理フローの把握
	従業員数（部署別）の把握
規定一覧	策定ずみの規程の把握
証憑突合	入金各証憑との突合作業（異常な取引がないかの把握）サンプリング
	出金各証憑との突合作業（異常な取引がないかの把握）サンプリング
給与支払	関与者の把握
	給与の支払手続に関する概要（計算、支払方法）の把握
	変更手続（入社時・退社時）の把握
税務申告手続	申告している税目、申告書提出状況、適用を受けている優遇税制の有無の確認
	関与者の把握
	移転価格文書の整備状況の確認
労務	従業員名簿の確認、就業規則の有無・労働協約の有無の確認
	労働組合（組織図）および組合費の支払の確認
	社会保険の支払（駐在員、ローカルスタッフ）の確認

出典：フェアコンサルティング作成

健康診断と同様に元気で健康なうちから受診し、問題が見つかれば治療や改善に取り組むように、継続的に現地法人の状況を把握し、リスクやトラブルの芽を予防的に摘むための現状把握です。

海外では、日本とは異なる法令、制度のもとで現地法人の経営が求められるうえ、日本本社では想像もしない出来事やトラブルが発生するのが日常茶飯事です。また、トラブルが発生してしまうと大きな金額の費用・損失を負う羽目になったり、解決までに長い時間を要したりします。

だからこそ、問題が発生していない段階から、現地法人の内部監査を定期的に行い、トラブルや問題を小さな芽のうちに発見し、しっかり解決しましょう。

 事業上、重要ではない現地法人は内部監査を実施する必要はありますか

 ▶ ▶ ▶

現地法人を海外に置いて事業展開している以上、事業上重要か、重要でないかにかかわらず、現地法人における不正等のリスクは等しいといえます。むしろ、重要でない拠点であるため、日本からの目が届きにくくなっている懸念もあります。

日本では内部監査部門には、予算や人員が十分に与えられないことも多く、海外拠点数が増えるにつれて、内部監査の実施頻度は低くなり、数年に一度になる傾向があるようです。重要でない拠点の場合、「内部監査がまったく行われない」「非常に頻度が低い」といった背景により、悪意をもった者に対して、より不正を助長しやすい環境をつくりだしてしまう懸念があります。

規模の大小、事業上の重要度にかかわらず、「内部監査が行われる」という牽制効果のためにも、計画をもって内部監査を進めましょう。

Q 7 現地法人の内部監査は、現地訪問せずに遠隔で実施しても効果はありますか

新型コロナウイルス感染症の最中では、このような問合せも多くありました。具体的には、在庫確認は現地法人従業員のスマートフォンを使って、Webミーティングのビデオ機能により在庫数量を数える等により内部監査を遠隔で行った日本本社があったようですが、思うように内部監査を行うことができず、結果としては満足がいかなかった会社が多かったようです。

遠隔での内部監査では、もし現地法人がなんらかの不正を行っていた場合、現地法人側では意図的に不正等を隠すことが十分可能です。このため、実効性のある内部監査は期待できません。

Q 8 現地法人の内部監査を実施するにあたり、留意すべきことは何ですか

内部監査である以上、現地法人の日本人駐在員が元同僚や先輩であっても「なんらかの問題、課題が現地法人に発生している可能性がある」という前提で行う必要があります。

また、指摘事項に対して「この国・地域ではこれが正しい方法だ」や「法律にのっとっている」と回答がなされ、日本本社から来た内部監査担当者では回答の正誤がわからないことが多くあります。

これはトラブルや不正が行われている海外拠点でよくあることですが、「現地ではこうだ！」と強くいわれてしまうと、言語の問題から現地の法令を調べる方法がない日本本社側は反論ができないため、トラブルや不正を追及できません。少しでも疑わしいと感じたら、より突き詰めた質問を重ね、

根拠法令を具体的に求め、指摘事項の解明を行いましょう。

　また、内部監査で発見された課題、問題、改善事項は、課題等の内容、解決責任者、改善施策・実施日、進捗確認（継続的な確認）、進捗確認日、確認者、評価等を継続的に記録し、PDCAを回していきましょう。

　内部監査により課題、問題等を発見することが目的ではなく、発見された課題等をしっかりと解決し、再発させないことが本当の内部監査の目的です。

　このため、発見された課題等は、他の現地法人等にとっても有益な事例となります。課題等発生の背景、要因、改善施策と一緒に、社内で共有し、未然にトラブル発生を防ぐようにしましょう。

 現地法人の内部監査を外部専門家に委託する場合、どのように専門家を探したらよいですか

 nswer ▶▶▶

　自社の監査計画に基づき、対象となる現地法人、監査内容を決定し、当該対象の国・地域で監査内容に強みをもつ外部専門家を探しましょう。

　外部専門家を探すにあたっては、取引金融機関に紹介を依頼してみましょう。外部専門家の選定にあたっては次のポイントが重要です。

・日本語対応可能な、内部監査に精通したプロジェクトマネージャがいる

・現地法人の対象国にオフィスを構えている

・内部監査実施の豊富な実績を有している

・専門家を含むローカルスタッフを抱えている

・自社が求める監査内容の専門性を有している

・自社が望む言語での報告書作成・報告会開催が可能

　なお、内部監査の対象の現地法人と契約し、記帳代行や税務申告業務を受託しているコンサルティング会社、会計事務所には内部監査を委託しないのが一般的です。

その理由は、内部監査契約により、専門家が当該現地法人に対して提供しているサービス、業務の監査を専門家自身で行うことになり、すでに受任している契約、業務とのコンフリクト（競業）が発生するため、内部監査の実効性が担保できないためです。

Q 10 現地法人の内部監査を外部専門家に委託する場合、どのような手順、方法で進めたらよいですか

Answer ▶ ▶ ▶

まず、監査の対象となる現地法人、および内部監査のスコープ（調査対象）、スケジュール、費用、報告書（構成、言語）・報告会（方法、言語）等を自社内で明確に決定します。

そのうえで、複数の委託候補先を探索できた場合、候補となるコンサルティング会社、会計事務所と面談を行い、自社が定めたニーズ等を提示し、見積提出を依頼しましょう。適正に比較するためにも、自社のスコープ等を明確に決め、各社に同じ内容を示すことが重要です。

委託先を決定し、委託契約締結後、事前準備資料の提供方法、具体的な現地法人への訪問から報告会までのスケジュールを委託先との間で調整します。

あわせて、現地法人に対しての内部監査実施の通知方法、誰に通知するか、内部監査の目的をどのように伝えるか、現地法人での準備事項（監査のための部屋、コピー機などの機材、現地法人側窓口・スコープの業務を担当するローカルスタッフ等）について、委託先と検討のうえ、現地法人に連絡、調整します。

Q 11 現地法人の内部監査を外部専門家に委託するメリットは
何ですか

A nswer ▶▶▶

　現地法人の内部監査を外部専門家に委託するメリットとしては、内部監査の監査内容を明確にしたうえで外部専門家に委託することにより、専門性の高い、効果のある内部監査を行えることがあげられます。

　加えて、対象の国や地域にオフィスを構える専門家に内部監査を委託できる場合、人員（ヒト。限られた内部監査メンバーが、内部監査計画立案、マネジメントに集中することができる）、時間（トキ。往査するための移動時間、報告書の作成時間）、費用（カネ。自社の内部監査員が往査する渡航費用、宿泊費用、現地移動費用、日当等）を節約することができます。

　また、日本語が通じない現地法人の現地従業員を相手にして、適切な質疑応答が可能で、現地語のハードルがなく、徹底して質問することができることから、不正やミスを発見しやすいことがメリットです。

　特に大企業においては、海外拠点が拡大する一方、内部監査担当者や予算は限度があることが多いようです。このため、内部監査担当者は拠点ごとの監査計画立案、監査の実施、報告書の作成、発見事項の改善状況の進捗確認と繁忙のうえ、海外拠点の内部監査の実施頻度は間隔が空いてしまいやすく、リスクや問題が顕在化する前に洗い出すことがむずかしくなります。

　このため、内部監査の目的である「問題事項の早期検出」を目指し、実効性ある内部監査体制の構築、安定的な運用のためにも、専門家に委託することを検討しましょう。

　特に、中小企業にとっては、どうしても社内の同僚、「身内のメンバー」に対して監査を行うため、甘くなり不正を見逃してしまう、場合によっては脅される等、内部監査の実効性が大きく低下する可能性があります。さらに、財務・税務・法務・事業と多岐にわたる項目を、日本語が通じないうえに現地に滞在できる日数が限られるため、深く調査、監査が行えるのかも実

務上の課題です。このため、しっかりとリスクや問題を洗い出すためには、専門家に内部監査を委託することが有効です。

Q 12 現地法人の内部監査を外部専門家に委託するにあたり、留意すべきことは何ですか

Answer ▸ ▸ ▸

8.Q10で述べた、自社が定めた内部監査のスコープ（調査対象）、経費を含めた費用、報告会までのスケジュール等を正確に専門家に伝え、求める内部監査の範囲、深度等を含めて自社の期待と内部監査の報告内容、スケジュール等に乖離（ギャップ）が発生しないように、しっかり注意を払うことが重要です。

また、内部監査の実施にあたっては、対象現地法人に対して適切に内部監査の目的、範囲、スケジュール等に加え、具体的な協力を得たい内容を伝え、対象現地法人から全面的に協力を受け、専門家に委託した内部監査の目的をしっかりと達成できるよう準備を行う必要があります。

Chapter

4

次世代の海外ビジネス

1 「ウィズコロナ」から「アフターコロナ」の海外ビジネス

　2020年から世界的に感染者数を拡大した新型コロナウイルス感染症は、2021年からワクチン接種が世界各地で本格的に開始され、2022年12月の本書執筆時点では、世界各国において入国する外国人に対する制限や隔離が大幅に緩和されるとともに、経済の急回復が期待されています。

　一方で、新型コロナウイルス感染症拡大後の弊社業務を通じて、「コロナ前」の海外進出・展開から、「ウィズコロナ」「アフターコロナ」の海外ビジネス展開・現地法人経営が模索されていくことがうかがえます。

　以下、掘り下げてみましょう。

2 コロナで変わる海外進出

 これまでの海外進出

　まずは、1990年代から新型コロナウイルス感染症が拡大するまでの、海外進出の目的を振り返ってみましょう。

　これまでの海外進出の目的は、弊社に寄せられる相談でも同様の内容でしたが、主に次のとおりでした。

・取引先が海外進出するのに伴い、取引先に要請されての進出（製造業）

・日本より安い人件費を求めての進出（主として製造業）

・日本で展開する製品・サービスの展開先としての、新たな市場開拓のための進出（主として小売業、サービス業）

　これは、「海外進出しないと取引を失う」「他社との競争上、人件費が安い国・地域に進出しないと競争に勝てない」、さらには「日本国内の成長が小さい」といった状況下で、「自社の技術・サービス」を、「より安く製造・提供する」か、「今後成長が見込まれる市場へ投入する」と言い換えることができる海外進出でした。

　ここで、進出形態をまとめたのでみてみましょう（図表4－1）。

　日本側が100％出資する独資の現地法人が、全世界の現地法人の71.8％（1万8,460社）を占め、自前主義重視の海外進出だったといえます。

　貸付金と異なり、現地法人から「返済してもらう」ことができない「資本金」を自社のみで大きく投じる独資の現地法人スキームは、リスクも大きいですが、自社が有するノウハウ・技術・サービス・人材を最大限に活用し、現地法人の利益をすべて自社に取り込むことができる、リターン（収益）を最大化するスキーム、といえます。

図表 4 − 1　地域別現地法人の日本側出資比率（2020年度）

① 地 域 別

| 出資比率 | 全地域 | | | | | | アジア | |
| | 合計 | | 製造業 | | 非製造業 | | 合計 | |
	社数	割合	社数	割合	社数	割合	社数	割合
合計	25, 703	100. 0	11, 070	100. 0	14, 633	100. 0	17, 342	100. 0
100%	18, 460	71. 8	7, 334	66. 3	11, 126	76. 0	11, 504	66. 3
75%以上100%未満	2, 486	9. 7	1, 427	12. 9	1, 059	7. 2	1, 951	11. 3
50%超75%未満	1, 901	7. 4	1, 082	9. 8	819	5. 6	1, 572	9. 1
50%	436	1. 7	244	2. 2	192	1. 3	347	2. 0
25%以上50%未満	1, 824	7. 1	750	6. 8	1, 074	7. 3	1, 639	9. 5
25%未満	286	1. 1	170	1. 5	116	0. 8	227	1. 3
不明	310	1. 2	63	0. 6	247	1. 7	102	0. 6

| 出資比率 | 北米 | | | | | | 中南米 | |
| | 合計 | | 製造業 | | 非製造業 | | 合計 | |
	社数	割合	社数	割合	社数	割合	社数	割合
合計	3, 235	100. 0	1, 135	100. 0	2, 100	100. 0	1, 387	100. 0
100%	2, 832	87. 5	960	84. 6	1, 872	89. 1	1, 058	76. 3
75%以上100%未満	160	4. 9	80	7. 0	80	3. 8	163	11. 8
50%超75%未満	107	3. 3	49	4. 3	58	2. 8	46	3. 3
50%	23	0. 7	11	1. 0	12	0. 6	16	1. 2
25%以上50%未満	44	1. 4	17	1. 5	27	1. 3	44	3. 2
25%未満	11	0. 3	4	0. 4	7	0. 3	11	0. 8
不明	58	1. 8	14	1. 2	44	2. 1	49	3. 5

| 出資比率 | 中東 | | | | | | アフリカ | |
| | 合計 | | 製造業 | | 非製造業 | | 合計 | |
	社数	割合	社数	割合	社数	割合	社数	割合
合計	155	100. 0	25	100. 0	130	100. 0	165	100. 0
100%	85	54. 8	10	40. 0	75	57. 7	108	65. 5
75%以上100%未満	12	7. 7	5	20. 0	7	5. 4	23	13. 9
50%超75%未満	17	11. 0	2	8. 0	15	11. 5	13	7. 9
50%	5	3. 2	1	4. 0	4	3. 1	5	3. 0
25%以上50%未満	20	12. 9	5	20. 0	15	11. 5	7	4. 2
25%未満	3	1. 9	2	8. 0	1	0. 8	4	2. 4
不明	13	8. 4	＊＊＊	−	13	10. 0	5	3. 0

(単位：社、％)

オセアニア									
製造業		非製造業		合計		製造業		非製造業	
社数	割合	社数	割合	社数	割合	社数	割合	社数	割合
8,529	100.0	8,813	100.0	506	100.0	89	100.0	417	100.0
5,301	62.2	6,203	70.4	434	85.8	78	87.6	356	85.4
1,185	13.9	766	21.1	21	4.2	5	5.6	16	3.8
960	11.3	612	16.8	17	3.4	4	4.5	13	3.1
210	2.5	137	3.8	4	0.8	＊＊＊	－	4	1.0
696	8.2	943	25.9	10	2.0	1	1.1	9	2.2
148	1.7	79	2.2	6	1.2	＊＊＊	－	6	1.4
29	0.3	73	2.0	14	2.8	1	1.1	13	3.1

(単位：社、％)

欧州									
製造業		非製造業		合計		製造業		非製造業	
社数	割合	社数	割合	社数	割合	社数	割合	社数	割合
393	100.0	994	100.0	2,913	100.0	853	100.0	2,060	100.0
261	66.4	797	80.2	2,439	83.7	698	81.8	1,741	84.5
83	21.1	80	8.0	156	5.4	60	7.0	96	4.7
21	5.3	25	2.5	129	4.4	41	4.8	88	4.3
5	1.3	11	1.1	36	1.2	14	1.6	22	1.1
12	3.1	32	3.2	60	2.1	18	2.1	42	2.0
6	1.5	5	0.5	24	0.8	8	0.9	16	0.8
5	1.3	44	4.4	69	2.4	14	1.6	55	2.7

(単位：社、％)

製造業		非製造業	
社数	割合	社数	割合
46	100.0	119	100.0
26	56.5	82	68.9
9	19.6	14	11.8
5	10.9	8	6.7
3	6.5	2	1.7
1	2.2	6	5.0
2	4.3	2	1.7
＊＊＊	－	5	4.2

アジア / 中国

出資比率	アジア 合計 社数	割合	製造業 社数	割合	非製造業 社数	割合	中国 合計 社数	割合	製造業 社数	割合	非製 社数
合計	17,342	100.0	8,529	100.0	8,813	100.0	7,486	100.0	3,849	100.0	3,637
100%	11,504	66.3	5,301	62.2	6,203	70.4	5,684	75.9	2,654	69.0	3,030
75%以上100%未満	1,951	11.3	1,185	13.9	766	8.7	551	7.4	353	9.2	198
50%超75%未満	1,572	9.1	960	11.3	612	6.9	594	7.9	407	10.6	187
50%	347	2.0	210	2.5	137	1.6	141	1.9	97	2.5	44
25%以上50%未満	1,639	9.5	696	8.2	943	10.7	401	5.4	261	6.8	140
25%未満	227	1.3	148	1.7	79	0.9	85	1.1	63	1.6	22
不明	102	0.6	29	0.3	73	0.8	30	0.4	14	0.4	16

ASEAN10 / ASEAN4

出資比率	ASEAN10 合計 社数	割合	製造業 社数	割合	非製造業 社数	割合	ASEAN4 合計 社数	割合	製造業 社数	割合	非製 社数
合計	7,414	100.0	3,632	100.0	3,782	100.0	4,894	100.0	2,703	100.0	2,191
100%	4,345	58.6	2,151	59.2	2,194	58.0	2,367	48.4	1,407	52.1	960
75%以上100%未満	1,089	14.7	678	18.7	411	10.9	902	18.4	608	22.5	294
50%超75%未満	674	9.1	380	10.5	294	7.8	504	10.3	317	11.7	187
50%	121	1.6	58	1.6	63	1.7	78	1.6	47	1.7	31
25%以上50%未満	1,037	14.0	306	8.4	731	19.3	945	19.3	279	10.3	666
25%未満	90	1.2	47	1.3	43	1.1	66	1.3	35	1.3	31
不明	58	0.8	12	0.3	46	1.2	32	0.7	10	0.4	22

北米 / アメリカ

出資比率	北米 合計 社数	割合	製造業 社数	割合	非製造業 社数	割合	アメリカ 合計 社数	割合	製造業 社数	割合	非製 社数
合計	3,235	100.0	1,135	100.0	2,100	100.0	3,008	100.0	1,063	100.0	1,945
100%	2,832	87.5	960	84.6	1,872	89.1	2,633	87.5	897	84.4	1,736
75%以上100%未満	160	4.9	80	7.0	80	3.8	154	5.1	77	7.2	77
50%超75%未満	107	3.3	49	4.3	58	2.8	97	3.2	46	4.3	51
50%	23	0.7	11	1.0	12	0.6	22	0.7	11	1.0	11
25%以上50%未満	44	1.4	17	1.5	27	1.3	36	1.2	15	1.4	21
25%未満	11	0.3	4	0.4	7	0.3	11	0.4	4	0.4	7
不明	58	1.8	14	1.2	44	2.1	55	1.8	13	1.2	42

欧州 / EU

出資比率	欧州 合計 社数	割合	製造業 社数	割合	非製造業 社数	割合	EU 合計 社数	割合	製造業 社数	割合	非製 社数
合計	2,913	100.0	853	100.0	2,060	100.0	2,047	100.0	617	100.0	1,430
100%	2,439	83.7	698	81.8	1,741	84.5	1,732	84.6	508	82.3	1,224
75%以上100%未満	156	5.4	60	7.0	96	4.7	94	4.6	45	7.3	49
50%超75%未満	129	4.4	41	4.8	88	4.3	97	4.7	31	5.0	66
50%	36	1.2	14	1.6	22	1.1	22	1.1	7	1.1	15
25%以上50%未満	60	2.1	18	2.1	42	2.0	41	2.0	12	1.9	29
25%未満	24	0.8	8	0.9	16	0.8	16	0.8	6	1.0	10
不明	69	2.4	14	1.6	55	2.7	45	2.2	8	1.3	37

造業	中国本土						香港					
	合計		製造業		非製造業		合計		製造業		非製造業	
割合	社数	割合	社数	割合	社数	割合	社数	割合	社数	割合	社数	割合
100.0	6,303	100.0	3,651	100.0	2,652	100.0	1,183	100.0	198	100.0	985	100.0
83.3	4,671	74.1	2,494	68.3	2,177	82.1	1,013	85.6	160	80.8	853	86.6
5.4	492	7.8	343	9.4	149	5.6	59	5.0	10	5.1	49	5.0
5.1	544	8.6	393	10.8	151	5.7	50	4.2	14	7.1	36	3.7
1.2	124	2.0	91	2.5	33	1.2	17	1.4	6	3.0	11	1.1
3.8	366	5.8	254	7.0	112	4.2	35	3.0	7	3.5	28	2.8
0.6	79	1.3	62	1.7	17	0.6	6	0.5	1	0.5	5	0.5
0.4	27	0.4	14	0.4	13	0.5	3	0.3	＊＊＊	－	3	0.3

造業	NIEs3						オセアニア					
	合計		製造業		非製造業		合計		製造業		非製造業	
割合	社数	割合	社数	割合	社数	割合	社数	割合	社数	割合	社数	割合
100.0	2,852	100.0	886	100.0	1,966	100.0	506	100.0	89	100.0	417	100.0
43.8	2,027	71.1	488	55.1	1,539	78.3	434	85.8	78	87.6	356	85.4
13.4	230	8.1	98	11.1	132	6.7	21	4.2	5	5.6	16	3.8
8.5	254	8.9	121	13.7	133	6.8	17	3.4	4	4.5	13	3.1
1.4	82	2.9	46	5.2	36	1.8	4	0.8	＊＊＊	－	4	1.0
30.4	179	6.3	98	11.1	81	4.1	10	2.0	1	1.1	9	2.2
1.4	51	1.8	31	3.5	20	1.0	6	1.2	＊＊＊	－	6	1.4
1.0	29	1.0	4	0.5	25	1.3	14	2.8	1	1.1	13	3.1

造業	中南米						BRICs					
	合計		製造業		非製造業		合計		製造業		非製造業	
割合	社数	割合	社数	割合	社数	割合	社数	割合	社数	割合	社数	割合
100.0	1,387	100.0	393	100.0	994	100.0	7,342	100.0	4,114	100.0	3,228	100.0
89.3	1,058	76.3	261	66.4	797	80.2	5,278	71.9	2,727	66.3	2,551	79.0
4.0	163	11.8	83	21.1	80	8.0	696	9.5	439	10.7	257	8.0
2.6	46	3.3	21	5.3	25	2.5	651	8.9	461	11.2	190	5.9
0.6	16	1.2	5	1.3	11	1.1	149	2.0	105	2.6	44	1.4
1.1	44	3.2	12	3.1	32	3.2	424	5.8	290	7.0	134	4.2
0.4	11	0.8	6	1.5	5	0.5	95	1.3	73	1.8	22	0.7
2.2	49	3.5	5	1.3	44	4.4	49	0.7	19	0.5	30	0.9

造業
割合
100.0
85.6
3.4
4.6
1.0
2.0
0.7
2.6

注1：「＊＊＊」該当数値なし。
注2：ASEAN10：マレーシア、タイ、インドネシア、フィリピン、シンガポール、ブルネイ、ベトナム、ラオス、ミャンマー、カンボジア
　　　ASEAN4：マレーシア、タイ、インドネシア、フィリピン
　　　NIEs3：シンガポール、台湾、韓国
　　　北米：アメリカ、カナダ
　　　EU：ベルギー、ドイツ、フランス、イタリア、ルクセンブルク、オランダ、デンマーク、アイルランド、ギリシャ、スペイン、ポルトガル、フィンランド、オーストリア、スウェーデン、マルタ、キプロス、ポーランド、ハンガリー、チェコ、スロバキア、スロベニア、エストニア、ラトビア、リトアニア、ルーマニア、ブルガリア、クロアチア
　　　BRICs：ブラジル、ロシア、インド、中国（香港を除く）
出典：経済産業省「第51回海外事業活動基本調査」よりフェアコンサルティング作成

② これからの海外進出

2020年初めから新型コロナウイルス感染症が世界的に流行し、グローバルなビジネス環境が大きく変化したなか、今後はどのようになっていくのでしょうか。「アフターコロナ」の海外進出を検討してみましょう。

1 次世代の海外進出の方法

アフターコロナでは、コロナ前とは違ったかたちでのビジネスの進め方になっていくことは間違いありません。

アフターコロナのビジネスの例では、「まず訪問してご挨拶」といったコロナ前では当たり前だった訪問をしての面談が、Web面談やウェビナーが幅広く受け入れられました。これは、自社の「ヒト」「トキ」「カネ」を、より効率よく利用して、ビジネスを追求していく時代も表しているといえます。

こうした流れのなかで、以下の①〜③はこれまでの日本企業には少なかった着眼点ながら、自社に不足する機能を補い、「ヒト」「トキ」「カネ」の資源をより有効に活用し、自社の強みをより強化しながら活用する方法と考えます。

① IT、AI、バイオ等の分野のベンチャー企業に対する投資

特にIT、AI、バイオ等の分野で、日本にない独自技術、先進技術をもつベンチャー企業への投資が考えられます。具体的にはこうした企業群が多いアメリカ、イスラエル、中国等のベンチャー企業への投資は、自社や日本にない、ユニーク、尖った、新しい着想の技術を自社に取り込み、ビジネスにする、また、日本およびアジアでのライセンスを獲得して、自社がグローバルビジネスを育てていくための海外ビジネスとして有望です。

たとえば、弊社では、ホームページ上で「グローバル投資プラットフォーム[1]」を公開し、海外企業の投資、売却案件情報を掲載していますが、特に弊社が2021年にテルアビブオフィスを開設したイスラエルから、ユニーク、高度な技術をもったベンチャー企業が多く寄せられています。

イスラエルは日本企業がまだ92社しか進出していない国[2]ですが、高度な教育・研究力を誇る大学などの学術・研究機関と高い技術力を有する防衛産業出身の優秀な人材と相まって、多数のテックベンチャー、ユニコーン企業が現れ、米国ナスダック市場に公開する企業もあれば、高い評価を受けて日米欧の大手企業に買収されている企業も多くあります。

弊社では、イスラエルは、いずれ、アメリカのシリコンバレー、中国の深圳と同等のベンチャー企業の一大拠点として認知されるのは時間の問題と考えていますが、いまはまだベンチャー企業のバリュエーション（企業価値の評価額）が高騰しておらず、自社との協業を目的として投資をするのには絶好の機会と考えています。

ただし、投資の検討に際して、日本企業には大きな課題があります。

それは、このような投資による海外進出は、これまで日本企業が行ってきた海外進出のような、「取引先の方針に従っての海外ビジネス、進出の決定」ではなく、「自社で技術や相手を探索、選択して、交渉し、本気で『やる』『やらない』を決断する」ことが必要となることです。いままで、取引先の依頼に応じて海外進出してきた日本企業にとっては、大きな挑戦となるのでしょう。

② ネットワーク、人脈、販路をもつ現地有力企業との合弁

今後、成長が見込まれる国の現地有力企業と合併し、海外進出することがあげられます。特に中国、ASEANにおいて、日本企業は技術・ノウハウを提供することによる、低コスト・リスクでの収益の最大化が見込めます。

より大きな成果をあげるために、自社が強みとしない分野、業務についてふさわしい相手を探し、協業していく海外ビジネスです。本Chapter（2－1）で述べた、これまでの、単独の資本で海外進出しすべての業務・機能を自社で手がけることから脱することを意味します。

まずは、自社が強くない、自社に足りない機能をしっかりと見極め、認識し、あわせて自社の強みと、その強みの肝を客観的に評価、認知して、不足している能力を補えるパートナーの能力、または自社の強みを生かすことができるパートナーの能力を正確に把握することから始めましょう。

③　撤退する日本企業の現地法人や、事業承継問題を抱える海外企業を対象としたM&A

　撤退する日本企業の現地法人や、経営者の事業承継問題を抱えた現地企業を対象としたM&Aによる海外進出は、自社のビジネスモデル、サービス・技術、経営、特に対象国でのビジネス運営に自信がある日本企業に勧めることができる、レベルが高い海外進出です。

　海外でのM&Aは日本国内でのM&Aよりもリスク、ハードルが高く、交渉・手続に時間もかかるのは事実ですが、実力のあるローカルスタッフや幹部を抱える企業にとっては、商圏・市場や生産能力を獲得でき、買収後の事業立ち上げの時間を買うことができる方法といえます。

　世界的な潮流となりつつある「ESG」を意識した経営、海外進出も、「アフターコロナ」では重要なポイントになるでしょう。

④　次世代の海外進出のポイント

　ESGとはEnvironment（環境）、Social（社会）、Governance（ガバナンス）の三つの事象の頭文字を並べた言葉です。企業の経営・投資の考え方、社会に対する向き合い方が問われるなか、これらに対する姿勢として、いずれも貸借対照表や損益計算書には表れないながら、企業・社会の考え方の本流になりつつあります。

　これまでの、「株主利益追求至上主義」から、ESGやSDGsを意識した海外進出、投資が求められる時代にも差しかかっているなかで、今後の海外ビジネスとその形態を考える必要があります。

3 次世代の海外進出の形態

1 ベンチャー投資、CVCの活用

　前述した、IT、AI、バイオ等の分野で、日本より進んだ技術をもつベンチャー企業群が多いアメリカ、イスラエル、東欧等への投資による海外進出では、ベンチャー投資、大企業ではCVC（Corporate Venture Capital）[3]を活用した投資が大きな流れになると予想します。

　ただし、ベンチャー投資かつ投資先が海外であることから、当然国内ベンチャーへの投資よりも、リスクがより高くなり、これに加えて投資交渉、条件設定、投資後のフォローアップなどの難易度が上がります。

　その一方で、日本より広い市場規模、革新的技術による高い競争力から、高いリターンが期待できることも事実です。

　また、海外ベンチャーにとって、アジア市場におけるパートナーとして「日本企業と組みたい」というニーズが高まりつつあります。これは「信頼できる日本企業であれば組みたい、投資を受けたい」と考える、海外ベンチャーが増加していると推察しています。

1 海外ベンチャー投資のリスク

　ベンチャー投資のメリットは、倒産等のリスクは高くなるもののアーリーステージ（ベンチャー企業の創業〜初期の段階）で投資すれば、企業価値（株価）は高くなる前のため投資額は比較的小さく、かつ、ベンチャー成長後に同じ金額を投資するのに比べて、発行ずみの株式総数に対する保有する株式の割合（持分比率）が高くなり、リスクが高い分、高リターンを期待できることです。

　一方で、レイターステージ（ベンチャー企業の成長期後半〜成熟期）におい

ては、リスクは小さくなるものの企業価値は高くなり、少ない株式の割合取得としても大きな金額の投資を必要とするのが一般的です。

　海外ベンチャーへの投資にあたっては、自社の事業拡大の目的に合致するベンチャー企業のみを対象として、相手と交渉しながら適正な株価で投資をすることをルールとすることが必須事項です。

　インターネット上の情報が充実し、日本に居ながらにして得られる情報は増加しまた一方で、対象となるベンチャー企業が本当に存在するのか、経営実態があるのかという点では、詐欺等に注意する必要があります。特に、技術や商品がユニークであればあるほど、投資家は騙されやすい傾向にあります。

　このため、投資候補先を選定する際は、展示会等で実際に候補先の経営者に接触する、現地にネットワークをもつ信頼できるコンサルティング会社の紹介を通じる等により、候補対象のベンチャー企業の紹介を受ける直接、接点をもつこと（確かな情報ルートで、接触を開始すること）がポイントです。さらに、投資実行までに、候補対象のベンチャー企業の本社を、必ず一度は訪問すること、が非常に重要です。

2　ベンチャー投資におけるデューデリジェンス

　ベンチャー投資においては、M&Aと同様にデューデリジェンス（Due Diligence、以下「DD」）、つまり企業調査が必要となりますが、ベンチャー企業のステージによりDDの内容が異なってきます。

　具体的には、アーリーステージではベンチャー企業の実在性、経営陣の人柄・能力、主要技術の強さ・可能性・権利（特許等）確立の確認、今後の事業計画が主となる一方、レイターステージではM&Aと同様の財務、税務、法務、労務、環境等のDDに重きが置かれます（Chapter 3(6)Q 4）。

3　秘密保持契約書（NDA）、投資契約書等の注意点

　秘密保持契約書（Non-Disclosure Agreement、以下「NDA」）、基本合意書、投資契約書の検討・締結にあたっては、いずれの内容を検討し完成させるに

もコンサルタント、弁護士等の専門家の支援を受けて行うことが一般的です。

しかし、日本企業の場合、自社が情報漏洩を行わなければリスクが低いNDAの締結にあたり、NDAの文言の調整、それ以前にNDAそのものを締結するかどうか、の検討に時間がかかりすぎる傾向が高いといえ、この点、海外企業からは非常に不評です。情報漏洩をしてしまった場合のリスクがあることは当然ですが、NDAを締結することが目的である案件・技術を検討することを忘れず、リスク回避の方法としては社内で情報に接触する対象者の数を抑える等の方策をとることで、NDA締結を急ぐべきです。

自社にとって関心が高い投資先候補は、日本国内・国外の同業他社も興味があると考えるのが当然のなか、NDAの締結で時間を要してしまうことは、スタートラインに立つ前にハンディを背負い、ライバルに後れをとることになります。

特に投資契約書は、投資の前提・条件、投資の内容と権利、義務、賠償、係争になった場合の仲裁機関、準拠法など、どれも非常に重要な条文で構成されています。

最近はWebサービスやコンパクトな機器での翻訳、通訳の性能が向上していますが、契約書は「コスト」ではなく「投資のための必要な投資」として、専門家を使って準備することが大切です。

交渉や契約書は英文もしくは現地言語になり、もし投資した場合は、投資後のコミュニケーション（必要事項のやりとり）、取締役会および総会出席時の共通言語も英語になるのが一般的です。会社を代表して英語で意見を述べられる役員もしくは代理人として対応してくれるコンサルタントを準備する必要があるでしょう。

4 交渉・投資決定の注意点

日本企業に対する、海外企業からの交渉・意思決定についての評価は、実は以下のとおりです。

・やたらと表敬訪問の来社面談が多い

・時間がかかる、意思決定が遅い、物事が決まらない

・面談を重ねるが誰が意思決定者なのかわからない、意思決定者が面談に出てこない

　技術力がある、実力を評価されているベンチャー企業への投資交渉は、対象となるベンチャー企業および投資を検討している他投資家との間での激しい競争です。

　当然、拙速に投資決定をすることは行ってはなりませんが、次の項目を事前にしっかりと固めたうえで、迅速な交渉を心がけましょう。

✔最終意思決定者と権限、およびチームメンバー（投資後の責任者を含む）

✔自社の投資により描くシナリオ

✔投資するうえで譲ることができない条件

　・上限投資金額（初回および最終回までの追加投資額の合計額）

　・出資持分の最低／最高割合

　・ビジネス上の条件（商圏、商品・サービス、年限）

　・経営上の条件（ボードメンバー指名権・人数、権利、報告を受ける内容と頻度）

　・イグジット（出資持分の売却・譲渡）する場合の条件

　・投資スケジュール上の条件および制約

　・交渉打切りの条件

　・迅速に対応し続けるための体制意思決定のルール

② 現地有力企業との合弁による進出

1 合弁相手の選定方法

　いちばんのポイントは、当然ながら、「信頼でき、事業にふさわしい合弁相手を探索できるか」です。そのためにはまず、現地で事業を行ううえでの自社の能力・強み・弱みを客観的に理解し、事業成功のために合弁相手に求める能力を明確にし、求める能力の優先順位をつけましょう。

ただ、Chapter 3(6)Q 2でも触れたとおり、海外においてローカル企業の
なかから、一般に入手できる情報でロングリストを作成すること自体、ハー
ドルが高いのが実態です。このような場合、先に決めた合弁相手に求める能
力から、自社のネットワークを使って同業から候補企業を検討し、探索する
ことが、確度が高まると考えます。自社が保有する現地の同業の情報を開示
したうえでコンサルティング会社に依頼し、ロングリストの社数拡大を試み
ることが有効でしょう。

　ロングリストが完成したら、合弁相手に求める能力からリストの企業に順
位をつけ、上位企業から接触します。

　日本企業は海外企業等への訪問の際、「ご挨拶」等の明確な目的を示さな
いことが多いのですが、目的がない訪問・面談は海外企業からは避けられが
ちです。目的を告げずに面談に至っても、相手企業は望む情報をなかなか開
示してくれないでしょう。面談相手の役職、決裁者かどうか、に注意しなが
らも、一定程度目的を伝えて面談申込みをしたほうが、面談はスムーズに進
むでしょう。

　面談では、目的を告げ、守秘すべき内容に注意しながら説明できる範囲で
説明し、相手企業の能力、ニーズ、課題をヒアリングしましょう。面談の際
は、リスト作成を支援してくれたコンサルティング会社と同行訪問するのが
望ましいですが、質問内容や回答の評価、求める能力の評価は自社が中心と
なって行うことが重要です。

　また、合弁相手とは、一緒に事業をやっていくのであれば長い付き合いに
なります。合弁企業では、結婚と同じように、経営がよいときもあれば悪い
ときもあり、合弁解消につながりかねない危機も必ずやってきます。

　危機を乗り越え、良好な関係を長く続けるためにも、合弁相手のトップと
はいつでも連絡をとれるようにし、またお互い納得がいくまで議論を重ねて
おくことが非常に重要です。わかったつもりにならず、合弁相手の意見を明
確に理解でき、自分の考えを合弁相手に理解してもらえるまで、「議論がで
きる」関係を早期に構築しておきましょう。

2　投資、合弁契約書での注意点（例）

本Chapter（3－1）の投資契約書（または合弁契約書）に述べましたが、以下の条項が非常に重要になります。
・出資者それぞれの経営責任の範囲、指名できる役員の数、報酬
・取締役会の招集方法、開催方法、議長、決議事項
・株主総会での決議事項
・監査の方法・内容・監査人
・両者の意見が正反対となった場合の最終意思決定方法・決定者
・追加での資金支援が必要となった場合の負担額・負担の方法
・追加資金支援の上限額
・会計処理の方針、月次・年次税務申告のスケジュール・必要手続
・利用する会計ソフトとアクセス権限者と権限
・開示を受ける月次・年次の資料、開示を受けるスケジュール・期限
・投資（合弁）契約の期間・期間満了時の選択肢と内容
・投資（合弁）解消時の解消方法
　　（具体的には株式の買取手続および条件（株価）、株価等で合意できなかった場合の解決方法、合弁会社が保有するシステム、知的財産等の取扱い）
・投資（合弁）契約に違反があった場合の選択肢、具体的手続、条件（具体的な内容は解消時と同様）

アドバイザー、弁護士等の専門家の支援を受けて、漏れなく契約書にまとめましょう。

3　経営方法の注意点

契約書の注意点でも触れましたが、それぞれの経営責任の範囲・役割分担を明確にしたうえで、経営方針、事業計画、現金預金の管理方法、それぞれの印章・署名者の権限、指揮命令系統、基本的な会社の運営ルールを合意しておきましょう。

合意に至るためには、「これはわかっているだろう」といった思い込みを

なくして、一つひとつ丁寧に議論をすることが必要です。

　また、合弁相手とのミーティングでは、どちらかが打ち合わせた内容、決定事項を箇条書きにまとめた内容程度でもよいので、議事録を作成し、相手方と共有、内容確認のうえ、保管することを習慣づけましょう。後日、会社経営の経緯を振り返ったり、トラブルが発生した際に確認したりするのに非常に有効です。

③ 撤退する日本企業の現地法人や事業承継問題を抱える 海外企業を対象としたM&A

　昨今、弊社に寄せられる海外進出において、これまで多かった製造業、サービス業等とは異なる、エネルギー、国内物流、不動産等の、これまで内需を主たる収益としてきた企業の海外進出、特に海外企業との提携や買収による海外進出のご相談が増えています。

　新型コロナウイルス感染症のなかにあって、これまで述べてきたように撤退や清算を検討する企業が増えてきた一方で、将来的に人口が減少する日本国内のみでのビジネスから、成長を求めて海外への進出を検討し、かつ、リスクをとりながらも海外ビジネスの成長のための時間・商圏を買う戦略でのM&Aをとる企業が増えています。以下、M&Aによる海外進出について触れてみましょう（図表4－2）。

1 撤退検討現地法人のM&A

　これまで述べてきたように、今後、海外事業を見直しするなかで、撤退・清算を検討する現地法人が増加すると予測されます。

　撤退・清算する背景はさまざまありますが、売上高の減少、コストの増加、経営不全、経営人材の不足が撤退・清算の主因である場合が多く、したがって経営不振、自己資本が僅少または債務超過（日本の親会社等から借入れが多くある）、顕在・未顕在の税務・労務等のリスクのある現地法人が多いと考えられます。

図表 4 - 2　海外企業を対象としたM&Aのメリット・デメリット

	メリット	デメリット	注意点
時間	一般的な進出と比べ、事業開始までを短縮できる。	M&A交渉が長引く場合もある。	進出にせよ、M&Aにせよ、海外ではスケジュールどおりに進まないことが多い。
人材	人材確保を短縮化できる。	・自社の事業、経営についての再教育が必要。 ・M&A後に退職されてしまうリスクは回避不可。	M&A後の経営の成否を分ける最大のポイント。
コスト	「想定するコスト＋リスク」を下回る買収価格ならメリットあり。	何がリスクか、を把握できないと危険。	DDをしっかりと行い、特に未顕在のリスクを洗い出すことが重要。
手続	設立等の手続を省略できる。	出資者変更手続が必要になる。	国ごと、手続が異なる。
機関、許認可等	場合によっては現在では取得がむずかしい許認可を有していたり、将来の不動産権利の値上りが期待できる立地だったりする場合も。	現地法人の機関、立地・設備を現状のまま引き継ぐのが一般的。	DD、現地法令・規制等の調査が重要。
リスク		現地法人設立時からのリスクをすべて承継する必要がある。	税務、労務、法務、環境が特に大きなリスク。

　したがって、リスクはあるものの、海外進出する目的に合致する、リスクを解決できる、買収代金に見合ったリスクに引き下げられる、といった見通しがあれば、撤退検討現地法人を買収することも検討に値するでしょう。

2　事業承継問題を抱えた海外企業のM&A

　現在、日本でも創業者・経営者の高齢化による事業承継に伴うM&Aが増加傾向にありますが、海外でも事業を興した日本人創業者、現地ローカル企業の現地人創業者が事業承継のタイミングを迎えています。これらの創業者のなかには日本企業に買収してほしい、というニーズがあります。

　事業承継を迎えている海外企業の多くは、撤退検討現地法人とは異なり、経営状況が安定・財務体質も盤石な優良企業が多いことが特徴です。このた

め、買収価格が高くなる傾向があり、買収資金の調達、のれんの減損リスク、加えて、買収後に現地法人が日本本社の指示に従わないといったリスクも懸念されるものの、盤石な経営・財務基盤のもと、現地での事業拡大に向け大きく時間を節約できることが期待できます。

　いずれの場合も、いちばん大切なことはタイミングです。M&A取引は、縁とタイミング、が重要ですが、海外では日本国内以上に、条件が合致する案件にめぐり会う機会は少なくなります。日頃からさまざまなところにアンテナを張り、案件が出てきた場合は、高値づかみは避けなければなりませんが、案件がもたらすメリットとデメリットを正確に理解し、リスクをどう引き下げることができるか迅速にしっかり検討して、意思決定を行う必要があります。

4 経営不振現地法人の 思い切った見直し

「アフターコロナ」の経済活動や需要の予想を正確に予測することはできません。しかし、経営不振の現地法人については、このタイミングでこれまでの経緯やしがらみを取り除いて、思い切った見直し、撤退について検討する必要があります。

加えて、日本本社の体力に余裕があるうちに撤退に着手することが望ましいといえます。

❶ これまでの日本企業の現地法人経営

これまでの日本企業は、新規事業進出においても海外進出においても、進出時はコンサルを駆使してフィージビリティースタディー（Feasibility Study、実行可能性のための調査）や視察を徹底して行ってきました。

一方で、「社員がヤル気になっているのに水を差す」「最初から失敗することを考えている」「撤退などありえない！」等といった感情論により、日本企業では進出後に撤退の条件の検討や設定が行われない、撤退検討のための抵触条件の設定がされていないことが非常に多かった印象が、これまで携わってきた海外進出・再生案件の経験からあります。

このため、これまでの多くの日本本社は、人材を投じれば、時間をかければ、諦めなければ現地法人は立て直せる、と具体的方策がないままに現地法人経営を続けてきた企業が多いのではないでしょうか。

❷ 進む経営不振現地法人の撤退

しかし、「アフターコロナ」では、日本本社・現地法人の置かれたビジネ

ス環境の変化、経営不振現地法人の撤退、清算、売却の検討を進める企業が増えると予想されます。

　これまでは、業績不振でも「気合いで立て直す」日本企業が多かった印象がありますが、今後、人口、労働人口減少が進む日本において人材（ヒト）はより貴重な資源となっていきます。

　また、昨今、活発に議論がなされている、労働形態が日本型の「メンバーシップ型」から欧米型とされる「ジョブ型」へ進行するのであれば、これまでのように従業員・従業員の労働時間を、会社が望むどのようなプロジェクトにも、業務内容を限定せず、ふんだんに投入する、といったこともむずかしくなるでしょう。

　結果、これまで企業経営において重要とみなされてきた3要素の「ヒト」「モノ」「カネ」は、「ヒト」「トキ」「カネ」の3要素にかわっていきます。

　「モノ」にかわる「トキ」とは、前述したように「役員、従業員等の人材が、プロジェクト等に投じることができる時間」を指します。

　そうしたなかで、「ヒト」「トキ」「カネ」を合理的に判断して、現地法人撤退もやむなし、との判断を日本本社が行い、現地法人の撤退、価値が見込まれれば現地法人売却の検討を進める日本企業が増加すると予測しています。

③　望ましいのは「価値がある段階の現地法人売却」

　撤退を決めざるをえない現地法人において、望ましいのは「価値がある段階の現地法人売却」の決定です。日本本社・グループの経営戦略のうえ、戦略から将来的に外れる、投資対象とならない現地法人であれば、利益が出ている、高い生産能力を有している、人材が優秀・若い、といった現地法人の価値が高い段階で売却を検討すべきですが、日本企業の多くはこの段階での売却の検討、決定を苦手としているように思われます。

　現地法人の売却、海外での売却案件では、買い手候補先企業の一覧を作成するのにも苦労するのが一般的です。

経営不振の現地法人で清算を機関内定したのであれば、Chapter 3⑹Q 4
で触れたセラーズ・デューデリジェンス（DD）を行ったうえで、現地法人
売却の検討をしましょう。

▶注

1　https://faircon-biz.com/
2　2021年度海外進出日系企業実態調査（中東編）－在中東日系企業の営業利益回復が鮮
　　明に湾岸諸国の脱炭素化に高い関心－（JETRO作成）https://www.jetro.go.jp/ext_
　　images/_Reports/01/c9ae6e7dca3323d1/20210053.pdf
3　CVC（Corporate Venture Capital、コーポレート・ベンチャーキャピタル）とはVC
　　（Venture Capital、ベンチャーキャピタル）の一類型である。一般に事業会社が自己
　　資金を用いてファンド等を設立し、その目的は本業とのシナジー（相乗効果）や新た
　　な分野への進出を図るといった目的がある。

Chapter

5

次世代の現地法人ガバナンス

1 コロナで変わる現地法人マネジメント

　最近、新聞では現地法人での不正、不祥事、不適切会計の記事を、よく目にするようになりました。また、役人への賄賂や便宜も、企業コンプライアンス上、看過できず、現地法人リスクが大きくなりつつあります。

　加えて、新型コロナウイルス感染症により、日本本社からの赴任、内部監査のための渡航がむずかしい、従来のように行えない、といった状況が続いており、これまでの現地法人のガバナンス、経営管理を見直す局面にきています（図表5－1）。

図表5－1　近年の上場企業における海外での不祥事

開示日	開示企業業種	備考	発生国
2020年12月	サービス業	連結子会社元役員の不正行為や利息収入の過大計上をタイ当局より指摘を受ける。	タイ
2021年6月	電気機器	アメリカ販売子会社および豪州販売子会社での不適切な売上げ等の会計処理の発覚。	アメリカ
2021年7月	電気機器	中国連結子会社2社の責任者を務めていた者が、架空のコンサルタント契約を締結し、各子会社が現地コンサルタント会社に対して支払ったコンサルタント費用の一部が本件現地責任者に還流されていたことが判明。	中国
2021年11月	化学	中国・上海の連結子会社において、過去分も含めて退職給付に係る負債の計上が漏れていたことが判明。	中国
2021年12月	機械	アメリカカリフォルニア州の海外連結子会社の在庫残高に異常値を発見。期末在庫（製品および材料）の過剰計上を行う不適切な処理を確認。	アメリカ
2022年1月	機械	海外連結子会社の不適切な会計処理について調査。第三者委員会を設立。	アメリカ

出典：適時開示情報閲覧サービス（https://www.release.tdnet.info/）よりフェアコンサルティング作成

本Chapterでは、この状況下で「次世代の現地法人をどうガバナンス（経営管理）すればよいか」について、これまでのガバナンスを振り返りながら、考えてみます。

2　次世代の現地法人ガバナンス

1　これまでの現地法人ガバナンス

　弊社では、特に新型コロナウイルス感染症以降、現地法人の経営管理、内部監査について、問合せが大きく増加しました。具体的な問合せ内容は次のようなものでした。

・内部監査を代行してほしい

・会計記帳、税務申告業務を代行してほしい

・振込情報（相手先、銀行名、口座番号、金額）一覧作成、インターネットバンキングへの一覧情報登録まで代行してほしい

・Excelを使用していたが、会計システムを導入したい

　これらは、新型コロナウイルス感染症の拡大により、次のような企業が増加したことが背景にあります。

・これまで行っていた、年１〜数回程度の、日本本社社員が訪問しての内部監査が行えなくなった企業

・日本人駐在員を帰国させてしまい、再渡航ができない、または日本本社から出張ベースで管理を行っていたが、出張ができずに、現地の状況がわからない、日本人が行っていた業務が遂行できない現地法人

・DXが叫ばれる、紙などのアナログ資料からデジタルデータを利活用する企業

　一方でこれまで多くの日本企業が次のような方針をとってきました。

・現地法人の業務を、コンサルティング会社・会計事務所等の外部専門家に委託せず自社で行う

・現地法人設立当時から、初期コストが低く、導入が簡単なExcelの多用による会計・税務管理

・日本本社の内部監査担当者が、数年に一度、渡航費用をかけて海外現地法人を訪問しての内部監査を行う自前主義
・「紙に印刷して確認する」「稟議を回覧する」「ハンコで決裁を行う」文化

　この日本企業がとってきた、専門家でない自社の従業員にどんな業務でも行わせること、Excelによる管理、内部監査は日本本社社員が現地に赴くこと、紙・ハンコ文化、などは、システムや外注費用がかからないことから、一見コスト削減につながっているようにみえます。しかし、特に海外での現地法人経営では、

・現地語を読解、ビジネスレベルで会話できない自社の駐在員では、内容の把握と確認・承認、内部監査の責任をもつことは困難であること
・会計、税務の専門家でない自社の日本人駐在員が、会計処理や税務申告の内容確認・承認、内部監査を行うことによる不正やミスの見逃しが発生すること
・また日本人駐在員、管理者自身が不正を行っていた場合、防止策にならないこと
・誰もが使えるExcelであるものの、連結処理等のためには煩雑であり、また必要な分析、管理データが得られないこと
・紙・ハンコ文化では、後日の閲覧性、データの検索性が著しく低く、特に緊急時に対応の遅れにつながること

などから、トラブル、訴訟、経営危機や、キャッシュアウトのリスク、追加のコスト、手間暇がかえってかかることが見過ごされてきた、といえます。
すなわち、従来の現地法人のガバナンスは、

・日本人駐在員にとって専門担当外の慣れない作業に依存した、一見低コストながら、不正やミスを防止できないリスクのある仕組み
・「自社の日本人駐在員は悪いことはしないだろう」という性善説に基づいた経営
・物理的・時間的距離がある現地法人に対して日本本社からの牽制が効きにくい紙・ハンコ文化

だったとはいえ、結果的に図表5-1のような海外での不祥事が発生したと

推測しています。

　労働人口が減少する日本において、また「アフターコロナ」のビジネスの世界において、弊社に問合せいただいたお客様の意識も、上述の日本企業のリスク、コスト意識から転換しつつあるように感じます。以下では、次世代の現地法人ガバナンスについて具体的な方策をみてみましょう。

❷　次世代の現地法人ガバナンス

　新型コロナウイルス感染症の拡大により、海外赴任の中止・延期や、安全のために日本人駐在員を日本に帰国させた企業が多くありました。

　実際に、2021年6月に発表された2020年国勢調査結果の速報値のニュースにおいても「人口の減少率は前回調査の0.8％からわずかに縮小。外国人の増加や、新型コロナウイルスの感染拡大を受けて一時帰国した在留邦人が多かったことが影響した」（時事ドットコムニュース）[1]との記事もあり、海外赴任の延期と日本人駐在員の一時帰国により、人口減少率がやや抑制されたようです。新型コロナウイルス感染症以前より、世界各国において、自国内製造製品の購入推奨や、自国民の雇用優先の風潮が徐々に発生していました。一例では、トランプ政権下での「アメリカ第一主義」であり、ASEAN各国での、職責、給与、経歴、学歴等の条件の引上げによる就労ビザ発給の厳格化があります。

　世界各国では、経済活動が本格再開する「アフターコロナ」においても、自国世論の安定化を目的として自国民の雇用優先の流れはよりいっそう加速し、日本人駐在員を各国に送り出すモデルは、駐在にかかる費用の高額化の点からも抑制されていくと予想されます。この流れのなか、これまで日本本社から派遣された日本人従業員による運営を行っていた現地法人の経営は上述のとおり、こと管理面では次の①～③が現地法人各社で進みつつあります。

①　外部専門家への業務の委託
②　外部専門家による内部監査
③　Excelに代わる、クラウド会計ソフトの導入

3　外部専門家への業務の委託

　新型コロナウイルス感染症前までは、現地法人の経理、会計業務を担当する日本人を赴任させる企業が多くありました。ローカルスタッフを部下として、記帳、仕訳、会計処理、振込データの作成・振込み、月次資産表の作成、納税、資金管理等の業務を行うためです。

　新型コロナウイルス感染症により、多くの企業で日本人駐在員を一時帰国させましたが、現地医療体制の懸念や駐在員の安全の点、また入国規制やビザ（査証）、就労許可が発給されない等の理由から、日本人駐在員を現地法人に戻していない企業が多いのが実状のようです。しかし、この状況下でも、現地法人は運営され、国によっては法人税、付加価値税等の月次申告も毎月行わなくてはなりません。

　そのなかで、日本人駐在員を現地法人に戻さず、現地のコンサルティング会社、会計事務所に日本人駐在員が行っていた会計、管理業務を委託する日本企業が増加しています（図表5－2）。その理由は、日本人駐在員を各国に戻せないことだけが理由でなく、以下に述べる背景があります。

図表5－2　外部専門家への委託が多い業務

経理・会計 	給与計算
	記帳代行、試算表作成
	振込情報作成・入力
税務 	納税額計算
	税務申告

❶ 作業が正確で、不正が起こらない

現地の会計、税務に精通した現地スタッフを抱え、これら現地スタッフを統率する日本人専門家が配置された信頼できるコンサルティング会社、会計事務所に図表5－2の業務を委託した場合、自社の日本人駐在員が精通していないために発生する会計、税務に関する問題や、ミスは外部専門家に委託することにより大きく減少します。

また、多くの現地法人においては、現地採用した現地従業員が会計、税務申告の実務を行いますが、離職率が高い海外においては、通常業務の安定的な運営、過去の処理内容や出来事にまつわる仕訳等処理の記録・引き継ぎに苦労するのが一般的です。この点においても、業務を外部専門家に委託することで、現地従業員の突然の離職による現地法人が直面するトラブルは大きく抑えることができます。

加えて、コンサルティング会社・会計事務所との間で締結する委託契約書においては損害賠償条項が定められているため、コンサルティング会社・会計事務所が不正をするインセンティブは働かず、不正を起こすことはまずありません。

❷ 「質問してもよくわからない」ストレスからの解放 ——言語の壁の解消

自社の駐在員は、現地で提出・申告する書類の作成や確認、修正は、言語の問題からどうしてもローカルスタッフに頼らざるをえません。また、現地法人から日本本社に提出された会計書類の内容について、日本本社から日本人駐在員を通じて質問しても「返事がこない」「質問の意図が通じない」「返答内容が意味不明でよくわからない」「時間がかかる」といった、現地従業員とのやりとりの大変さ、負担がどうしてもつきまといます。

現地法人では、日本本社が想像する以上の手間暇をかけて日本人駐在員が日本本社の依頼に対応しようとしているのが一般的です。一方で、日本人駐

在員の業務が幅広く繁忙すぎることや、真面目でない、または能力が低い現地従業員が実務を担当していると、現地従業員との間で無用なやりとりや事態が発生し、日本人駐在員のストレスが増大します。

　日本人専門家が常駐し、日本語対応してくれるコンサルティング会社、会計事務所に業務を委託すれば、このような事態、ストレスは大きく減らせます。コンサルティング会社、会計事務所では、現地語を母国語とし会計等に精通する現地スタッフと、日本人専門家がチームとなってクライアントである現地法人の業務に対応するのが一般的であり、現地法人―コンサルティング会社、会計事務所の現地従業員と現地スタッフ同士が直接母国語でやりとりすることで、コミュニケーションコストは大きく減少し、報告される内容や質問の回答も正確性が増すのが一般的です。

 ## ③　日本人駐在員の赴任コストとの比較

　現地法人に日本人を駐在させる場合、単身赴任であっても給与、渡航費用・一時帰国費用、現地での居住費用、駐在国での個人所得税の負担等により、日本人駐在員1人当り年間1,000万〜1,500万円以上の費用負担が一般的に発生します。

　一方で、所在国、業務量にもよりますが、コンサルティング会社、会計事務所に委託した場合、月額約10万円〜と、日本人駐在員の費用と比べてきわめて安価です。

　当然、委託できる業務内容が限定されるというハンディはありますが、現地法人継続のための収益見直しに迫られているのであれば、外部専門家への業務の委託は費用面において検討する価値は十分にあります。

　製造、販売業務の委託はむずかしいものの、リスクとコストの抑制の点から、委託できる業務は信頼できるコンサルティング会社、会計事務所に外注することは、「アフターコロナ」の現地法人経営においてメリットが大きい方法の一つといえます。

4 外部専門家の選び方

外部専門家を選定する際の大切なポイントは、現地法人の所在国・地域のみならず日本にもしっかりとした本社をもつコンサルティング会社、会計事務所を選ぶことです。

理由は、日本で本社の担当者同士が気軽に連絡をとることができ、込み入った相談やトラブル発生時の解決策の検討が、時差の問題もなく可能なためです。加えて、万一トラブルとなった場合、日本本社の間で、日本で面談、交渉を行うこともでき、「突然、現地のコンサルと連絡がとれなくなった！」といったリスクも低いといえます。

また、日系企業と現地ローカル企業とでは、同じ業務内容で相見積りをとっても、見積額に大きく差が出ることが通常です。現地ローカルのコンサルティング会社、会計事務所でもサービス、対応がしっかりしているところもありますが、日系のコンサルティング会社、会計事務所と同様のきめ細かなサービスや日本語対応を期待するのはむずかしく、これらの点が見積額の差につながります。

場合によっては、スケジュールが守られない、質が悪いといった、日本ではビジネス上、一般的なサービスの前提が守られない事例も散見されます。

「トマト」は、日本のスーパーであればどこででも買え、傷んでおらず品質的に安全で、赤くて、美味しい野菜です。しかし、海外では、名前は同じ「トマト」だったとしても、品質や大きさ、色がまったく違っている「トマト」だったり、時には腐っていたり、まだ熟していなかったりする「トマト」であることもあるのです。

「サービス名」や「業務名」が同じだったとしても、現地ローカルコンサルティング会社の提供するサービスや方法は、日系のコンサルティング会社、会計事務所が提供するサービスとまったく同じレベル、言語対応を含めた提供方法が保証されているものではないことが一般的のようです。特に、毎月の月次申告、納税、給与計算といった、正確性と絶対厳守しなければならない期日がある業務を委託する場合、費用のみで委託先を選ぶことは、本

末転倒の結果になる可能性があります。

　もし、現地ローカルコンサルティング会社と契約する際においては、日本のビジネス常識で理解、早合点せず、同じ内容を指しているサービスなのか、前提が違っていないのか、具体的な成果物はどのようなものなのか、具体的に誰が担当するのか、等について確認しながら、検討を進めていくことが重要です。委託した場合の成果物の実例（提出物）や、実績件数をしっかりと確認しましょう（Chapter 3 (3) Q 3 ）。

4 外部専門家による内部監査

内部監査とは、その企業自身による、自社部門や子会社に対する監査のことです。特に上場企業においては、取締役会下や代表取締役社長下の独立した組織として内部監査室等が設置され、所属する従業員が内部監査を行います（Chapter 3 (8) Q 3 ）。

不正やトラブル、ミスが起こってしまうと、リスクや費用が日本よりも大きくなりがちな現地法人運営においては、安定的な現地法人経営のために非常に重要な制度ですが、内部監査の実施は法律で定められたものではないため、特に未上場企業においては行っていない企業も多くあります。

① 内部監査の課題

これまでの内部監査には、以下の課題がありました。

1 日本本社側の課題

・多くの場合は、日本本社からの内部監査担当者では、現地の法令に精通していないうえ、現地語を話す・聞く・読むことができず、内部監査の質の担保ができない
・日本本社から出張して内部監査を行うための往査の費用・手間・時間がかかる
・事業拡大とともに現地法人数が増加、進出国数が拡大すると、内部監査室の負担が増大し、きめ細かな内部監査を行えない
・内部監査担当者が、海外ビジネス・現地法人運営に精通していなかったり、「日本の常識が世界の常識」と思い込んでいる場合、現地の事情や実態にあわない判断をしたり、正しく状況を理解せずに監査を行ってしまう

② 現地法人側の課題

・現地語を話す・聞く・読むことができない内部監査担当者に対応するためスタッフ、通訳の労力を割き、また帰国後の質疑応答にも対応する必要がある
・法定監査、納入先によるISOや人権監査に加えて、内部監査に対応する必要があるものの、内部監査担当者に現地の法令や商習慣に理解がなく、日本本社の視点で監査が行われストレスである

② 新型コロナウイルス感染症が内部監査に与えた影響

　新型コロナウイルス感染症の拡大した、2020年4月以降、各国政府が入国を厳しく制限もしくは禁止にしたため、海外渡航が実質的にむずかしくなり、上場企業の多くから、決算の際に実地棚卸に立ち会いができない、内部監査の往査ができない、といった課題についての問合せを受け、弊社でも内部監査や不正解明のための業務を受託しました。

　また、新型コロナウイルス感染症の拡大以降、委託せずに自社で内部監査を行おうとした会社もありましたが、次のような課題があったようです。
・現地の実地棚卸に立ち会えないなか、現地従業員のスマートフォンを使ってWebミーティング形式で在庫を数える場面に日本から立ち会ったが、スマートフォンのバッテリー切れですべてを数えるのは無理だった
・Webミーティングとスマートフォンでのやりとりだけでは、現地法人の雰囲気がわからない
・実際に現地法人を訪問せずに行う内部監査では、もし故意に、不正を隠そうとされてしまうと、発見することはまずできない

　この結果、新型コロナウイルス感染症が拡大した2020年4月以降、弊社に寄せられる内部監査の委託のご相談が前年比から数倍に増加しました。これは、新型コロナウイルス感染症以降、内部監査のための往査ができず、日本人駐在員も帰国している現地法人が多いなかで、現地法人での違反、問題発

生等が懸念されていたためと推測されます。

　多くの国や地域においては「ウィズコロナ」「アフターコロナ」に突入しつつあるなか、新型コロナウイルス感染症前のような頻繁な渡航は見直す機運があります。しかしながら管理面、会計面、税務面については、現地語、会計・税務処理、法令に精通することがむずかしい日本本社の内部監査担当者による調査では限界があり、監査をかいくぐられてしまう懸念があることから、現地のコンサルティング会社、会計事務所の専門家に内部監査業務を依頼するほうが、合理的といえます。

　これら内部監査業務の自社対応と外部委託メリット・デメリットを図表5-3にまとめました。

図表5-3　内部監査を自社で行う場合と外部専門家に委託した場合の
　　　　　メリット・デメリット

		自社の内部監査担当者による内部監査	外部専門家に委託した内部監査
メリット	日本本社	【新型コロナウイルス感染症前】 ◎外注費用がかからない。 ◎自社事業、組織、制度に精通した監査担当者による内部監査のため、事業の把握がしやすい。	【新型コロナウイルス感染症前】 ◎現地法人の国・地域の会計、税務に精通した専門家による監査を受けることができる。 ◎現地法人の国や地域の現地語に対応可能なスタッフによる監査を受けながら、日本語対応やレポートで報告を受けることができる。 ◎多数の国や地域に進出していても、間隔を空けずにきめ細かく監査を行うことができる。 ◎往査、レポート作成の時間を節約できる。 ◎日本本社からの往査の必要がない。 【新型コロナウイルス感染症以降】 ◎入国規制等により現地法人の国に入国、往査できない状況でも監査を行える。
	現地法人	【新型コロナウイルス感染症前】 ◎自社事業、組織、決裁に精通した内部監査担当者によるため、事業の説明等の負担が少ない。	【新型コロナウイルス感染症前】 ◎現地法人の国・地域の会計、税務に精通し、現地語に対応できる監査員のため、コミュニケーションのストレスが少ない。

デメリット	日本本社	【新型コロナウイルス感染症前】 ✖往査の費用、手間、時間がかかる。 ✖海外現地法人が増加、進出国数が拡大すると、内部監査部門の負担が増大し、きめ細かな監査を行えない。 ✖多くの場合、日本からの内部監査担当者は、現地の法令に精通せず、現地語の帳簿も解読できないため、内部監査の質が担保されない。 ✖自社でレポート作成の必要がある。 ✖内部監査担当者が、海外ビジネス・現地法人運営に精通していなかったり、「日本の常識が世界の常識」と認識していたりする場合、現地の実情にそぐわない判断や正しい状況把握をせずに監査を行ってしまう。 【新型コロナウイルス感染症以降】 ✖入国規制等により現地法人の国・地域に入国、往査できないため、監査が行えない。 ✖Webミーティングだけでは、現地法人の雰囲気がわからない。 ✖現地法人を訪問せずに行う内部監査では、不正を隠そうとされてしまうと、発見することはまずできない。	【新型コロナウイルス感染症前】 ✖委託費用がかかる。 ✖製造現場や販売現場の内部監査の委託は困難。
	現地法人	【新型コロナウイルス感染症前】 ✖現地語がわからない内部監査担当者に対応するためスタッフ、通訳が必要となり、さらに帰国後も質疑応答に対応する必要がある。 ✖法定監査、納入先によるISOや人権監査に加えて、内部監査に対応する必要があるものの、内部監査担当者に現地の法令や商習慣に理解がなく、日本本社の視点での内部監査を行われストレス。 【新型コロナウイルス感染症以降】 ✖「スマートフォンをかざす」といった方法による内部監査に対応する必要がある。	【新型コロナウイルス感染症前】 ✖現地法人の国・地域の会計、税務に精通し、現地語に対応できる専門家による監査のため、ごまかすことができない。

注：上表では新型コロナウイルス感染症の蔓延以前を【新型コロナウイルス感染症前】とし、それ以降を【新型コロナウイルス感染症以降】と示しながら新たに浮き彫りになったメリット・デメリットを示している。

5　クラウド会計ソフトの導入

1　現状と課題

　海外に進出している特に中小企業において、早期に現地法人の財務状況を把握することは、これまでも大きな課題でした。

　現状においても、多くの企業は、BS、PL、製造原価報告書、販売費および一般管理費を各シートに分けた、マイクロソフト社の表計算ソフト「Excel」のファイルで、日本本社と現地法人との間での月次試算表のやりとりを行っているのではないでしょうか。

　Excelは表計算ソフトのデファクトスタンダードであるため、多くの国・地域において入手できるうえ、ローカルスタッフも研修等を受講することなく使え、eメールにファイルを添付すれば手軽にやりとりできることから、コストをかけない方法として、現在でも多くの現地法人の試算表の管理に使われていると推測されます。

　しかし、Excelでの運用では、次のような課題があります。

・日本本社へExcelファイルが送付されないと日本本社では現地法人の状況がわからない
・日本本社では、リアルタイムで現地法人の状況を確認できない
・送られてきたExcelファイルの内容について質問するも現地法人担当者からの回答でしかわからない、分析ができない、ファイルの構成や仕組みが属人的
・日本本社で元帳の閲覧ができない
・事業の拡大とともにExcelでの管理が煩雑になる

　これらの課題があるまま利用を続けている日本本社が多いのが実態ではないでしょうか。現地法人の経営では、会計数値での管理、必要に応じての正

しい仕訳の修正等を先延ばしにせず行っていかないと、トラブルの発見が遅れるうえに、誤った財務諸表を月次申告とともに現地税務当局へ提出してしまった場合、容易に修正することはむずかしくなり、トラブル・問題の処理に「ヒト」「トキ」「カネ」がいっそうかかることにつながります。

Excel利用によるコストをかけないはずの管理方法が、かえって将来のコストを招いてしまうことがあるのです。

クラウド会計ソフト

これらの課題を解決するために、世界中からアクセスでき、データが一元管理できるクラウド会計ソフトの利用を推奨します。

会計ソフト各社がこれらのシステムを開発していますが、ここでは弊社が監修した株式会社オービックビジネスコンサルタント様の「勘定奉行クラウドGlobal Edition」を一例にとって解説します。

勘定奉行クラウドGlobal Editionでは、現地語→日本語・英語への翻訳機能、通貨の換算機能、Excelファイル、CSVファイルからの仕訳自動作成機能、現地各国の消費税（GST）・付加価値税（VAT）の区分・税率設定機能、日本本社での連結決算用資料作成機能等々を備えています。以下に導入したときのメリット・デメリットをまとめました（図表5-4）。

勘定奉行クラウドGlobal Editionを含めて、会計ソフト等を導入するにあたっては初期導入費用に加えて、ライセンス費等の年間利用料が負担になるのは事実ですが、費用を超えるメリットがあります。

勘定奉行クラウドGlobal Editionの導入事例

ではここで、弊社が導入支援を行った勘定奉行クラウドGlobal Editionの導入事例をみてみましょう。

図表5−4　クラウド会計ソフトのメリット・デメリット

メリット	◎インターネットへの接続環境があれば世界中、どこからでもアクセス、利用することができる。 ◎セキュリティの高いクラウド環境のため、万一のサイバー攻撃・攻撃による自社内の会計システムダウン等のリスクを回避できる。 ◎日本本社でタイムリーに業績把握が可能で、元帳データも閲覧できる。 ◎多言語・多通貨管理に対応しており、任意の通貨へ換算できる。 ◎決算時の為替換算も一括変更が可能である。 ◎連結会計システムとの連携も可能である。 ◎グローバルパートナーによる海外での導入・運用支援体制を受けることができる。 ◎日本版のクラウド会計ソフトと同様の機能性
デメリット	✖導入費用、年間利用料がかかる。 ✖現地法人の税務申告に未対応の場合がある。

1　金融グループ（上場）

①　課題・導入の目的

・大手上場企業グループ

・海外ビジネスの展開に伴い、海外グループ会社の基幹システム・会計システムを刷新したい

・決算スケジュールが非常に厳しいため、記帳等の業務を削減、軽減したい

②　導入国

ベトナム、シンガポール、マレーシア

③　選定のポイント

・業務運営上、基幹システムと会計システムを区分して検討し、システム連携にあたり日本語で対応可能な勘定奉行クラウドGlobal Editionを検討

・基幹システムから、売上げ・債権データを勘定奉行クラウドGlobal Editionに連携可能であったため

④　効　果

・海外現地法人でも、基幹システムと会計システムを連携させることができ、記帳業務量を軽減し、事業拡大にも耐えうる会計基盤を実現

・Excelでの業務がなくなり、会計データのコミュニケーション負荷の大幅

削減を実現

2 メーカー（上場）

① 課題・導入の目的

・現地会計システムの使い勝手が悪く、マネジメントがタイムリーに情報を確認できない

・現地マネジメント（自社の駐在員）は本社で勘定奉行の運用経験があり現地法人でも奉行導入を検討

・現地法人で利用しているローカル会計システムの動作パフォーマンスが低く、文字列データの領域が狭いなど管理用に適していない

② 導入国

タイ

③ 選定のポイント

・基幹系業務システムは運用を継続し、会計システムのみリプレイスする方針

・既存基幹システムから、仕訳データを勘定奉行クラウドGlobal Editionに連携可能であったため

④ 効果

・ローカル会計システムの操作方法がわからないことによる経理データのブラックボックス化を解消

・「Excelに出力するが詳細までたどれない」といった状況を改善、本社および駐在員が直接明細まで確認可能に

・ローカルスタッフも勘定奉行クラウドGlobal Editionを十分に使いこなすことができ、経理スタッフが退職し減員後も安定的に稼働中

3 メーカー（未上場）

① 課題・導入の目的

・日本人駐在員を帰国させ人件費を抑制する計画

・会計業務をベトナム現地のローカル事務所に委託していたが、報告が遅く

情報の質も悪い。問合せをしても、なかなか返事がなく、実態把握ができない

② 導 入 国

ベトナム

③ 選定のポイント

・業務委託先をフェアコンサルティングベトナムオフィスに変更のうえ、会計システムを勘定奉行クラウドGlobal Editionに選定

・ベトナム電子インボイスを、勘定奉行クラウドGlobal Editionで読み込むなど行い、勘定奉行クラウドを活用しDX化を促進

④ 効 果

・日本本社から、会計データを日本語で常時閲覧可能となり、質問回数が大幅減

・駐在員が帰国しベトナム人スタッフだけでの現地法人運営に移行も、管理品質は向上し、本社の負担が軽減

6 次世代現地法人のための仕組みづくり

　ここまで、次世代の現地法人のガバナンスについて述べてきました。では、これらのガバナンスの仕組みを使うために、日本企業はどのように準備をし、変わる必要があるのでしょうか。

　ここでは、海外進出を成功に導くために、また、大きな失敗を避けるために、必要な仕組みづくりについて考えてみます。

1　人材を育てる

　海外進出において、日本企業がいちばん力を入れる必要がある課題は、人材育成です。言語も習慣も日本とは違う海外で、さまざまな苦労を乗り越えながら、現地従業員をマネージし、日本本社とも議論ができる人材を育てる必要があります。

1　日本人駐在員の育成

　外部専門家に業務の委託を進める一方で、現地法人の社長を現地で採用できない場合等、日本人駐在員を現地法人社長として、または事業立ち上げの責任者として送り込むことは今後もあります。このため、日本企業は、海外進出前から時間をかけて日本人駐在員を育成することが望まれます。

　得てして、日本企業は進出前のフィージビリティースタディー（事業化のための可能性調査）や事業計画立案には非常に力を入れるものの、駐在させる従業員の教育はおろそかになっている例が多いように感じます。製造業であれば「工場長だったので」や「製造課長だったので」といった理由、販社であれば「抜群の営業成績だったので」といった理由で駐在員、現地法人の責任者を選抜するものの、現地法人経営に必要な会計、税務、法務、労務と

いった日本人駐在員にとって専門外ながら重要な事象についてほとんど研修、指導しないまま駐在させることが多いのではないでしょうか。なぜなら、駐在後、現地法人に行った日本人駐在員も日本本社も「こんなの聞いてなかった」「こんなこと聞かれても知らん」となり、日本本社と現地法人が不仲になる例が散見されるためです。

　日本本社が想像する以上に、現地法人では毎日がトラブルの連続です。日本人駐在員自身の専門分野以外の、現地法人経営に必要な経営のための必要最低限の知識を、駐在開始前までに詰め込みでも教える必要があるのです。

　想定される必要な知識、研修内容の例は以下のとおりです。

【研修内容の例】

・現地法人の経営・運営・管理において、日本本社の定める重要なルール
・駐在員の権限・裁量と、日本本社が決定する事項の明確化（採用・解雇・雇用条件、受注・購買、当局との交渉）
・日本本社への報告事項（内容、書式、頻度・期限、宛先）
・日本本社の定める原価管理制度、売価設定制度
・基礎的な財務・税務・法務・労務の仕組み、注意点
・ミーティング、報告会等の予定・議事内容（メールだけでなく、Webミーティング、電話を多用しましょう。一方で、駐在員の負担軽減のためミーティング回数は最小限に抑えましょう）
・現地法人・日本本社の事業計画、撤退の条件
・内部監査制度
・現地法人の毎月のルーティン、期日（月次の決算日、申告日、納税日、給与支給日、仕入れと支払日、借入・リースの返済日）
・現地での生活、現地法人運営上で注意すべき点
・現地法人の設立経緯、歴史、過去のトラブル、事故

　また、赴任先から帰国した後の処遇についても現地法人の経営状況、目標に対する結果により、適正に評価し、異動を行う必要があります。駐在員は、家族やプライベートを多少なりとも犠牲にしながら、苦労する海外で、日本本社のため、現地法人のために仕事をし、現地で生活をします。海外赴

任中は給与・手当が上乗せされているとはいえ、家族の負担、本人のストレスは非常に大きく、日本にいる従業員の多くは「海外駐在は大変そうだなぁ」と感じているのが一般的ではないでしょうか。

そのなかで、帰国後の処遇が適正でない、駐在員は帰国後冷遇される、と社内でみなされると、駐在員候補者が社内にはいなくなってしまいます。本人が駐在を了承しても、家族の反対により後日、駐在辞退を申し入れてくる話も、よく聞きます。優秀な人材に、現地法人に気持ちよく駐在してもらい、最大限力を発揮してもらうためにも、長期的視点で仕組みを整えましょう。

加えて、現駐在員→次の駐在員候補者→次のさらにその次の駐在員候補者も人選をし、時間をかけて候補者に研修を行っていきましょう。駐在期間の長期化はどうしても不正やミスの温床になりがちです。

また、ストレスが多い海外駐在員は体調を崩しやすい傾向があります。駐在員の体調管理もしっかりやりながら、何が起こるかわからない海外での事業成功のために、事前に準備ができる人材育成は怠りなく進めましょう。

2　現地従業員の育成

また、いずれは現地法人の経営を各国現地従業員に任せることを、先々構想する必要があります。

これは、現地法人で働いている現地従業員に「日本人でなくとも現地法人幹部・トップになれる」という意欲をかき立て、より積極的に業務に取り組んでもらえるようにするためです。また現地に精通した経営幹部が事業や営業を行うほうが、現地企業への営業拡大等により現地法人の事業拡大につながる可能性が高く、現地法人の長い発展が期待できます。

幹部候補生として選抜した現地従業員に対して、日本本社への研修招聘や一時的な日本本社への転勤による業務の習熟と、会社全体への理解を促しながら、育成を進めていきましょう。

2 現地法人の「見える化」

　物理的な距離や時差、言語の違いやコミュニケーションの少なさ、直接、顔や目をみて雰囲気を感じ取る面談機会がほとんどないこと等から、日本本社から現地法人の実態がみえなくなってしまうことは、想像以上に簡単に起こります。

　「日本本社から駐在員を送ったのだから」「駐在員のアイツだったら、日本本社が望む報告はわかっているはずだ」と日本本社は考えていても、日本人駐在員は赴任初日から現地法人の実務、トラブル対応に追われ、お客様対応やトラブル処理を優先させる必要から、日本本社への報告は後回しになりがちにならざるをえません。

　日本人駐在員のみている景色や雰囲気が直接わからず、理解できない日本本社は、日本の常識や尺度で物事や時間を考え、現地法人・日本人駐在員との間での関係が悪化しやすいのです。

　このため、現地法人の日本本社への報告事項、期限、報告書式、使い方、作成方法は、日本本社で用意し、事前に指導・合意しておくことが必須です。

1 財務・税務

　まず最初に取り組む必要があるのは財務・税務です。

図表 5 - 5　現地法人の月次税務申告のための作業とスケジュール例
　　　　　　（申告期限が翌月15日の場合）

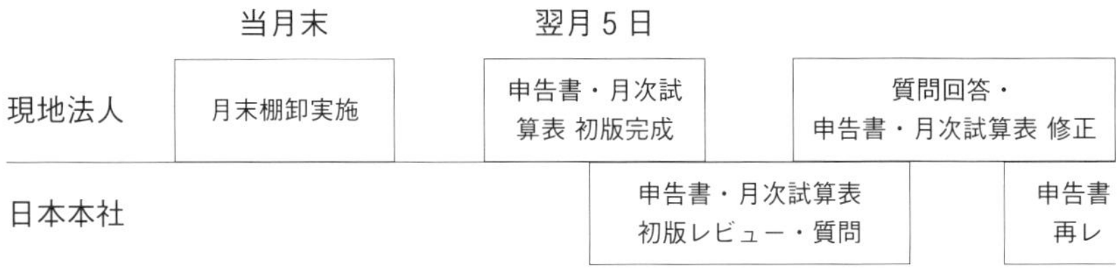

	当月末	翌月 5 日	
現地法人	月末棚卸実施	申告書・月次試算表 初版完成	質問回答・申告書・月次試算表 修正
日本本社		申告書・月次試算表 初版レビュー・質問	申告書 再レ

出典：フェアコンサルティング作成

国により異なりますが、多くの国では翌月半ばまでに前月末で締めた前月の税務月次申告を行う必要があり、税務申告の際には現地法人の前月末の月次試算表を添付することが求められます。このため、月初1日から月半ばの申告の前までに、以下の作業が必要です。

・月次試算表を完成させる

・日本本社のレビューを受ける

・必要あれば修正（このやりとりを何回かメールと電話で繰り返し）

・翌月半ばまでの申告完了

　また、現地法人の月次税務申告のスケジュールは図表5-5となります。

　注意する点は、表の日付は「営業日」でなく「暦日」です。土曜日、日曜日、月によっては祝日（たとえば、1月や5月など、日本のみならず、現地法人所在の国の祝日もあります）が入りますから、営業日としての日数は短くなります。このため、前月末から準備を始め、翌月の可能な限り早い日に月次試算表の初版を完成させ、日本本社も内容のチェックをする必要があります。

　特に貸借対照表において、前月と比べて大きな金額の変動、イレギュラーな金額変動、誤りを生じさせ申告してしまうと、後日の修正が行えず、また変動内容によっては利益の圧縮や脱税を疑われ、税務当局から現地法人に調査が入る可能性が高くなります。ちょっとした誤った処理、イレギュラーな商取引をきっかけとして、不適切な貸借対照表を作成し、毎月の税務申告に添付して税務当局にいったん提出してしまうと、正しい姿に修正し、税務当

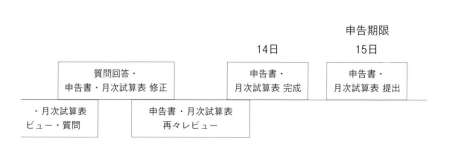

局に説明のうえ、納得させることは、海外では非常に大変なプロセスです。十分に注意する必要があります。

　さらに、新規に海外進出する場合は、現地法人において、信頼できる財務担当現地従業員の採用がすぐに行えないことが課題です。一方で、毎月の月次申告は現地法人設立完了の翌月から発生します。このため、新規設立直後の財務、経理業務は、コンサルティング会社、会計事務所に委託することを特にお勧めします。これは、委託したほうが人材の不安定性（突然の現地従業員退職）を抑えることができ、不正防止、設立当初は財務担当現地従業員を採用するよりコストが安い、といったメリットが大きいためです（Chapter 5 (3)）。

　これに加えて、現地法人の規模が大きくなるなかでは、財務管理は優秀で日本本社の考えを理解した現地従業員と、Chapter 5 （5 - 3）で触れた勘定奉行クラウドGlobal Edition等のクラウド会計ソフトを活用することを検討しましょう。クラウド会計ソフトを利用することにより、日本本社からタイムリーに現地法人の業績把握が可能となり、日本本社・現地法人両方の業務負担の削減につながります。

　また、現地法人の経営が順調でも、または思わしくなくとも、日本本社が困るのが、「現地法人の説明は……とのことだが、この内容は現地の法令に合致しているのだろうか」「現地の法律・規制を確認したい？」「現地法人のいってくる内容は正しいのか」といった事実確認の方法です。特に地方に本社を置く日本本社では、顧問の会計士や税理士、弁護士に聞いても「海外のことは対応対象外です」などといわれ、指導やアドバイスが得られない、といった課題が多いようです。

　このため、日本本社においても、海外に精通したコンサルティング会社、会計事務所との間で、何か質問したら答えてもらえる、相談に乗ってもらえる顧問契約を締結しておくのが、「海外進出での転ばぬ先の杖」です。

2 経営管理

　財務に次いで、「見える化」しておく必要がある経営管理上の項目は次の

ようなものがあります。

【経営管理上の項目例】

・人材採用・解雇（ルール、職位別の採用権限、手順、給与・紹介料の予算権限）

・給与改定（ルール、給与・賞与テーブル、改訂方法）

・当局への届出（提出日、提出先、提出書類の写し、履歴の記録方法）

・資金調達（リースを含む、資金調達のルール、決裁者・手順方法）

また、一覧化し、継続して記録を残し、保管しておくものは以下です。

【一覧化し記録・保管する資料例】

・営業債権一覧（相手先、金額、回収条件、年齢表）

・重要書類一覧（登記、認証、契約等。必要に応じてスキャンのうえ、保管場所、枚数、更新日）

・全印章一覧（印影とあわせ、保管場所、管理者、印章捺印・署名記録保管者）

・従業員一覧（満了分を含めた全労働契約、採用時の稟議書を含む）

・すべての鍵一覧（建物平面図上で、鍵番号、本数、メーカー名、保管者）

・全防犯カメラ一覧（建物平面図上で、設置場所、向き、台数、メーカー名、導入月日。加えて画像の閲覧可能者、パスワード、データ保存場所・保存容量・期間）

・敷地内侵入警報システム（建物平面図上で、設置場所、向き、台数、メーカー名、導入月日）

・金庫内書類一覧（金庫内に保存した書類、重要管理品目を一覧化、更新履歴。あわせて保有する金庫の写真（内、外、鍵）台数、設置場所、鍵（パスワード）の本数と管理者、解錠方法、メーカー・問合せ先）

・当局との交渉履歴一覧（当局からの通知書を含む）

・PC、ソフトウェア一覧（利用しているシステム、使用者、管理者、購入日、保証内容、付属品等）

重要なのは、これらの一覧を、更新のつど、日本本社にも共有する仕組みをつくり、継続的に運用することです。海外では、日本本社が予期しないことが起こりえます。万一に備えるためにも、現地法人の経営に必要な、最新

に更新した最低限の情報を日本本社はたえず保有するようにしましょう。

3 定めておく必要のあるルール（規程）および書式

次のようなルール（規程）・書式を、現地法人において定めておく必要が
あります。

【ルール（規程）・書式の例】
- 稟議
- 採用、解雇
- 購入、費用出費
- 販売
- 支払手続
- 新入社員、退職者の事務手続（特に退職者で未精算の仮払い、先払いがない
  か）
- 印章、捺印、署名
- 棚卸

4 運用、記録、保存しておくべき手続、書類

しっかりと運用、記録、保存しておくべき書類等は以下です。

【運用、記録、保存しておくべき書類等の例】
- 購入・費用申請稟議（書式、金額条件、記載内容、必要添付書類（相見積りな
  ど）、承認者、保存方法）
- 捺印・署名記録（実印、銀行取引印等）（日付、書類名、捺印・署名者）
- 税務申告（申告書類、申告日）
- 当局への書類提出、当局からの連絡、通知書、命令書

日本本社は、自社の業務にあわせた必要最低限ながら漏れがないルール・
規定、書式を定め、現地法人の負担を減らせるオペレーションを検討しま
しょう。

③ 撤退基準を事前に定め、守る

海外に進出する際に、撤退を検討する条件を事前に定めておくことが非常に重要です（Chapter 3 (1) Q 3）。

具体的には、海外事業の「撤退条件」を明確に定め、取締役会等で撤退を検討する条件を決めておきましょう。

海外進出の検討時、日本企業では「後ろ向き」「消極的」との懸念からか、「撤退条件」の検討、事前設定について定めていない企業が多いようです。しかし日本語が通じない国や地域、日本とは異なる法制、文化・生活・習慣、考え方が異なる現地従業員等、「日本でのビジネス上の常識が通じない海外」での事業展開は、時として大きな損失や人的、時間的負担を日本本社にもたらす可能性が十分にあります。

日本本社の事業運営や財務内容、銀行取引に大きな悪影響を与えるまで、海外事業を進めてはならないのは当然です。このため「撤退を検討開始する条件」「撤退を決定する条件」を取締役会で定め、これらの条件に抵触しないか、取締役会は現地法人を継続してモニタリングする必要があるのです。

「撤退検討の条件」があらかじめ決められていないうえ、経営が立ちゆかない、将来がみえない現地法人は、企業グループにとって重要な資源である「ヒト」「トキ」「カネ」の浪費につながります。この重要な資源の浪費を抑えるために、しっかりと撤退基準を定め、意思決定が辛くとも基準を守り、撤退を決定することが、長い目でみて日本本社と、日本人駐在員を含む全従業員を守るために大切なことなのです。

現地法人の撤退において、検討、意思決定、実務遂行の一連のプロセスで、日本本社の社長をはじめとした役員・従業員、現地法人の日本人駐在員（ヒト）の時間（トキ）を長期間にわたり拘束しながら、日本本社の資金（カネ）を大きく使って、撤退、清算に至るのが一般的です。結果、健全な事業や新規事業に充てられるべき会社の資源が撤退により削られてしまい、グループ全体の成長鈍化・経営悪化の悪循環に陥ってしまうこともあります。

労働人口の減少が進む日本において、経営不振の現地法人に、特に重要な

資源である「ヒト」を投入し、かかわらせ続けることは、担当者や日本人駐在員の精神的疲労、疾病、ひいては退職につながることがあります。

　弊社は何件もの撤退、清算案件をご支援してまいりましたが、撤退、清算案件は、残念ながら関係者は皆、前向きになれず、特に税務や労務にトラブルを抱えていると、いつ完了するかわからない辛いプロジェクトです。

　企業ごとに「撤退検討の条件」の具体的内容は異なってきますが、以下のような条件（例）が想定されます。

【撤退検討の条件】（例）

・現地法人の営業赤字が3期連続した場合
・現地法人の債務超過額が、日本本社の時価純資産額の10％に達した場合
・現地法人の撤退に必要な総費用の試算額が、日本本社の時価純資産額の15％に達した場合
・次の海外責任者（駐在者）、もしくはその次の海外責任者（駐在者）候補者の確保が見込めない場合
・日本本社もしくはグループ会社の業績悪化により立て直しが必要となった場合で、現地法人が営業赤字に転落した場合、または時価評価で債務超過に転落した場合
・現地法人の事業が、日本本社・グループにとって主要事業でなくなった場合（または事業計画等により主要事業でなくなることが明確になった場合）
・現地法人の実態が、日本本社からみえなくなった、わからなくなった、または主要経営幹部が退職した場合
・現地法人に対して買収の提案があった場合

　これらの条件のポイントは、現地法人を清算したとしても日本本社の体力が十分に残っている必要があるため、日本本社の規模・財務体質、展開している現地法人の数等により【撤退検討の条件】（例）の数値が各社によって変わってきます。自社の事業展開、体力を勘案し、決定しましょう。

　なお、進出時点で定めた撤退条件は、日本本社や現地法人の経営の状況、人材の変化、外部環境の変化により、時間とともに見直す必要があります。

撤退は失敗ではない。挑戦するチャンスはまた来る

　混沌とするグローバルビジネスのなかで、日本本社のみならず現地法人が置かれたビジネス環境は日々変わっています。新型コロナウイルス感染症、脱炭素の流れにより、この変化はより大きくなっていくといえるでしょう。

　そのなかで、むずかしい意思決定を迫られる局面は今後増えていくことが予想されます。このむずかしくなっていく環境のなかで、現地法人が失敗しないための仕組みをしっかりとつくり、継続的に運用しながら、事業の成功を目指しましょう。

　また、もし海外進出に失敗したとしても、いったん撤退すればよいのです。日本本社の致命傷にならない限り、早期に撤退して、事業を立て直して再進出することは、回復がみえない海外事業を方策なく継続するよりも健全な意思決定となるのです。

▶注

1　https://www.jiji.com/jc/article?k=2021062500299&g=pol

おわりに

　本書を執筆中の2022年2月、ロシアがウクライナに侵攻を開始しました。以後、世界的なインフレに突入するなか、新型コロナウイルス感染症に対する各国政府の規制が徐々に緩和されたことにより経済活動が世界的に急回復し、世界経済の先行き予想がむずかしい局面に差しかかりました。また、日本においては、円相場が2022年2月1日には1ドル＝115円台だったのが、10月21日には一時151円台を付ける急激な円安ドル高が進み、特にグローバルに事業展開を行う日本企業にとって、経営の舵取りがいっそう慎重さを求められる状況になりつつあります。

　これまでの日本企業では、海外からの撤退についての意思決定を適切に行う仕組みが、特に中小企業ではほとんど整備されていなかったうえ、取引金融機関に対して「撤退」を相談することがためらわれるビジネス社会であったように思われます。すなわち、海外からの撤退は、企業経営の合理的な戦略上の一つの選択肢とみなされず、「負け戦」「失敗」といった色眼鏡でみられることが多かったのではないでしょうか。

　メインバンクに「撤退」を相談すると、一気に日本本社の経営、資金調達、信用問題になってしまうほど、企業にとっても金融機関にとっても「撤退」の知見がなく、得体の知れないものであったために、金融機関へ相談することがなおさら躊躇され、時間とともに収拾がつかない経営課題となってしまい、日本本社の屋台骨を揺るがすほどの問題となるという悪循環に陥っていたのではないでしょうか。

　しかし、上述のとおり、企業を取り巻く世界情勢、経済は急激に変化しつつあります。

　企業にとって最も重要な資産である人材（ヒト）と、日本でもワークライフバランスが徐々に浸透しつつあるなかでの従業員と会社の時間（トキ）を浪費せず、キャッシュ（カネ）を稼ぐ、最大化する、または稼いだキャッシュを失わないために、感情や忖度によりなされる行き当たりばったりの不

透明な決定ではなく、株主や金融機関、そして従業員に説明できる合理的な分析のもとでの迅速な意思決定がいっそう求められ、重要になりつつあります。また、迅速な意思決定を行うための内部統制やクラウド会計ソフト等の、「ヒト」「トキ」「カネ」を守るための経営体制と、マネジメント人材の育成と派遣を継続的に行うための仕組みづくりが必要とされています。

　本書では、弊社がこれまでご支援してきた撤退案件の知見、ノウハウを投入し、「撤退」について読者の皆様がリアルに想像することができる事例をあげ、また撤退手続において着実に進めていく際に必要となる各国におけるポイント、注意点についてまとめました。これにより、具体的にはどのようなものなのか、どのように進んでいくのか、一般的にはわかりにくい「撤退」を、「見える化」し、後半では、ウィズコロナにおける海外ビジネスのあり方、そして、次世代の収益モデル構築のための海外ビジネス展開についてご提案しました。

　世界経済の先行きが不透明になろうとも、グローバルビジネスの展開がむずかしくなるなかであっても、資源のない日本は、企業が海外において事業展開を図ることで、時間（トキ）を無駄にすることなく、キャッシュ（カネ）を稼ぎ、人材（ヒト）に経験と知見を蓄えていくことで、世界と伍して行く必要があります。そのための、現地法人の戦略的撤退と次世代進出のために、本書が読者の皆様のお役に立てれば幸いです。

海外ビジネスマネジメント
現地法人の戦略的撤退と次世代進出

2023年3月31日　第1刷発行

編著者　株式会社フェアコンサルティング
発行者　加　藤　一　浩

〒160-8520　東京都新宿区南元町19
発　行　所　一般社団法人 金融財政事情研究会
企画・制作・販売　株式会社きんざい
出　版　部　TEL 03(3355)2251　FAX 03(3357)7416
販売受付　TEL 03(3358)2891　FAX 03(3358)0037
URL https://www.kinzai.jp/

DTP・校正：株式会社友人社／印刷：株式会社日本制作センター

ISBN978-4-322-14210-5